心学的力量

我们为什么要读王阳明

XINXUE DELILIANG

鹤阑珊◎著

新 华 出 版 社

图书在版编目(CIP)数据

心学的力量：我们为什么要读王阳明 / 鹤阑珊著
北京：新华出版社，2014.5
ISBN 978-7-5166-0992-7
Ⅰ.①心… Ⅱ.①鹤… Ⅲ.①王守仁（1472~1528）-心学-研究
Ⅳ.①B248.25
中国版本图书馆 CIP 数据核字（2014）第 086959 号

心学的力量：我们为什么要读王阳明

作　　者：鹤阑珊

选题策划：黄绪国　　**责任印制：**廖成华
责任编辑：张　谦　　**装帧设计：**天下书装

出版发行：新华出版社
地　　址：北京石景山区京原路 8 号　　**邮　　编：**100040
网　　址：http://www.xinhuapub.com
经　　销：新华书店
购书热线：010-63077122　　**中国新闻书店购书热线：**010-63072012

照　　排：北京顺博制版文化公司
印　　刷：北京文林印务有限公司

成品尺寸：170mm×240mm　1/16
印　　张：16　　**字　　数：**230 千字
版　　次：2014 年 6 月第一版　　**印　　次：**2017 年 2 月第二次印刷

书　　号：ISBN 978-7-5166-0992-7
定　　价：29.80 元

自 序

人间有一种正能量,大能生天生地,成鬼成神;小能使人自得自足,幸福快乐。这就是我们的心,如果要在这个“心”上加一个条件的话,那就是,拥有良知的那颗心。

王阳明认为,人人都有良知,不过世事多艰,我们在生存过程中太多次违背良知,导致了我们的良知被遮蔽,不能发挥它的正能量。而王阳明心学正是让我们可以恢复正能量的心灵哲学。

日本顶级政治家兼军神东乡平八郎在印章上记刻下:一生伏首拜阳明。我们不禁要问,王阳明到底有什么值得这位功勋与道德并重的神仙级人物顶礼膜拜一生?

答案动人心弦:只是因为他唤醒了内心的良知,并产生了巨大的正能量。这种正能量使他拥有了无懈可击的完美道德,屡建奇功,并创建了心学体系;由此而成为中国乃至人类历史上唯一一位三不朽(立德、立功、立言)的伟大人物。

在王阳明仙逝后五百年时间里,几乎所有的英雄人物都或多或少地受到他心学的影响;几乎所有创造了伟大事业的人物都把他看成是自己的精神导师。

曾国藩推崇王阳明,其组建民团的思维源泉正是王阳明。康有为、梁启超把心学作为拯救中国的一剂良药,在他们的著作中,经常能看到王阳明心学体系中“心即理”、“知行合一”等概念。尤其是在近代的日本，王阳明心学中的“自尊无畏”思想缔造了无数明治维新志士，这些志士们前仆后继，终于让日本脱胎换骨，成为亚洲强国。蒋介石在战败到台湾后，把心学奉为神学。哈佛大学教授杜维明曾发出感叹：“21世纪必将是王阳明的世纪！”

王阳明有如此车载斗量的拥趸只证明了一点：心学的正能量的确能改天换地，使人的精神世界得到极大的升华。

那么，我们该伏首拜阳明什么呢？也就是说，心学的正能量都有哪些？

王阳明的“心即理”，要我们明白，我心即是天理，天理就在我心，要有独立精神，不要迷信权威。王阳明的“人人都有良知”告诉我们，人人都可以成圣作贤，要有自尊，人人都是平等的。王阳明的“要以良知的指引生活，不要违背良知，当死不当死”告诉我们：人必须要有一种大无畏的精神。最后，他的“知行合一”给我们提供了一个为人处世、修心炼心的模板：只要我们一直知行合一，就能到达内心强大的境地。

归根结底，人生在世，所遇到的一切事情、一切竞争，都是心的竞争，心的战斗。只有拥有一颗强大的内心，才能战胜一切。而拥有强大内心的关键就是恢复良知，在良知的指引下去为人处世。

21 世纪是王阳明的世纪，这不是一句诳语。随着科学技术的飞速发展和所有竞争的白热化，外在的技术手段人人都可以学到，大家都旗鼓相当，谁能胜出，就要看谁的内心强大，谁内心的正能量强大。王阳明的心学正是让我们凝聚巨大正能量的心灵哲学！

目 录

第一部分：唯有王阳明

第一章 妄动的心灵

第一节:何谓第一等事 …… 005
第二节:吾以动心为耻 …… 012
第三节:乏善可陈的仕途 …… 020

第二章 心学横空出世

第一节:被放逐 …… 033
第二节:龙场悟道 …… 042
第三节:心学的力量 …… 053
第四节:阴暗版的王阳明——刘瑾 …… 064

第三章 终极武器:致良知

第一节:用“知行合一”破山中贼 …… 089
第二节:王爷,请让我用良知打败你 …… 113
第三节:良知无所不能 …… 131
第四节:此心光明 …… 140

第四章　王阳明何以让日本崛起

第一节:日本,心学漂洋过海来看你 …………………… 165
第二节:揭竿而起的心学门徒——大盐平八郎 ………… 170
第三节:维新前三杰的心学造诣 ……………………… 175
第四节:维新豪杰们的不执一 ………………………… 185

第五章　经营之神稻盛和夫的心学圣经

第一节:敬天爱人 ……………………………………… 193
第二节:关注看不见的 ………………………………… 199
第三节:作为人,何谓正确? …………………………… 203
第四节:人生和工作的结果=思考方式×热情×能力 …… 209

第六章　日本战神东乡平八郎为何伏首拜阳明

第一节:卓越的洞察力就是良知 ……………………… 215
第二节:战场上的知与行 ……………………………… 222
第三节:此心不动,随机而动 ………………………… 230

附录一:王阳明年谱 …………………………………… 236
附录二:心学入门课《大学问答》……………………… 238
　　白话译文 ………………………………………… 243

第一部分

唯有王阳明

第一章 妄动的心灵

年轻人的心灵永远都是妄动的，唯有妄动，唯有不计划，才能出其不意，制造传奇。王阳明妄动的心灵使他的思想鱼龙混杂，非经一次天翻地覆的洗涤不可。

第一节：何谓第一等事

（一）

1483年，一个小朋友在北京问他的老师："何谓第一等事？"老师看着只有12岁的他，郑重其事地回答："努力学习，考中进士，然后当官。"小朋友神色庄重地反驳道："恐怕这个不是第一等事。我认为，学做圣贤才是第一等事。"

在老师瞠目结舌中，这个小朋友扬长而去。

这个小朋友就是后来名震天下的王阳明。但那时，他还不叫王阳明。再后退7年，他也不叫王守仁，而叫王云。

1472年，浙江余姚王华的老婆怀胎十四个月，仍未有临盆迹象。某日夜晚，王华的母亲做了一个梦。在梦中，她看到一位红衣神仙踏彩云从天而降，把怀中的一个婴儿交到她手上，说：这是个好孩子，你们要好好教育，将来必成大器。王华的母亲猛然惊醒，发现怀中并没有婴儿，但却听到一声啼哭从儿媳的房中传出。王阳明就这样传奇般地诞生了。

王阳明的爷爷王天叙在当地德高望重，在家里自然是一言九鼎，他说：

我要给这娃娃起个惊天动地的名字。老伴就告诉了他那个梦。王天叙说:这真是老天明示,那我就给这娃娃起名为“云儿”吧,就叫王云。

直到王云五岁时,居然还不会开口说话,民间称这种人为“哑巴”。王天叙愁肠百结,认为老天真是神秘莫测,明明是他暗示的云,按他的意思办了,他却不让孙子说话。

有一天,有位和尚走进了王家的院子,听到王天叙在叫“云儿”,又看到王云在玩耍,就跑上去摸着孩子的头说:“好个孩子,可惜道破了。”

王天叙听到耳里,“啊呀”一声,说:“老天的神秘岂是我们凡人可以戳破的,赶紧改名。”

王云改名王守仁后的第二天,就滔滔不绝地说起话来。一个月时间里,他成了话痨,把四年来没有说的话统统补齐。

王天叙高兴地每天跳着脚走路,更让他惊喜的是,王守仁对儒家经典书籍,张口就来,有的书籍甚至能倒背如流。王天叙惊异地问孙子:“你是如何学到的?”

王守仁回答:“平时您朗读,我在心里默记,居然就记住了。”

王天叙大为惊异,认为是祖宗显灵了。

(二)

王阳明的祖先最远可以追溯到东晋风流人物王羲之。王羲之的第一等事就是书法。但自王羲之后,王家就没有什么人可以名载史册了。直到元末明初,王阳明的六世祖王纲才进入人们的视野。王纲和刘伯温是好朋友,长期隐居深山老林。刘伯温认为他有超人的智慧,就请他出来为政府效力。

刘伯温这点做得很差劲,因为王纲被迫出来做官时,都已70高龄。在南京(当时明王朝首都是南京)还未享受几天,就被派到广东剿匪。广东山贼跟他在深山中打游击战,王纲一副老骨头哪里经得起这么折腾,剿匪大功告成就辞职回老家,结果在路上一命呜呼了。

他的儿子王彦达要求政府给抚恤金。可政府认为，王纲已经辞职，政府没有义务给钱。王彦达经历千山万水把老爹的尸体背回家，给后代立了“第一等事”：就是饿死，也不给政府工作。

王家本来是读书世家，不是耕种世家，所以必须要考试做官，否则很可能没有饭吃。王彦达的儿子王世杰在实在受不了贫穷的生活跑出去考试，但一看到进入考场要搜身，就拂袖而去。他后来对人说，搜身是对人尊严的变相侮辱，我王家都是道德高人，怎能受这样的侮辱？所以就是饿死，也不去考试。

王世杰的儿子就是王阳明的爷爷王天叙，从小受家教影响，一门心思修身养性。生了儿子——王阳明的老爹王华后，说：“还是要读书中进士啊，不然书不是白读吗？修身养性，即使把自己修成圣人模样，没有平台给你施展，也不是真圣贤。”

王华说：“这话我记下了。”

如上所知，王天叙的“第一等事”是：读书中进士，做官，为祖宗争光。至于为民造福，那就是第二等事了。

（三）

中国古代教育大都是家学，也就是家庭教育。读书人的家庭教育就是给孩子灌输科举考试的内容，顺便学点圣贤之道。比如，铁匠的家庭教育是打铁的技能，顺便告诉后代，打铁要“童叟无欺”，做个正直的打铁人。也就是说，在家庭教育里，品德教育看似是第二等事，可由于是上一辈人的以身作则，所以就是第一等事。在中国古人看来，道德和能力是一回事，道德无懈可击的人能力必然强大。一个人如果品德低下，那其他就一无是处。即使有超人的能力，也不会被认可。

王阳明在这方面是双手都硬。爷爷王天叙修身养性的功夫天下无二，老爹的个人品德有一件事就可以证明：王华六岁时，曾在一水塘边玩耍，一位醉汉呕吐完毕离开时把钱包丢在了水塘边，王华打开钱包，发现很多金子。然而，他没有私吞，而是等在那里，直到醉汉酒醒后慌慌张张来寻找钱包时，发现王华是个拾金不昧的孩子。他当即拿出其中很少的一部分当做酬谢，王华拒绝，说："我如果想要，就不至于在这里等你。"

在这种家庭教育的熏陶下，王阳明想要非道德，那比登天还难。再加上王阳明本人天资聪慧，所以，无论是王天叙还是王华，都把王阳明当做是个人物来看。

而王阳明很快就用行动证明了他的确是个人物。

1481年，王华高中状元。第二年，他在北京谋得官职，于是邀请王天叙和王阳明到北京。从余姚到北京路过杭州时，王天叙和一群诗友游览金山寺。期间就有人说应该借景作诗。众人还在抓耳挠腮时，王阳明只是略加思索，就在爷爷的许可下脱口而出：

> 金山一点大如拳，打破维扬水底天；
> 醉倚妙高台上月，玉箫吹彻洞龙眠。

那些人简直就是惊骇，认为这是不世出的小孩。有人就说："那再来一首吧，就以景点'蔽月山房'为题吧。"王阳明这次连思索都未思索，就摇头晃脑道：

> 山近月远觉月小，便道此山大如月；
> 若有人眼大如天，还见山高月更圆。

众人鼓掌叫好，正要用言词来夸赞这位神童一番，想不到王阳明冷笑道："文章小事，何足成名！"

这是句并不讨人喜欢的话。当时的人都以文章诗歌为第一能事，谁若是在这方面高人一等，那是受人极大尊敬的。可王阳明却说，文章诗歌是小事，这无疑让那些以此为傲的人自惭形秽。也就是说，王阳明给他们最得意的事泼了盆冷水，浇得他们浑身战栗，愤怒地看着王阳明。

幸好，他们转变心态，认为这是王阳明太年幼，不知什么是体统。等他年纪稍大后，就会明白，文章诗歌，那可真的不是小事！

（四）

从王华的眼里看去，王阳明是这样一个儿子：太聪明，过目不忘；太异端，圣贤之学里的文句，他总能问出一个别意来；太贪玩，每天都跟邻居小朋友玩打仗的游戏，搞得灰头土脸。

从王天叙的眼里看去，王阳明是这样一个孙子：太聪明；太有独立思想；活泼得太可爱了。

王华对老爹说，这孩子要严加管教，否则将来必是个操心的孩子。王天叙说："我看，按他自己的个性发展就是最好的管教。"

王华突然想到一件事，应该在王阳明"三太"（太聪明，太异端，太贪玩）后再加一个"太"：这孩子太狂妄。

有一次，他把王阳明叫到书房，训斥儿子说："我们王家世代都以读书为生计之源，你总搞些乌七八糟的东西，祖宗该做何想？"

王阳明反问："读书怎就是生计之源？"

王华说："读书好就能中进士，就能做大官。你老爹我如果不读书，怎么能考上状元？"

王阳明问："我老爹是状元，咱家世代就都得是状元吗？"

王华说："当然不是，只你老爹是状元，你若想是状元，就要好好读书。"

王阳明装作遗憾地"哦"了一声说："只是一代，状元看来也不过如此。"

王华对老爹说起这件事，还是气冲斗牛的状态。但王天叙听了却一乐，说："这孩子他日官至极品，所立功勋当是旷古绝今的。"

就在王天叙说这句话不久后，王阳明与他的私塾老师有了开头的那段对话。他的私塾老师被王阳明的回答震骇当场，王阳明离开很久，老师还在自言自语道：圣贤？你个小孩子懂什么是圣贤！

王阳明懂得，他可能也懂得，老师的第一等事就是多招收几个学生，多赚点工资。

所谓"圣贤"必须要有两个条件：第一、品德高尚，有超凡才智；第二、内心强大，并且建立了盖世功勋。

据儒家说，自创世之初到明王朝王阳明时代，圣贤只有可怜兮兮的几个，尧舜、汤武、周公、孔子，董仲舒、韩愈、朱熹，这些人都是品德高尚而且内心强大，有着超人的智慧。至于建立功勋这一问题，儒家说，功勋有文功武勋之说。尧舜汤武自不用说，文治武功大满贯。董仲舒、韩愈和朱熹那也是让儒家发扬光大的人物，所以，他们是圣贤。

请注意一点：王阳明此时说自己要做圣贤，和他后来创建心学所定义的圣贤有很大的区别，他现在所谓的圣贤是儒家定义的圣贤，也就是要道德与事功齐飞，要彪炳史册，永垂不朽。而创建心学后，他对圣贤的定义是这样的：圣贤就是凭良心去做事。

老实说，儒家对"圣贤"的标准其实并不高，孔子一生没有半点武功，还被人骂为丧家犬，只是在教书育人上把儒家血脉传了下来，就被认定为圣人。韩愈只不过是搞了个儒家名人名片录(道统)，就被尊为圣贤。

王阳明说要做圣贤，正如我们今天的小孩，看到电视里歌星光彩照人，说，我也要做歌星，其实是一个意思。你也就不能说王阳明不知天高地厚，所以有人，包括他老爹听到他这样的口气后，都嘲笑他狂妄自大。只有一个原因：那时候儒家所谓的"圣贤"的确太少了，几乎没有多少人。大家是在读圣贤书，可读书的目的是为了做大官，做了大官后又为了保官位，这就是他们的"第一等事"。至于"圣贤"的"品德高尚"，那是官场中人要绕道走的。谁品德高尚，不搞点丧失良知的行径，谁就难以在官场立足，而在官场上立足的人又因为能力有限不能建功立业，这就是圣贤难做之处了。

其实难吗？

如王阳明后来所说，立下成圣作贤的志向，把这作为人生第一等事，然后致良知，人人都能成为圣贤！

根本就不难！

何谓第一等事？

有人说是成名，有人说是做官，有人说是发财，还有人说是老婆孩子热炕头，无论是哪一种，都是功名利禄的奴隶。年仅12岁的王阳明的“第一等事”实在是惊世骇俗。也许正是惊世骇俗，所以才能在多年后创建更为惊世骇俗的心学。

第二节：吾以动心为耻

（一）

多年以后，王阳明对自己的青少年时代这样评价：幼少不知学，陷溺于邪僻者二十年。他的好友湛甘泉把王阳明青少年时代的邪僻概括为五方面：任侠、骑射、辞章、神仙、佛教。

王阳明的智商远高于普通人，再加上他求知若渴的精神动力，使他在短时间内就能掌握大量知识。八岁时，他在道教知识层面已炉火纯青，尤其喜爱养生之术。

不过，正如人的精神结构所决定的那样，八岁时学东西容易，放弃更容易。自浙江到北京后，王阳明把长生之术扔到脑后，开始将“学做圣贤”当成人生第一等事。不过，该从哪里开始，王阳明并没有定见。大概是老天认为他放弃道家思想太干脆利落了，所以在王阳明13岁的1484年，把他的母亲带走了。王阳明在为母亲守孝的三年时间里，由于情绪过于泛滥，忽然想到生死的问题。

人生艰难唯一死，任何人对生死问题都不可能安然面对。王阳明从母亲的去世得出一个怪诞的感悟：人生苦短，辛苦来到人世，却只是短暂的几十年，如果倒霉，十几年甚至是几年就离开。这样看来，人生就是一场稍纵即逝的梦而已。对于这一梦，有人苦心孤诣地追逐外物，以证明自己的存在。而有人与世无逐，随遇而安。王阳明肯定要取后者的心态，他要重新回到道教的长生之术和佛家的空无境地中。

据说，王阳明在母亲去世不久，就做了件使人震骇的事。他的老爹在北京娶了个小老婆，郑氏一死，小老婆自认神助我也，能顺利转正，于是在言行举止上表现出了从前所没有的狂妄，特别是对王阳明，俨然是无良知的后妈风范。王阳明不能容许这样的情况出现，到街上买了一只鸮鸟，传统语境中，这种鸟翅膀硬后就会吃掉老娘，是"忘恩负义"的标本。王阳明把这只鸟偷偷地藏在小妈的被子中，当小妈掀被子时，鸮鸟腾飞而起，凄厉地叫着飞出了房间。小妈被吓得魂不附体，几乎要发癫疯。王阳明早从暗处闪出，对小妈说，野鸟入室本不吉祥，应咨询下专业人士（巫师）。小妈被吓得神志不清，王阳明已经把"托儿"——巫师请了进来。巫师按照王阳明事先的嘱咐，进了房间，随便一看，就说，家有怪气。见到惊魂甫定的王阳明小妈，观察一番，做出定论：您脸色不好，恐有灾难降临。王阳明小妈就把大鸟从被中腾飞的事说了，巫师说，我问问神仙。于是，焚香祷告，忽然一哆嗦，说是郑夫人上身了，并且对王阳明的小妈说，你不好好对待我儿子，我就来取你性命。王阳明小妈浑身发抖，连连道歉，并发誓以后对王阳明待之以礼。

这故事记载于冯梦龙先生的《王阳明靖乱录》中。冯梦龙在故事的最后点评说：王阳明还是个孩子，但权术已炉火纯青。这大概是他后来能在轻松谈笑间立下奇功的潜力的不友好发挥。

（二）

人在青少年时期，有超人的精力，总想做许多事，但很少能做成一件事。这大概和我们的性情有关。我们太过于冲动，又喜欢冒险，却没有恒心，所以，当冒的"险"一露头，我们就跑掉了。

王阳明十七岁时，按父亲的意愿到江西南昌和一位诸女士结婚。可就在新婚之夜，他思虑繁杂、神情恍惚地走进了一座叫"铁柱宫"的道观。一进观里，王阳明就看到一个老道士正在静坐。王阳明很有礼貌地坐在他对面，许久，老道士才长吁一口气，睁开眼，看到王阳明，有些吃惊，说："何时来的？"王阳明回答："一刹那。"

道士点了点头，二人开始用机锋话语短兵相接。这一交手，使时间加快了步伐。当王阳明觉得即将到尾声时，鸡鸣四起。

王阳明叫了一声："糟糕，我娘子。"

他也顾不得读书人的身份，一路小跑，跑回了岳父家。他的岳父正在风中狂走，见到王阳明，如见到神仙下凡一样，急忙把他推进了蜡烛成泪的洞房。

王阳明在岳父家住了一年多，在这段时间里，他唯一打发时间的工作不是读圣贤书，而是练字。我们今天看到王阳明的书法，至为惊叹，其基础可能就是在岳父家打下的。多年以后，他提到练字时说："当初我在南昌城练字，开始写字时，只是仿着字帖，后来发现无论我写的多漂亮，只是学到了字的形，却没有学到字的神。后来，我提着笔，凝神静气，仔细地想，这个字该怎么写，然后再下笔，我突然发现这样写出来的字真的就是好字，它是我的字，而不是别人的字。"

这已经接近于他后来创建的心学宗旨：做任何事其实都是在炼自己的心。

一年半后，王阳明和妻子启程回浙江余姚，路过浙江广信时，听说当时的大儒娄谅正在这里讲学，王阳明大为振奋，去拜访了娄谅。

娄谅是明代儒学宗师吴与弼的弟子，吴与弼是个身体力行者，讲究实物性的知行合一。每天鸡叫一遍，他就带领弟子们去忙农活。在地头歇息时，就传播他知行合一的思想。政府曾请他出来做官，可吴与弼却不屑一顾，而且还留下一句话："宦官、释氏（佛学）不除，还想要天下太平，简直水中捞月。”这句话传递了这样一条信息：吴与弼讨厌佛家，更讨厌宦官。

娄谅年轻时曾立志要科举成名，但有一次，他去京城参加国考的路上突然返回。有人问他原因，他说：“我在旅店静坐时，心中什么都没有。突然一道闪电射入我的脑海，我隐约看到了考场失火。于是，我就回来了。”

当很多人都在嘲笑他神经兮兮时，几个月后，京城真的有消息传来，那一年的国考考场失火，烧死数人。而当人人都在惊羡娄谅未卜先知的本领，请求他预测下一次国考的题目时，他已放弃了功名之学，一转身就投身到圣贤之学上，并且留下豪言壮语：圣人必可学而至。

王阳明来拜见他时已经18岁，正是今天高中即将毕业的年纪。但他回首往事，发现自己一事无成。少年时随口的一句“做圣人为第一等事”并没让他心想事成。恰好相反，在儒家经典中，他辗转反侧，左冲右突，都无法突破。在见到娄谅之前，他认为圣人是可望而不可即的。

可当娄谅把那句“圣人必可学而至”的看家本领告诉他时，他的心中再起波澜。他没有去细究娄谅的“知行合一”，只是了解了娄谅的“知”。回到余姚后，他发奋读书，彻底改变了从前的放荡不羁，俨然脱胎换骨。

在他正式面对朱熹这座理学大山时，朱熹说：众物必有表里精粗，连一草一木都涵着至理。就是说，理，这个东西存在于万事万物中，你只要去认真地“格”，道理触手可及。知道了天下所有的道理，你就是圣贤了。

王阳明后来回忆说，当他看到朱老夫子的这段话时，深为动容，于是立即付诸行动。

他和一位好朋友跑进竹林，开始“格”竹子。两人从早站到晚，死盯着竹子不放。第二天又来。第三天，朋友终于有点熬不住了，说：“我实在不是做圣人的材料，我需要病倒。”

王阳明身体素质不如他的朋友，但毅力支持着他，可到第六天，他的毅力也不再支持他了，他晕倒了。

“格竹子”事件是王阳明一生中的闪光点，从心学角度来讲，它曝光了理学的致命缺陷：去万事万物上寻找道理，劳心费神，得不偿失。

我们今天如果理解“格物”是相当容易的，比如要知道人体结构，不需要瞪着眼睛看，只需要把人解剖就是了。要了解一个汽车运行的道理，只需要把它拆卸掉就可以了。但在明朝，要想了解竹子的生长，和为什么它是竹子而不是别的，用儒家门徒的方法，只能是死盯着看。儒家的动手能力很差，中国古人也很少有科学研究，所以王阳明失败了。

格竹子失败后，王阳明心灰意冷，再次认为自己没有圣贤的潜质，于是决定参加科举考试，做一番惊天动地的大事业，成为俗世圣人也好。

可当他第一次到北京考试时，居然落榜了。

这对于神奇才子王阳明而言，简直是奇耻大辱。很多人认为王阳明受不了这一打击，当有人安慰他时，他却出奇地平静，说：“我的确很难过，但不是因为落第，而是因为我不能为国家效力。”

三年后，王阳明卷土重来，可惜又铩羽而归。很多落第考生号啕大哭，想死的心都有了，王阳明却依然安静如昔。他留下了一句使人动容的话：你们都以落第为耻，我却以落第而动心为耻。

王阳明的确没有因落第而动心。实际上，这正是他后来所创建的心学的奥妙：改变不了事情，只能改变对待事情的态度。如果你不能做到顺应客观事物，而强迫自己保持一颗倔强的心，受伤的只能是自己。

既然无法登上仕途，王阳明决心转身，回归他的心灵世界。

第一次落第前，他就曾回到浙江老家组织了一个诗社。虽然此时，王阳明的诗歌作品还很青涩，但诗歌背后的才气仍然得到许多诗坛能人的赞赏。一位叫魏瀚的诗坛大佬评价王阳明的诗说：“你的诗才太高，我只好甘拜下风，退避三舍。”

第二次落第后，王阳明回到浙江余姚清闲了一段时间，随性随心了好久，后来回到北京，拿起了兵法。王阳明对军事上的见识，在这个时候恐怕还未到出神入化的境界。不过，这段时期他博览军事群书，为后来的用兵如神奠定了坚实的经验基础。

对于当时风靡天下的军事著作，诸如《孙子》、《司马法》、《尉缭子》、《六韬》、《吴子》、《三略》、《唐李问对》，王阳明都进行了精心的批注。

比如在《唐李问对》的下卷，他这样评道："李靖一书，总之祖孙、吴而未尽其妙，然以当孙、吴注脚亦可。"在《孙子兵法》上，他说：兵道的总原则就是，误人而不误于人，致人而不致于人。如何？就要有万全的谋略。《军争第七》中，他这样评道：善战不战，故于军争之中，寓不争之妙。"以迂为直，以患为利"，"悬权（秤砣）而动"；而必申之以避锐击惰；"以治"，"以静"，"无要"，"无击"，"勿向"，"勿逆"等语。总之，就是虚虚实实，真真假假。

其实，王阳明这一时期还是军事家中的学院派，没有自己的军事思想，全凭一腔热血。倘若这个时候，让王阳明上战场，他必然成为赵括第二。

实际上，他当时确实喜欢纸上谈兵。每次参加宴会后，他都要用水果核在桌子上排兵布阵，不管别人是否喜欢听，他都要大肆讲解一番。这种讲解对于那些腐儒而言，就是对牛弹琴。你自己浪费时间不说，牛还特别不高兴，认为影响了它的休息。

王阳明自己索然无味，又悄悄放下了军事。我们可以看到年轻的王阳明有一个性格特征：对任何事拿得起放得下，不动心，不勉强。四处出击寻找内心的真理，当他发现不是真理时，立即掉头，毫不留恋。

我们曾见过这样一幅漫画，一个人拿着铁锹挖井，在他身后有无数井眼，每一个都快要见到水了，可惜的是，每一个井都只差那么几锹。

王阳明就处在这样的阶段。突然有一天，他在看朱熹给宋光宗的上书中有这样一句话："居敬持志，为读书之本；循序致精，为读书之法。"意思是说，有志者立长志，无志者长立志。

王阳明如晴天霹雳般警醒了。他想，自己在各种事物上都涉猎过，之所以放弃了，正是因为立志不坚。

一个人立志不坚，就不可能有诚意，没有诚意，只是在心外做事，事情又如何能做好？固然，拿得起放得下的人，是不动心的体现。但总是拿起又放下，那就是心烦意乱了。心在各种各样的事情上忙碌，根本无暇顾及心的本体（良知），长此以往，那就什么事都做不成。

但当他痛下决心决定把朱熹的理学搞明白时，又陷入了那个格物致知里。他发现，把物和心一分为二，肯定是不对的。但为什么不对，他却找不出根据来。

世界上有很多伟大人物，在专业中无法突破时，会转向去学习别的科目，有时候，会突然触类旁通，获得成功。

王阳明大概也明白这个道理，虽然没有放下理学，却重新选择进入道家的养生术和佛理中去了。

有这样一件事，有一天他在静坐时，突然意识到有朋友来访，于是让仆人去请，仆人在半路上真就遇到了王阳明说的三个朋友。他的朋友和王阳明见面后，都互相吃惊。王阳明后来创建心学后，说："静坐一久，心澄则明，会对即将发生的事有个刹那间的预料，但这不是规律，只是偶然。"

关于王阳明对佛家的见解，多年以后，他曾多次批评佛家的不管不顾。在他看来，佛家就是因为喜欢逃避，所以才出家。而出家后，又不老实，搞出许多禅机的话语和心灵励志的絮叨来，由于他们不去实践，所以百无一用。据说，他在杭州闭关修炼时，突然有一天意识到佛家的逃避性，就跑到虎跑寺对一个闭眼闭嘴的和尚大喝："这和尚终日口巴巴说什么！终日眼睁睁看什么！"这一喝，很内行。正和佛家指东打西、顾左右而言他的话语相似，那个和尚被王阳明震得开了眼，也开了口。

王阳明问："你家里尚有何人？"

和尚回答："母亲还在。"

王阳明再问："想念她吗？"

和尚人性复燃："不能不想念。"

王阳明如释重负般："那就去你母亲身边思念吧。"

据说，第二天，和尚卷了铺盖，回家了。

王阳明第三次参加国考时已28岁，终于如愿以偿。包括他自己都认为，自己终于可以踏上世俗圣贤之路了。但让他想不到的是，他的仕途毫无生趣，可谓乏善可陈。

第三节：乏善可陈的仕途

（一）

王阳明的第一份工作是到工部实习，而他的第一个任务是给威宁伯王越建造坟墓。

威宁伯王越是明朝历史上靠平定大乱而获得爵位的三大文官之一。王阳明对王越很是景仰，所以那座坟墓也修得特别扎实。就在修建坟墓过程中，王阳明仍不忘记自己的军事才华，他用“什伍法”来组织民工，让他们及时休息按时吃喝。据他后来说，这样做的效果很好。休息时还组织他们演练“八阵图”，使他们了解用兵布阵的妙处。

在胜利完成这个任务后，因为有颗流星划过北京上空，所以皇帝朱佑樘命令官员们谏诤，以表示对老天这个警示的重视。

王阳明没有凑这个热闹，但很快，蒙古人突然侵犯明王朝边疆，军民死伤无数，朱佑樘来不及看老天的眼色，就把目光看向战区了。王阳明这回卷起袖管，把毛笔蘸饱了墨，铺开纸，用他那热忱的心写了封《陈言边务疏》。

他在这封上书中说：“今之大患，在于为大臣者外托慎重老成之名，而内为固禄希宠之计；为左右者（主要指内官）内挟交蟠蔽壅之资，而外肆招权纳贿之恶。习以成俗，互相为奸。忧世者，谓之迂狂；进言者，谓之浮躁。沮抑正大刚直之气，而养成怯懦因循之风。故其衰耗颓塌，将至于不可支持而不自觉。”

这种论调早已有之，朱佑樘已经刀枪不入，所以这封奏折根本没有掀起任何涟漪，就沉到不知何方了。多年以后，王阳明提到他这篇奏折时说：“我那时候良知不明，不该信口胡说人人都知道的常识，不但于事无补，还得罪了一些恶人。”

看来，创建心学后的王阳明和未创建心学时的王阳明，是截然不同的两个人。

朱佑樘虽然没有对王阳明的上书用心，但对王阳明这个人却用了心。他认为，这种人在工部不能尽才，于是，把王阳明调到了刑部，让他担任司法科员。

1500年阴历十月，王阳明被派到全国各地的监狱中去复审案件，他第一次亲身体会到了国家司法的黑暗。

有很多罪犯只是因偷鸡摸狗而被捉进来，但却被判为重罪。还有一些根本就是受不住严刑拷打被迫承认自己犯了严重的罪行。更有甚者，有些囚犯是非严重政治犯，他们进来根本就没有通过司法部门，而是直接被皇帝下令扔进来的。当然，还有一些人本该早就被处决的，可因为上了供，所以一直在监狱里养老，等待出狱的机会。王阳明又发现，很多囚犯进来时只是普通的刑事犯罪，可几年后居然成为重囚，这其中有很多难以言说的关节，无非是没有钱财行贿，以至于必须要用人身自由来抵偿。

由于是中央官员，所以王阳明对这些案件有着独断的权力，在他非常用心的复审下，一些重囚被他翻案，可以不用秋后问斩。而另外一些本该好好“享受”监狱生活的轻犯却被王阳明揪出来，跟死神再次签约。

在圆满完成这次任务后，王阳明给皇帝又上了一道建议书。他假装很惊异：监狱里的重囚除了政治犯以外，多是平民百姓，难道富贵人家子弟就不犯罪吗？

他惊异的内容恰好是相反的事实。富贵人家的子弟当然犯罪，但因为可以用权力和金钱赎罪，所以很少能在监狱中看到他们罢了。

在医院工作多年的医生很少有怜悯之心，因为他们接触太多的生死伤亡。人类最大的智慧之一就是适应性，一个人可以在特别极端的环境下靠吃食蚂蚁和树皮存活下来。所以，在一个环境里待久了，就会沾染上环境的恶习，这是王阳明最不愿意看到的。当他复审完那些案件后，很怕监狱的阴暗影响自己，急忙跑进安徽青阳九华山上洗涤灵魂。

他最喜欢的就是游山玩水，因为和大自然亲近，能使一个人感受到万物一体的空灵感，从而能激发人的灵魂趋向高尚。我们在王阳明游九华山时的作品《九华山赋》中就能清晰地看到他灵魂的纯净，而在纯净的灵魂中却有一颗特别渴望建功立业的心：

九华为江南奇特之最，而史记所录，独无其名，盖马迁足迹之所未至耳。不然，当列诸天台四明之上，而乃略而不书耶。壬戌正旦，予观九华，尽得其胜。已而有所感遇，遂援笔而赋之。

其辞曰：

循长江而南下，指青阳以幽讨。启鸿蒙之神秀，发九华之天巧。非效灵于坤轴，孰构奇于玄造。迁史缺而弗录，岂足迹之所未到。白诗鄙夫九子，实兹名之所肇。

予将穷秘密于崔嵬，极玄搜而历考。涉五溪而径入，宿无相之窈窕。访王生于邃谷，掬金沙之清潦。陵风雨乎半霄，登望江而远眺。步千仞之苍壁，俯龙池于深窅。吊谪仙之遗迹，跻化城之缥缈。饮钵盂之朝露，见莲花之孤标。扣云门而望天柱，列仙舞于晴昊。俨双椒之辟门，真人驾云而独跷。翠盖平临乎石照，绮霞掩映乎天姥。二神升于翠微，九子邻于积稻。炎熇起于玉甑，烂石碑之文藻。回澄秋于枕月，建少微之星旐。覆瓯承滴翠之余沥，展旗立云外之旌纛。下安禅而步逍遥，览双泉于松杪。逾西洪而憩黄石，悬百丈之灏灏。

濑流觞而萦纡，遗石船于涧道。呼白鹤于云峰，钓嘉鱼于龙沼。倚透碧之峗岏，谢尘寰之纷扰。攀齐云之巉峭，鉴琉璃之浩溔。沿东阳而西历，餐九节之蒲草。樵人导余以冥搜，排碧云之瑶岛。群峦翳其缪霭，失阴阳之昏晓。垂七布之沉沉，灵龟隐而复佻。履高僧而靡招贤，开白日之杲杲。试胡茗于春阳，吸垂云之渊湫。陵绣壁而据石屋，何文殊螺髻之蟠纠。梯拱辰而北盼，隳遗光于拾宝。缁裳迓于黄匏，休圆寂之幽悄。鸟呼春于丛篁，和云韶之鹭鹭。唤起促予之晨兴，落星河于檐橑。护山嘎其惊飞，怪游人之太早。揽卉木之如濯，被晨晖而争姣。静镵声之剥啄，幽人斸参蕨于冥杳。碧鸡哕于青林，白鹇翻云而失皓。隐捣药于樛萝，挟提壶饼焦而翔绕。凤凰承盂冠以相遗，饮沆瀣之仙醥。羞竹实以嬉翱，集梧枝之袅袅。岚欲雨而霏霏，鸣湿湿于蘴葆。躐三游而转青峭，拂天香于茫渺。席泓潭以濯缨，浮桃泻而扬缟。淙澌澌而络荫，饮猿猱之捷狡。睨斧柯而升大还，望会仙于云表。悯子京之故宅，款知微之碧桃。倏金光之闪映，睫异景于穹坳。弄玄珠于赤水，舞千尺之潜蛟。并花塘而峻极，散香林之回飙。抚浮屠之突兀，泛五钗之翠涛。袭珍芳于绝巘，袅金步之摇摇。莎罗踯躅芬敷而灿耀，幢玉女之妖娇。搴龙须于灵窦，堕钵囊之飘飖。开仙掌于嵚嵌，散清磬之迢迢。披白云而踸崇寿，见参错之僧寮。日既夕而山冥，挂星辰于窿嶅。宿南台之明月，虎夜啸而罴嗥。鹿麋群游于左右，若将侣幽人之岑寥。迥高寒其无寐，闻冰壑之洞箫。

溪女厉晴泷而曝术，杂精苓之春苗。邀予觞以仙液，饭玉粒之琼瑶。溘辞予而远去，飒霞裾之飘飘。复中峰而怅望，或仙踪之可招。乃下见陵阳之蜿蜒，忽有感于子明之宿要。逝予将遗世而独立，采石芝于层霄。虽长处于穷僻，乃永离乎嚣嚣。彼苍黎之缉缉，固吾生之同胞。苟颠连之能济，吾岂靳于一毛。矧狂寇之越獗，王师局而奔劳。吾宁不欲请长缨于阙下，快平生之郁陶。顾力微而任重，惧覆败于或遭。又出位以图远，将无诮于鹪鹩。嗟有生之迫隘，等灭没于风泡。亦富贵其奚为，犹荣蕣之一朝。旷百世而兴感，蔽雄杰于蓬蒿。吾诚不能同草木而腐朽，又何避乎群啄之呶呶。

已矣乎！吾其鞭风霆而骑日月，被九霞之翠袍。抟鹏翼于北溟，钓三山之巨鳌。道昆仑而息驾，听王母之云璈。呼浮邱于子晋，招句曲之三茅。长遨游于碧落，共太虚而逍遥。

乱曰，蓬壶之邈邈兮，列仙之所逃兮。九华之矫矫兮，吾将于此巢兮。匪尘心之足搅兮，念鞠育之劬劳兮。苟初心之可绍兮，永矢弗挠兮。

（二）

如果说，游山玩水是王阳明洗涤灵魂的一种方式，那么还有一种方式，就是接触各种各样的神仙级人物。

他曾从别人那里探听到山上有个姓蔡的道士，常常蓬头垢面，嬉笑无度，所以人送绰号“蔡蓬头”。蔡蓬头神出鬼没，不是有缘人，根本见不到他。

王阳明认为自己是和他有缘的人，历经万苦，在羊肠小道间数次来往，终于找到这位神人。

二人见面，王阳明立即诉说仕途之苦，希望能和神人一起远离尘嚣，逍遥世外。

蔡蓬头抬眼看了看王阳明，说了两个字：“尚未。”王阳明当然不明白是什么意思，就追问，蔡蓬头这次连眼皮都不抬了，仍然是两个字：尚未。

王阳明几乎要把脸凑到他鼻子上请教，蔡蓬头才哈哈大笑道：“我已用心观察你许久，虽然你口口声声说要出世，其实你入世的心极为迫切。你终去不掉官相啊！”说完扬长而去。

王阳明几乎要七窍生烟，认为蔡蓬头没有点化人的本领，所以就用这个蹩脚招数撒手不管。但我们却知道，有时候，我们听到别人的话而生气，可能正是因为那人说的是正确的，所以我们才生气。

虽然受到蔡蓬头的嘲笑，王阳明出世的心仍未死寂。当他听说山里还有位特立独行的和尚时，马上就重新上山，寻找和尚。

由于和尚不食人间烟火，所以王阳明费了九牛二虎之力才在一山洞中找到他。当时那和尚正在午休，但他午休的时间太漫长，太阳落山很久，和尚仍没有醒来的迹象。王阳明见和尚的脚露在外面，温度降下来，于是开始握着和尚的脚丫子，为其活血。

和尚终于醒过来，看到王阳明的恭敬之态，没有一丝惊讶，问道："找我做什么？"

王阳明说，自己的仕途平淡无奇，很想出世，即使不能出世，也希望能学到天下神仙们的绝技。

和尚说，我不是神仙，神仙也没有绝技，绝技只在你心。

王阳明当时当然不能理解这样的禅语，所以依然苦苦哀求。

和尚被求的没有办法，和蔡蓬头一样，直戳王阳明道："你没有求仙的命运。"王阳明脸色一变。不过和尚又补充了一句："北宋的周敦颐和程明道是儒家两个好秀才啊。"周敦颐是理学派开山鼻祖，他提出"诚"是人的最高境界，通过去欲望、安静就能达到。程明道是理学二程之一，主张读书要穷理，理穷后，就见真意。

王阳明在下九华山的羊肠小道上，忽然明白了和尚的意思。这在他多年以后给朱厚照的一封信中可以得到证明。

朱厚照当时兴师动众要去西方迎接佛祖，王阳明就说，西方的佛祖就是道家的神仙，就是儒家的圣人。三教没有什么区别，都是以追求真理为最高目标。现在有现成的儒家圣人，您不去学，却去迎西方的圣人，岂不是多此一举吗？

由此看来，王阳明从最开始的"成为圣人"到后来想成为"佛道神仙"，是一脉相承的。表面上，他一直在改变着追求的路线，实际上，他的第一等事却始终没有变。

（三）

在九华山“仙游”了半年后，王阳明被中央召回。由于他对一切工作都提不起兴趣来，所以，就开始和京城文化圈里的人来往，而且殚精竭虑地想要写出最好的文章和诗歌来。这就是他后来回忆的，“沉湎于词章中不能自拔”。

由于他的身体素质本来就比别人差，每天熬夜读书，不久就病倒了。他不得不回老家休养。在老家休养了一段时间后，他忽然跑到会稽山，在大禹藏书或葬身的禹穴凿了个洞，起名为阳明洞。这就是王阳明这个名字的由来。在这个洞中，王阳明思考的东西非常繁杂，忽然是佛，忽然又是道，忽然又是理学。可能连他本人都不明白，自己到底计划走哪一条路。也就是说，他没有规划。

人生到底需不需要规划，多年以后，王阳明的弟子问他，圣人是不是规划得很好，才最终成圣的。王阳明却回答，圣人哪里有那么多时间规划？只是因为良知明白，所以随感而应，无物不照。

不入流的心灵励志人士总提醒人们，要有规划。但实际上，人生就如一道变幻线，下一步是什么，谁都无法预料。既然无法预料，那你的规划岂不是无济于事而又浪费精力？

我们可以看一个真实的例子：有位名叫桑巴的登山运动员，在一次登山时出了意外，陷入深谷。凭借毅力，他坚持了10天，最终获救。有记者问这位死里逃生的登山运动员，那10天时间里，你都想了些什么。

桑巴回答：“两个字——生死。”

他说：“这10天，我把自己的一生都细细地想了一遍，却兴奋地发现了一个人生的秘密：自己的命运，或者说所有人的命运，原来都是不确定的。”

桑巴首先想到的是自己的婚姻。20岁那年，他差点与另一个女人结婚，只是因为结婚前，那个女人向桑巴的家人多要了一张牛皮（当时的彩礼）。桑巴的家人不同意，婚姻由此告吹。之后桑巴便娶了别家的女人。也就是说，一张牛皮，改变了桑巴的轨迹。

两段姻缘之间，桑巴还和别的女人有过交往，不过，没有一个和他走到一起，用他的话说，就差了一点点。

桑巴的婚姻后来迎来了七年之痒，差一点离了婚。他和女人合不来，于是俩人写好了离婚协议书，准备去办离婚。但那几天突降风雪，无法出门。风雪停了的时候，俩人似乎已经过了非离不可的阶段，就这样又过到今天。要不是那一场暴风雪，桑巴该是和别的女人生活在一起。如果是和别的女人一起生活，一切就都不是眼下这个样子了：时间、地点、工作、环境都会不同，他的生活肯定不是现在的样子。

桑巴最后又说到死亡，其实，这不是他第一次面临死神的召唤。死神经常循着他的踪迹，追踪他。他3岁那年，患急性病，昏迷半月。医生查不出他是得了哪种病，无奈中宣布了他的死期。家人开始为他准备后事。谁想，这时正赶上一名患有同样病的人来就诊，而这名病人的病情更加显著，是细菌感染。大夫们恍然大悟，桑巴原来也是同样的病症，开始给他重新治疗……他活了下来。要不是赶上这么一个同病相怜的人，桑巴3岁那年便结束了生命。一生只有短短的三年。

桑巴刚会游泳那年，大概也就七八岁的样子，在河里抽了筋，沉入河底。岸上空无一人，桑巴以为这次必死无疑。但就在这时，岸边突然出现了一位村民，偏偏还是一位水性很好的村民，救了桑巴。事后这位村民说，那天他是因为和自己的女人生了气，才跑出来。如果那天这位村民的生活一切正常，该是在家里吃午饭，那样桑巴也就没命了。桑巴活着，是因为一个人与另一个人的赌气，是因为别人家的一个意外。

20多岁时的某一天，桑巴乘火车外出，却赶上了火车出轨。桑巴坐的那节车厢，人员死伤最多，17人死，34人伤。列车在出轨前的5分钟，桑巴上厕所，厕所却正被使用。桑巴无奈，只好到别的车厢去找厕所。事后桑巴得知，那位使用厕所的人，正是死者中的一个。桑巴冒出一身冷汗，他想，如果当时他先进厕所，那么他该是那17名死者中的一个。

就在那命悬一线的10天中，桑巴还想了很多很多。他发现人生原本是没有规律的，你可能是这样，也可能是那样。你可能差一点变成有钱的富人，也可能差一点沦为衣食无着的艰辛者。也许你本该活到70岁，但有可能你在10岁、20岁时便突然故去，可也没准你活过了80岁，依然健康。这都可能，什么都有可能。

既然任何事情都有可能，那人生真没什么好算计的。

中国道家哲学强调“万般神通皆小术，惟有空空是大道”，其实说的就是应该随顺事情自身的本性，顺应自然，不以现实功利为追求目标。

国学大师冯友兰告诫那些经常算计人生的人说：“你最好不要操心。你的根本错误就在于找个道理打量计算着去走。若是打量计算着去走，就调和也不对，不调和也不对，无论怎样都不对；你不打量计算着去走，就全对了。人自然会走对的路，原不需你操心打量的。遇事他便当下随感而应，这随感而应，通是对的。要于此外求对，是没有的。”

这段话正是王阳明说“不要计划”的最好诠释。

（四）

王阳明的阳明洞生活很快就结束了，他被派到山东去担任科举考试的出题官。他出的题目是相当有见地的：所谓大臣者，以道事君，不可则止。

这其实是孔孟的思想，孔子说，如果有官场大家伙用我，以礼待我，我肝脑涂地。如果不用我，或者不用礼待我，那我连“走路要小心”这样的建议都不提，而且还要离开你。

孟子也说，如果主子混蛋，当下属的就可以干掉他，商纣王混蛋，身为臣子的周武王干掉了他。人人都说周武王犯上作乱，可孟子说，这是诛杀贼人，是对的。

我们今天看这道题目，并没有什么惊讶。可在明王朝，这可是反传统的。明王朝的皇帝和官员们都认为，无论皇帝怎么混蛋，也要尽心为他服务，哪怕性命不保。如果离开皇帝，那就是叛徒。

不过，由于这仅仅是乡试，所以影响并不大，而且也没有考生按照王阳明的意思写出惊天动地的文章来。

从山东回来后，王阳明似乎厌倦了这样波澜不惊的仕途，当他被调到“国防部”担任科员后，他几乎很少把精力用在工作中，而是专心在京城开办学习班，讲身心之学。

所谓“身心之学”，是指纯粹是为了修身而不是为了科举考试的学说。这种学说其实依然是儒家经典，只不过，不以科举考试为出发点去学习表面文章，而是用身心去体悟儒家经典。

这是王阳明得以从迷路中走出，并且大踏步向前冲锋的关键时刻。他多年来对儒学的体悟和佛、道二教的影响，足以让他能在儒家经典上提出振聋发聩的思想来。人人都看到京城中王阳明的独特风采，人人也都预料到他将会在学术上掀起惊涛骇浪。但造物弄人，王阳明在这条光明大道上走了没有多久，就车毁人伤。

而他的精彩人生，正是在车毁人伤之后，才正式上演。

第二章　心学横空出世

王阳明在龙场悟道后，心学横空出世。但其实天下就没有横空出世的事物，任何事物都需要艰苦的蕴藉、造世主的灵性与追求真理的不懈努力，才有所成。心学何以出世，背后的故事耐人寻味，动人心弦。

第一节：被放逐

（一）

1505年阴历五月，老皇帝朱佑樘一病而死。小太子朱厚照即位，是为正德皇帝。这一年，朱厚照才15岁，正是今天初中生的年纪。他无法处理复杂的国事，朱佑樘临死前，指定了刘健、李东阳、谢迁三位为辅政大臣。但朱厚照很快就把这三位的好心好意当成驴肝肺。因为三人总是希望他能中规中矩地做个好皇帝，不要整日想着玩乐。

朱厚照对这三位的絮絮叨叨厌烦之极，越是厌烦，他就越喜欢身边以刘瑾为首的太监群。刘瑾这位生活导师和"心灵导师"告诉朱厚照，人生在世如白驹过隙，及时行乐才是人生主题。于是，在刘老师的帮助下，朱厚照先是在宫中模仿街市的形式建了许多店铺，让太监扮作老板和百姓，而他自己则扮作富商，和那些太监讨价还价。后来，朱厚照又模仿妓院，让许多宫女扮作妓女，他则装作嫖客，和"妓女"谈价钱。

1506年，他发挥创造力，搬出紫禁城另起大宅，名叫"豹房"。里面有野兽，有穿着稀奇古怪的男人和女人，俨然一个小型的超级娱乐夜总会，人世间的欲望都能在这里得到满足。刘健和谢迁见小皇帝胡闹得已经登峰造极，于是就频频劝说，要他改邪归正。朱厚照置若罔闻。刘、谢二人就调转枪头，认为朱厚照所以变成这样，是因为刘瑾等人的鼓励。于是，二人联合六部部长和御史，向刘瑾发起攻击。刘、谢二人甚至还联合宫里和刘瑾不合的太监王岳，一起来对付刘瑾。

在几乎所有官员的上书中，朱厚照领悟到刘瑾和他的太监群面临的危险，于是，准备把刘瑾等人发配到南京守祖宗陵去。可刘、谢二人认为这处罚太轻，最适当的处罚应该是将他们斩首。

刘瑾等人得到消息后，魂飞天外。就在当天夜里，敲开朱厚照的门，环跪在朱厚照面前，痛哭流涕，申诉自己没有那么大罪过，而且这些人凭借花言巧语让朱厚照又一次领悟到，原来刘谢二人杀他们，是想孤立皇帝。

朱厚照第二天来了个一百八十度大转弯，不但不降罪刘瑾等人，还升了他们的官。刘、谢二人绕柱狂走，马上以辞职相威胁。他们太高看了自己，或者说，高估了自己在朱厚照心目中的地位。辞职信一上，朱厚照立即准奏。

刘、谢二人的遭遇恰如其分地说明了朱厚照的冥顽。北京方面的官员们还没有来得及行动，南京方面的御史们已轰然而起，南京十三道御史薄彦徽、陆昆、蒋钦等15人上奏章要求挽留刘、谢二人，当然在挽留之前的文字中，把刘瑾骂了个狗血淋头。

刘瑾已不是以前的刘瑾，他现在可以动用手中的权力对付这些人。于是，锦衣卫成群结队奔赴南京，把这些人或者捉到北京刑杖，或者就地执法。

南京方面的御史们几乎全军覆没，而北京方面有良知的官员并没有被吓倒，大家像是约定好了一样前仆后继。刘瑾左右开弓，锦衣卫大牢中人丁兴旺，当然也有尸体，是那些不能承担刑杖的官员。

王阳明似乎是最后一个出场，他冷静地观望刘瑾所发的淫威，终于不能视而不见，于是，他上了奏折，名字叫《乞宥言官去权奸以章圣德疏》。这封信是典型的标题党，因为信中之意希望皇帝不要为难那些御史，御史们上书是他们的职责所在，如果他们对了，皇上就应该照做；如果说错了，皇上您应该有大海般的气度，容纳他们。可现在您却把他们捉进监狱，让他们生不如死，将来真有事，谁还敢说话？

信中只字未提“权奸”是谁，但人人都能看出信中指的是谁！

刘瑾和往常一样，像炮仗一样爆了起来。于是，王阳明被揍了四十军棍，关进锦衣卫大牢。

（二）

王阳明进监狱时，北京恰好立冬，锦衣卫大牢里的温度要比外面低，所以王阳明在那里遇到了有生以来第一次无法解决的困难。

他的屁股因为刑杖缘故，而发炎溃烂。在囚牢里，他从巴掌大的窗户望出去，却只能望到高墙，因为那是半地下室，地牢外还有高大的围墙。这就是传说中的密室，只有人能进来，如果不经刘瑾允许，没有人能出去。寒风从窗户吹进来，在屋子里转了个圈，又准备从窗户出去，可外面的风又把这股风推进来，无数股风就在房间里像饥饿的幽灵一样转悠。王阳明冻得上下牙打架，浑身如筛糠。

从一个公子哥到阶下囚，多年以后，王阳明从未想过会有这样的人生插曲。他在监狱中时，认为这就是他的归宿之地。于是他长叹起来，想起了自己的亲人，又想到仕途那些不顺心的事，更想到自己一事无成，就要去和阎王爷见面。悲从中来，于是写诗一首：

> 幽室不知年，夜长昼苦短。但见屋罅月，清光自亏满。佳人宴清夜，繁丝激哀管。朱阁出浮云，高歌正凄婉。宁知幽室妇，中夜独愁叹，良人事游侠，经岁去不返。来归在何时？年华忽将晚。萧条念宗祀，泪下长如霰。

诗人写诗，大都夸张，王阳明说他“泪下长如霰”，难道真的是泪珠噼里啪啦地往下掉？你永远都不会相信这种场景：心学宗师王阳明在他三十岁时，站在一个黑暗的小屋子里，四周死寂，只听得雨打芭蕉声。拿来火把一看，原来是王阳明泪眼婆娑，正在抽泣，泪珠像断了线的珍珠往下掉。

一个人在突遇绝境时，很容易就会丧失生的信念。但当绝境漫长起来，生的信念就会死灰复燃。这正如我们突然进入黑暗屋子时，会因为什么都看不到而感到恐惧，可当适应之后，心情就会平静许多。

王阳明在监狱中不是每天都“泪下长如霰”，他生的信念很快就复活，而且还叫人拿来周易，仔细钻研。

多年以后，王阳明说，良知就是《易》，《易》说：“其为道也屡迁，变动不居，周流六虚，上下无常，刚柔相易，不可为典要，惟变所适。”

也就是说，要时刻变化自己，适应外界环境，不能固守原则。这是王阳明心学中最有价值的理论之一：不要固守任何原则，包括你的人生信条。比如现在，王阳明说，我也是官宦人家出身，身居如此肮脏之地，将来即使出狱，人生也会留下污点，我还不如死了。可问题是，这种想法其实是固守了我未在狱中时的想法。现在环境改变了，我的那种想法就不适宜了，所以我必须要改变。

也许，正是这种“变”让王阳明坚持了下来。春天到来时，刘瑾见万物生长，于是大发慈悲，王阳明被定了罪：发配贵州龙场驿，官职：驿站站长（丞）。确切地说，他被放逐了。

王阳明听到这个消息后，心情肯定是愉快的，因为不用和阎王见面了。在为他送行的宴会上，朋友们都为他将来担忧，他却平静得很，还写了几首诗，以表达自己对朋友们的感谢。

他像是游山玩水一样，一路南下。越向南，风越柔和，他的心情更加好了。路过杭州时，他停了许多天，一方面是他兄弟在这里，另一方面，他肺病犯了，需要调养。

他的调养地在胜果寺，当地的知识分子听说王阳明来了，都结伴来听他讲身心之学。据王阳明的弟子们在后来为他写的传记中称，在杭州胜果寺，发生了一段传奇故事。

刘瑾莫名其妙地派出了锦衣卫到胜果寺，要结果了王阳明。

王阳明的好友沈玉殷最先接触了身穿便衣的锦衣卫，急忙找到王阳明说："最近寺院里来了几个操北方口音的人，身上有宫里的味道，会不会跟你有关？"

王阳明毛骨悚然，沈玉殷让他别害怕，说自己有解决的办法。他的解决办法就是，直接推开那几位北方人的门，单刀直入道："你等为何要杀王守仁？"

几位锦衣卫明人不做暗事，回道："奉了刘公公之命。"

沈玉殷再问："何时动手？"

锦衣卫回答："今晚。"

沈玉殷看了看天，说："时间尚早，我可以为你们准备酒菜，吃饱喝足，杀人也有力气。"

锦衣卫说，"我们不吃素。"

沈说："有硬菜！"

王阳明的运气好，因为沈玉殷酒量大，几个来回，就把锦衣卫的人喝得当场醉倒。王阳明趁此良机逃出了寺庙，可当来到钱塘江畔时，锦衣卫也带着酒劲儿追了上来。王阳明急中生智，把鞋子脱下，扔一只到水里，一只放在岸边，自己躲在暗处。

锦衣卫赶到岸边，认真地检查了鞋子，发现的确是王阳明的，然后额手相庆，回北京报功去了。

这个故事，王阳明从未谈起过。假的成份很大，因为王阳明对刘瑾已产生不了任何威胁，刘瑾没必要杀他。又因为这个故事把锦衣卫描绘成了蠢猪一样的人物，显然和他们特务精英的身份不符。

这个故事虽然值得推敲，但下面的故事却是真的。当王阳明来到福州武夷山，上岸寻找歇息之地时，敲开了一座古寺的门。有一和尚出来，看到王阳明的狼狈相，认定不是好人，未等王阳明说话就把门关上，把佛祖“与人方便”的训诫扔到九霄云外。

王阳明无计可施，只好调转过头继续寻找居住地。忽然又见一座废弃的寺庙，虽然破烂不堪，但却能遮风挡雨。对于王阳明这样的沦落人而言，已是锦绣帐了。

王阳明高兴地钻进佛龛底座下，痛快地打起了呼噜。就在他呼噜声震动屋瓦时，寺庙的主人回来了。这位主人的祖先和武松有不共戴天之仇，如你所知，他当然不是西门庆的后代，而是一只老虎。老虎见到王阳明占了他的房子，当场就啸了一声。但王阳明睡得太专注，居然没有醒来。

老虎见此人如此稳如泰山，以为是天神下凡，或者可能是武松转世，掉头就跑，自己的房产也不要了。

第二天，他刚醒来，就看到拒绝他的那个和尚在门口脸色惨白，像是白日见鬼一样。按我们的猜测，这个和尚其实是个坏蛋，他逼着王阳明到这里来住宿，然后十有八九会被他的同党老虎吃掉，老虎不能吃的东西，诸如包裹里的衣服细软就属于他了。可当他看到王阳明毫发无损时，赶紧念了几声佛，认为王阳明不是凡人，于是请他到自己的寺庙中，好吃好喝供养了起来。

（三）

王阳明的饭量虽然微小，但积水成海，积沙成塔，时间一长，和尚眼看米袋子一直矮下去，脸色就难看起来。王阳明也是善看别人脸色的人，所以准备马上离开。离开的前一天，他在寺庙里闲逛，逛到一处，突然看到一位道士坐在空地上，纹丝不动，眼也不睁。

王阳明走上前打量了一回，突然惊叫起来。原来，很早以前这位道士与他在南昌铁柱宫有过一段交往。

道士睁开眼，看到王阳明并不吃惊，而是抓住王阳明的手，说：“我等你多时了。”说完，就拿出一首诗，其中有一句“二十年前曾见君，今来消息我先闻。”

王阳明一笑，说：“我也有句诗：移家便住烟霞壑，绿水青山长对吟。”

道士这回有点吃惊，问：“难道你想远离尘世？”

王阳明点头，虽然很轻松，但表面轻松的背后却是坚毅。

道士长叹一声，说：“你如果一走了之，你的家人该怎么办？刘瑾不能对付你，却能对付你的家人。他随便说你投靠了外国，你王家非灭门不可。”

王阳明也长叹一声，说：“我何尝不知道，可我如今却是万念俱灰，我所去的地方山遥水远，渺无人迹，生死未知。我真是心烦意乱。”

道士站起来，握住王阳明的手，说：“每个人的人生中都会遇到挫折，也会遇到许多人。这些人中有你的敌人，也有你的朋友。你要把朋友当成鼓励你的力量，把敌人当成反向激励你的力量，这样的人才能锻造出一颗强大的心，比仙丹要有效十倍。我就是你的朋友，我鼓励你。”

王阳明问：“如何鼓励我？”

道士说：“用我的专业知识。我曾为你占了一卦，卦得‘明夷’，虽是光明受损伤之卦，但可以怀抱希望地等待，会有真君来找你。”

王阳明说：“这靠谱吗？”

道士说：“请相信我的专业能力。赶紧去贵州龙场吧。”

王阳明心上的乌云被道士的一段话，特别是卦象扫荡干净。他真诚地用诗表达了自己思想的巨大转变：险夷原不滞胸中，何异浮云过太空。

道士懂这两句诗，满眼含着鼓励的情感，说：你不是世外之人，你的成就必然要在世内才可以达到。

多年以后，有人问王阳明，街上用周易算命的那些人，值得相信吗？王阳明说：“人人心中都有个圣人，为什么不相信他？”

人再问，不是说他们的人，而是说他们按卦象说出来的话。

王阳明说，人之所以算命，是为了排忧解难，以明我心。人不可相信，但很多人都相信老天，所以才去算命。这是致良知的表现啊！

王阳明离开浙江后，继续南下。千山万水，羊肠小道，许多只有鬼怪和远征军才走的路，现在都延展在王阳明的脚下。

在跋涉的路上，他忍饥挨饿，心情忧闷，所以写了一个小故事，说，楚人娶了个老婆，但很快将她踢出了门。妇女没有地方去，就跑进深山老林，吃树皮，却不忘自己的丈夫。王阳明把皇帝看做是楚人，而他自己则是那个被踢出门的少妇。为此，他做了《去妇叹》五首：

其一

委身奉箕帚，中道成弃捐。苍蝇间白璧，君心亦何愆！
独嗟贫家女，素质难为妍。命薄良自喟，敢忘君子贤？
春华不再艳，颓魄无重圆。新欢莫终恃，令仪慎周还。

其二

依违出门去，欲行复迟迟。邻妪尽出别，强语含辛悲。
陋质容有缪，放逐理则宜；姑老籍相慰，缺乏多所资。
妾行长已矣，会面当无时！

其三

妾命如草芥，君身比琅玕。奈何以妾故，废仓怀愤冤？
无为伤姑意，燕尔且为欢；中厨存宿旨，为姑备朝餐。
畜育意千绪，仓卒徒悲酸。伊迩望门屏，盍从新人言。
夫意已如此，妾还当谁颜！

其四

去矣勿复道，已去还踌躇。鸡鸣尚闻响，犬恋犹相随。
感此摧肝肺，泪下不可挥。冈回行渐远，日落群鸟飞。
群鸟各有托，孤妾去何之？

其五

空谷多凄风，树木何潇森！浣衣涧冰合，采苓山雪深。

离居寄岩穴，忧思托鸣琴。朝弹别鹤操，暮弹孤鸿吟。

弹苦思弥切，巑岏隔云岑。君聪甚明哲，何因闻此音？

他把自己比作一个妇人，曲曲折折地说出自己的一片忠君思想来。他的忠君是真的忠，但他被踢出来也是真的“踢”。

1508 年阴历三月，王阳明到达了他的目的地——贵州龙场（今贵州修文县境内）驿站。在这里，他那光芒万丈的心学之花开始绽放。

第二节：龙场悟道

（一）

多年以后，面对夜航船里幽暗的灯光，王阳明将会回想起1508年春天的那个午后，他来到龙场驿站的情景。那时的龙场驿站，是四间木质结构的灰房子，整齐地排在原始森林前面，一条长满杂草的驿道在房前左右延伸出去。站在驿站的瞭望塔向四方望去，映入眼帘的是茫茫无际的森林，森林的尽头就是地平线。

这块天地并不新奇。明王朝从朱元璋时代就开始在全国各地设置传递信息的驿站，截至王阳明到龙场来时，整个明王朝国境内共有驿站几千处。龙场驿站不过是沧海一粟。只是由于它地处帝国边疆贵州境内，公务并不繁忙，往来的人有限，再加上如海洋般的原始森林，显得有些像史前时代。

由于王阳明是以罪犯身份被发配到龙场驿站来的。按政府规定，他不能在驿站内办公和居住。所以，他必须要解决居住的问题。原始森林给了他极大的便利，这里有太多的建筑材料，而且，王阳明还带了几个跟班。但在短时期内建造房屋，又是天方夜谭。在没有任何工具的情况下，他们无法把高大而粗壮的树木变成建筑材料。他的跟班建议，可以先住驿站，慢慢再建造属于自己的房屋。但王阳明断然拒绝，他说："我是戴罪之身，再不能罪上加罪。"

在王阳明的坚持下，三人把建造居住地变成寻找居住地。原始森林里经常有野兽出没，每当夜晚来临，还会有不知名的动物在里面游荡。王阳明的跟班还亲眼见到几个孤魂野鬼在树上飘来荡去。王阳明虽然秉承了孔老夫子"不语怪力乱神"的观点，但由于学道多年，所以对于魂灵却有发自骨髓的敬畏，于是他们绕开森林，寻到了一座大山脚下。

那座山脚下有一个山洞，里面黑森森的，却是个遮风挡雨的好去处。于是，三人就暂时在里面住了下来。

王阳明能找到这样一个地方，说明他真的用了心。客观环境如此艰苦，人文环境也不甘示弱。贵州深山老林里住着很多还处在原始社会阶段的苗民，他们野蛮，不知文明为何物，总是手执标枪，标枪上有他们调制的毒药，无论是人还是动物，只要被标枪扎到，会立即毒发身亡。他们恨汉人深入骨髓，因为汉人官员对他们很不友好。苗民只要在自己的地盘见到当官的，就请他们信奉的神虫。神虫会给出两种指示，一种是把来人做掉，一种是好好照顾来人。天老爷保佑，当他们见到王阳明并且去请神虫指示时，神虫一反常态，居然要他们帮助王阳明。

王阳明虽然保住性命，但他和土著无法沟通，因为土著不会说汉语。会说汉语的都是中原的恶人为躲避法律制裁而跑到这里来的，所以，王阳明感觉到前所未有的孤独，这种孤独不是感情上的疏远，而是死亡导致的孤独。王阳明特别盼望能和一个同道中人谈天，哪怕这个同道中人不是他喜欢的类型。

人世间最痛苦的事不是老天永远不满足你的愿望，而是老天给了你一丝希望，又马上夺走。就在王阳明愁肠百结，希望能有个知心人和自己对面论道时，有位官员带着儿子和一仆人从北京上任路过此地。王阳明得知他们的住处后，惊喜地手舞足蹈，可当他怀着激动的心情去找那三人时，三人已走。几个时辰后，就有人传来消息说，三人死在了路上。王阳明仰望苍穹，愤懑哀痛，于是写了《瘗旅文》。《瘗旅文》是王阳明文学创作中最优秀的一篇文章，和其他优秀文章一样，历久弥新。

（二）

维正德四年秋月三日，有吏目云自京来者，不知其名氏，携一子一仆，将之任，过龙场，投宿土苗家。予从篱落间望见之，阴雨昏黑，欲就问讯北来事，不果。明早，遣人觇之，已行矣。薄午，有人自蜈蚣坡来，云："一老人死坡下，傍两人哭之哀。"予曰："此必吏目死矣。伤哉！"薄暮，复有人来云："坡下死者二人，傍一人坐叹。"询其状，则其子又死矣。明早，复有人来云："见坡下积尸三焉。"则其仆又死矣。呜呼伤哉！

念其暴骨无主，将二童子持畚、锸往瘗之，二童子有难色然。予曰："噫！吾与尔犹彼也！"二童悯然涕下，请往。就其傍山麓为三坎，埋之。又以只鸡、饭三盂，嗟吁涕洟而告之曰："呜呼伤哉！繄何人？繄何人？吾龙场驿丞余姚王守仁也。吾与尔皆中土之产，吾不知尔郡邑，尔乌为乎来为兹山之鬼乎？古者重去其乡，游宦不逾千里。吾以窜逐而来此，宜也。尔亦何辜乎？闻尔官吏目耳，俸不能五斗，尔率妻子躬耕可有也，胡为乎以五斗而易尔七尺之躯？又不足，而益以尔子与仆乎？呜呼伤哉！尔诚恋兹五斗而来，则宜欣然就道，乌为乎吾昨望见尔容，蹙然盖不胜其忧者？夫冲冒霜露，扳援崖壁，行万峰之顶，饥渴劳顿，筋骨疲惫，而又瘴疠侵其外，忧郁攻其中，其能以无死乎？吾固知尔之必死，然不谓若是其速，又不谓尔子、尔仆，亦遽然奄忽也。皆尔自取，谓之何哉？

吾念尔三骨之无依而来瘗耳，乃使吾有无穷之怆也。呜呼伤哉！纵不尔瘗，幽崖之狐成群，阴壑之虺如车轮，亦必能葬尔于腹，不致久暴尔。尔既已无知，然吾何能为心乎？自吾去父母乡国而来此，三年矣；历瘴毒而苟能自全，以吾未尝一日之戚戚也。今悲伤若此，是吾为尔者重，而自为者轻也，吾不宜复为尔悲矣。吾为尔歌，尔听之！

歌曰："连峰际天兮飞鸟不通，游子怀乡兮莫知西东。莫知西东兮维天则同，异域殊方兮环海之中。达观随寓兮奚必予宫。魂兮魂兮无悲以恫！"

又歌以慰之曰："与尔皆乡土之离兮，蛮之人言语不相知兮。性命不可期，吾苟死于兹兮，率尔子仆，来从予兮。吾与尔遨以嬉兮，骖紫彪而乘文螭兮，登望故乡而嘘唏兮。吾苟获生归兮，尔子尔仆尚尔随兮，无以无侣悲兮！道傍之冢累累兮，多中土之流离兮，相与呼啸而徘徊兮。餐风饮露，无尔饥兮！朝友麋鹿，暮猿与栖兮。尔安尔居兮，无为厉于兹墟兮！"

我们将这篇文章翻译成现代白话文。一篇优秀的古典文章，即使翻译成白话文字，也同样能动人心弦。

大明正德四年（1509年）秋季某月初三日，有一名吏目从北京来到这里，不知道他叫什么。他身边带着一个儿子、一个仆人，要到更远的地方去上任，路过龙场，投宿在一户苗族人家。我从篱笆中间望见他，当时阴雨昏黑，想靠近他打听北方的情况，没有实现。第二天一大早，我派人去探视，他已经走了。近午时刻，有人从蜈蚣坡那边来，说："有一个老人死于坡下，旁边两人哭得很伤心。"我说："这一定是吏目死了。可悲啊！"傍晚，又有人来说："坡下死了两个人，旁边一人坐着叹息。"问明他们的情状，方知他的儿子又死了。第二天，又有人来说："看到坡下堆了三具尸体。"那么，他的仆人又死了。唉，令人伤心啊！

想到他们的尸骨暴露在荒野，无人安葬，于是我就带着两个跟班，拿着畚箕和铁锹，前去埋葬他们。两名童仆脸上流露出为难的情绪。我说："唉，我和你们，本像他们一样啊。"两名童仆怜悯地淌下眼泪，要求一起去。于是我们在旁边的山脚下挖了三个坑，把他们埋了。随即供上一只鸡、三碗饭，一面叹息，一面流着眼泪鼻涕，向死者祭告说：

唉，悲伤啊！你是什么人，什么人啊？

我是此地龙场驿的驿丞、余姚王守仁呀。我和你都生长在中原地区，我不知你的家乡是何郡何县，你为什么要来做这山上的鬼魂啊？古人不会轻率地离开故乡，外出做官也不超过千里。我是因为流放而来此地，理所应当。你又有什么罪过而非来不可呢？听说你的官职，仅是一个小小的吏目而已。薪俸不过五斗米，你领着老婆孩子亲自种田就会有了。为什么竟用这五斗米去换你堂堂七尺之躯？又为什么还觉得不够，再加上你的儿子和仆人啊？哎呀，太悲伤了！你如真正是为留恋这五斗米而来，那就应该欢欢喜喜地上路，为什么我昨天望见你皱着额头、面有愁容，似乎承受不起那深重的忧虑呢？

一路上常冒着雾气露水，攀援悬崖峭壁，走过万山的峰顶，饥渴劳累，筋骨疲惫，又加上瘴疠侵其外，忧郁攻其中，难道能免于一死吗？我固然知道你必会死，可是没有想到会如此之快，更没有想到你的儿子、你的仆人也这样快地死去啊。都是你自己找来的呀，还说它什么呢？

我不过是怜念你们三具尸骨无所归依才来埋葬罢了，却引起我无穷的感怆。唉，悲痛啊！纵然不葬你们，那幽暗的山崖上狐狸成群，阴深山谷中粗如车轮的毒蛇，也一定能够把你们葬在腹中，不致长久的暴露。你已经没有一点知觉，但我又怎能安心呢？自从我离开父母之乡来到此地，已经三个年头。历尽瘴毒而能勉强保全自己的生命，主要是因为我没有一天怀有忧戚的情绪啊。今天忽然如此悲伤，乃是我为你想得太重，而为自身想得很轻啊。我不应该再为你悲伤了！

我来为你唱歌，你请听着。我唱道：连绵的山峰高接云天啊，飞鸟不通。怀念家乡的游子啊，不知西东。不知西东啊，头顶的苍天却一般相同。地方纵然相隔甚远啊，都在四海的环绕之中。想得开的人儿到处为家，又何必守住那旧居一栋？魂灵啊，魂灵啊，不要悲伤，不要惊恐！

再唱一支歌来安慰你：我与你都是离乡背井的苦命人啊，蛮人的语言谁也听不懂，性命没指望啊，前程一场空。假使我也死在这地方啊，请带着你子你仆紧相从。我们一起遨游同嬉戏，其乐也无穷。驾驭紫色虎啊，乘坐五彩龙；登高望故乡啊，放声叹息长悲恸。假使我有幸能生还啊，你尚有儿子仆人在身后随从；不要以为无伴侣啊，就悲悲切切常哀痛。道旁累累多枯冢啊，中原的游魂卧其中，与他们一起呼啸，一起散步从容。餐清风，饮甘露啊，莫愁饥饿腹中空。麋鹿朝为友啊，到晚间再与猿猴栖一洞。安心守分居墓中啊，可不要变成厉鬼村村寨寨乱逞凶！

精神生活可以忽略不计，物质生活不但匮乏，而且和危险只隔了一张纸。他的一位跟班在睡梦中被狗熊舔走了一半脸皮，王阳明本人在静坐时突然晕倒，原因是森林里的毒雾弥漫，身体素质稍差的人，每天都有中毒的可能。

身处如此绝境，王阳明唯一的依靠就是精神的力量。他曾给自己制作了一个棺材，说，此生只等此事。意思是，已了无生趣，只等死神的请柬了。

不过就在这样恶劣的环境下，儒家那座大山仍然沉重地压在他心上。他对朱熹的格物致知仍然不能全然领悟，甚至是认为朱熹的解释大错而特错，但到底怎么解释才对，他始终想不明白。

正如当年格竹子一样，现在在龙场，他也如痴如醉地沉浸在朱熹的格物致知中。他尽量让自己快乐起来，才有精力来思考；他尽量让他的跟班快乐起来，这样，他们才能伺候他的饮食起居，给他充足的思考时间。

后来，他对朱熹没了兴趣，而对那些圣人们遇到困境时的表现有了兴趣。比如周文王被困在囚牢里，他是如何渡过那段艰难岁月的？比如孔子在陈国饿得要死，他是如何挺过来的？王阳明想，如果把这两位圣人放到我今天这个位置，他们会用什么方法来坚持下去呢？

胡思乱想中，突然有一天，他悟透多年来钻研的理学真谛，在睡梦中大喊大叫，说："圣人之道，吾性自足，不必外求。"

一道闪电在龙场上空炸响，中国思想史上惊天动地的心学就这样诞生了。

这段典故被称为“龙场悟道”，千百年来，已成为一些执著的优秀人物在埋头苦干时的精神动力。它告诉我们，只要横下一条心，努力去发掘大脑最隐秘处的秘密，就能用意志的力量改变自己，从而影响世界。

龙场悟道，其实是王阳明重新解释了理学的经典理论“格物致知”。理学家认为，人生在世，就要通过体验和学习各种各样的事情(格物)，从而形成知识和道理(致知)。而王阳明则认为，人一生下来，就有一种本领，这种本领就是良知，它能知是非善恶，知道了是非善恶，就知道了天下一切道理。人不必去外面体验和学习各种各样的事情而得到道理，因为道理就在我心，只需要在心中求道理就是了。格，是“正”的意思；物，是“事”的意思；致，是“至”的意思；知，就是“道理、天理”，就是后来王阳明所提出的良知。所以，王阳明的心学解释“格物致知”是这个意思：按你内心固有的道理去做事，以此来正心。这是一个互动的过程，你内心的道理(良知)必须体现到事情上，道理才称为道理。你所经历的天下所有的事，物质的和意识的，目的只有一个：验证和加强你内心的道理(良知)。这个道理就是天理，天理和良知一样，只有一个。

用心灵励志的语境来谈，其实就是这个意思：人生在世，没有任何外在力量可以帮助你，能帮助你的只有你的心。切换到心学的语境，就是这样的：所有生存的道理都在我心，不需去外界寻找。

实际上，“吾性自足，不必外求”的终极意义只是：如果不能改变外界的事情，那就改变对待这件事的态度。内心所以强大，全在此。

在王阳明心学看来，人与人并没有太大的区别，真正的区别在于心态，有句话说：“要么你去驾驭生命，要么生命驾驭你。你的心态决定谁是坐骑，谁是骑师。”

有这样一个小故事颇能说明改变心态的乐趣。

一个老妇人有两个儿子，大儿子是销售雨伞的；二儿子开了个洗衣店。

这原本是很好的事情，但老妇人每天都郁郁寡欢，因为晴天，她担心大儿子的雨伞卖不出去，雨天又担心二儿子店的衣服晒不干。一天，有人对她说："您为什么不换个方式来看这个问题，比如晴天的时候，您二儿子家顾客盈门，雨天大儿子家生意兴隆？"老妇人这么一想，还真是，顿时就欢快起来。

其实事实没有一点改变，只是改变了看待事情的态度，幸福就敲开了我们的心门。

有位进京赶考的秀才在考试前两天晚上做了三个梦：第一个梦，他梦见自己在墙上种白菜；第二个梦，他自己戴了斗笠还打了伞在雨中行走；第三个梦，梦见和暗恋的人脱光了衣服背靠背躺在一起。

古人都相信梦，所以秀才第二天就找了个算命先生来释梦。算命先生听完秀才说完这三个梦，又听说他去参加国考，就说，我看你还是算了，你想啊，高墙上种白菜，不就是白种吗？戴了斗笠还打着伞，不是多此一举吗？和暗恋的人脱光了衣服却背靠背，不是没戏吗？

秀才心里凉了大半截，回客栈便收拾包袱准备回家。店老板很奇怪，问他怎么还没有进京就要回家？秀才把自己的梦和算命先生的话复述给老板。老板听了，哈哈一笑说："我也会解梦。我给你解一下吧。你想，高墙上种白菜，不是高种吗？戴斗笠还打伞，不是有备无患吗？你和暗恋的人背靠背躺在一起，不是说明你翻身的机会就要来了吗？"

秀才一听，情绪马上好起来，精神饱满地参加了考试，结果高中。

事情（三个梦）本没有改变，改变的只是对待事情的解释，秀才所以进京考试正是因为他认可了那种积极乐观的解释。其实，改变看待事情的态度，有时候就是换个角度考虑问题。

西方有一句谚语说得很好："纵声欢唱的人会把灾祸和不幸吓走。"也就是说，面对灾祸和不幸，你要乐观。如果能够换个角度看问题，生活也就充满了希望和快乐。然而遗憾的是，我们很多人往往不能够看到生活中积极和光明的一面，幸福伤感地离我们而去。

曾经有个寺院的住持，给寺院里立下了一个很有趣的规矩：年底，和尚都要用两个字来总结一年来的感受。第一年年底，住持问新和尚心里想说什么，新和尚说："床硬。"第二年年底，住持又问他心里最想说什么，他回答说："食劣。"第三年年底，他没等住持问，便说："告辞。"住持望着新和尚的背影自言自语地说："心中有魔，难成正果啊！"

这个心魔就是消极心态，这个魔不会让我们采取积极心态，不会让我们换个角度来考虑问题。

人生其实就如同一枚硬币的两面，有正面和背面。愉快、光明、幸福、希望……这是人生的正面；忧愁、黑暗、不幸、绝望……这是人生的背面。

很多人不停地抱怨、发牢骚，其实都是因为心态不对，看问题的角度不对，如果能够以积极的心态，换个角度乐观地看问题，人的心情马上就会好起来。事物在一个人心中的好坏，不在于事物本身，而在于人的心态。国学大师王国维说："以我观物，故物皆着我之色彩。"这正是王阳明心学的一大耀眼之处：凡事都在我心，我心能屈能伸，游刃有余，把消极变为积极，没有任何外力可以帮助我，只有我心，而我心其实已经足够。

（三）

王阳明心学提出的第一个概念就是"心即理"，就是一切道理都在我心中，我们的心一动（意动），道理就在事情上展现。注意，这个道理原本就在我心，它只是从我心中发射出去的。所以，如果我们的心不动。心外其实什么都没有。这很好理解，因为我们做任何事，思考任何问题，都必须借助心（其实今天我们知道，是大脑）。心动了，才有事发生，才有问题思考；心不动，那就什么都没有。所以说，心外无理，心外无物（事）。

比如孝顺，很多人认为应该学习孝顺的一切道理和例子，也就是如何孝顺的问题。可王阳明却说，如果你真有孝顺的心，如何孝顺根本就不用学，你自然就知道该如何孝顺老爹老妈。如果你没有孝顺的心，但却做出了很多孝行，那和戏子演戏有什么区别？

我们必须要有诚意的心，才会把事情做好，而把事情做好这种道理，是从外面可以学习的吗？其实一颗诚意的心就足够了。

注意，是一颗诚意的心，也就是具有良知的心，心的本体。如果不是发自良知的心，那这个心就不存在有道理的成份。比如，一个人想去杀人放火，然后就去问心无愧地做，因为心即理，心中无论怎么想都是天理。这和王阳明所说的“心即理”完全背道而驰。

多年以后，以王艮为首的心学左派门徒将“心即理”发展到一个极端，在他们过于偏激的理解下，甚至把吃喝嫖赌等等违反道德的事也看做是正当的，因为他们和要杀人放火的人一样，认为心中所想的一切，都是天理。他们刻意地忽略了王阳明对心即理的束缚，这点不但在当时便为心学的其他派别所指责，到今天也不能被多数人接受。

理学家解释“天理”为本然之性，也就是未加任何人欲的一种自然本性。理学家说，天理在万事万物中，在树上，在山间，在书本中。王阳明却说，天理就在人心，我心就是天理。

众所周知，人心很复杂，没有一个人的心不是夹杂着物欲的，什么样的人心才是天理呢？

两个字：好恶。

王阳明说，必须是绝对的纯天然的好恶，不能有半点私意。比如，你一见到美女，就喜欢上了。这是人心的条件反射，不是说，你见到美女后，又立了个喜欢的心，然后才去喜欢。再比如，你一闻到臭狗屎，就厌恶了。不是说，你闻到臭狗屎，然后立了个厌恶的心，才去厌恶的。也就是说，纯天然的好和恶与一件事情相遇时，没有任何过程和环节，一气呵成，不可分割。这里如果稍有停顿，那就不是纯粹天然的好恶。

我们再举个例子，每个人都会对别人有第一印象，第一印象就是突然看到一个人，然后不经任何人欲的思考，就做了判断，这个人是好还是坏。这就是纯粹天然的好恶，也就是天理。如果我们看了一眼这个人，开始琢磨起这个人到底是好是坏时，那就不是纯粹的好恶，思考出来的结果就不是天理。

为什么条件反射似的心就是天理，因为我们每个人都有良知，良知能知是非善恶，它能以最快的速度告诉你，什么是善恶什么又是是非。而所有这些是非善恶，都是出自那一刹那良知的好恶。比如，我们本性喜欢生而厌恶死，那么，救人就是天理，杀人就不是天理。比如，我们本性喜欢快乐厌恶烦恼，快乐的生活就是天理，总给自己或者是别人制造烦恼就不是天理。

最后，我们要知道王阳明为什么要提“心即理”。其实“心即理”固然有吾性自足、不假外求的意思，但还有一层意思，也就是王阳明“心即理”的立言宗旨。

王阳明说，世人总是表里不一，言行不一。比如春秋五霸，嘴巴上说的都是尊王攘夷般天花乱坠的天理，其实内心深处就是想获得虚荣和名利，这就是把心和理一分为二了。做人绝不能这样，一定要心理合一。把心和理一分为二的人，是很累的。因为一方面要抚慰自己良心的谴责（因为他没有按良知去做事），一方面又要把外面自己本不心甘情愿做的事做好。也就是说，如果我们不按照良知的意思去做事，那其实就做了两件事。期间违背良心的辗转曲折，只有当事人才能识得其中滋味。

由此可知，心学上的“心即理”是一种道德要求。如果一个人能符合这种要求，那他就具备了自尊。因为心中所想的就是道理，那么外界给我们的那些道理，如果不能和我们心中所想的一样，它就不必被我们遵守。王阳明说，如果人人都说孔子说的某句话是对的，但却不能和我的心相印证，那我们就可以说，孔子那句话是错的。如果人人都说孔子说的那句话是错的，但却和我们的心相印证，那我们就可以说，孔子那句话是对的。不迷信权威，只相信自己的良知，自得于心，这就是“心即理”给我们的最大的人生财富。

第三节：心学的力量

（一）

多年以后，王阳明对他的弟子们说，当初在龙场绝境中生存下来，全靠内心深处那一点良知的指引，由此因祸得福，创建心学。心学不是口头理论，而是从百死千难中得来。这也是为什么王阳明后来能用心学建立功勋的根本原因，因为它是从恶劣的实践中孕育而成，并且超越实践，形成思想。

但凡是有血有肉的人，都不喜欢逆境。因为逆境是对人性的挑战，由于在我们人性中有“趋利避害”的弱点，所以，人人都不喜欢这样的挑战。可当我们回顾历史，却发现，任何一个伟大人物都有过逆境经历，并且在逆境中存活下来，然后凤凰涅槃。温室中长不出娇艳的花朵，一颗不经锤炼的心，无法变得强大。这并非是说要我们去主动寻找逆境，而是要求我们身处逆境时，不要悲观失望，应该用良知的力量拯救自己，并且相信一定能拯救自己。因为在这个世界上，你在任何时候所能依靠的只有自己的心。

当你在绝境中经过磨炼并成功出头后，世间一切问题在你眼中就都不是问题了。经历过才知难，解决后才知并不难，世间一切事都是心的事，解决了心的问题，就解决了一切。

王阳明自创建心学后，开始在龙场讲学，我们今天无从得知他的学员都有谁，据王阳明的年谱记载说，学员大多数是当地的土著。这显然有点不靠谱，因为王阳明不会苗语，苗人也不会汉语，王阳明如果对他们讲学，基本上是鸡同鸭讲。

不过下面的事可以证明两点，第一，王阳明的学生里的确有当地的土著；第二，心学的力量的确不容小视。

第一个遭到王阳明心学重击的是思州太守（可怜这位官场大老爷连个名字都没有留下来）。这位老爷的脑袋好像被笨驴踢了，突然有一天就命人到王阳明讲学地，要砸场子。

来的人说："王阳明你太不知体统，在龙场也有年头了，却不去拜见我们大人。"

王阳明正准备用心学的力量据理力争，那群听课的学生却闹了起来，三下五除二就把对方揍得鼻青脸肿。这些人跑到主人那里嗷嗷痛哭，诉说王阳明的罪恶。思州太守咆哮如雷，发誓要让王阳明见识一下他的巨大威力。

幸好老天爷保佑，王阳明的一位老乡、思州的按察副使毛应奎和这位太守喝了顿酒，暂时安抚了他，然后给王阳明写封信，要求他给那个炮仗官老爷叩头认罪。

王阳明以良知垫底，书写出了一封绵里藏针的信：

> 昨承遣人喻以祸福利害，且令勉赴太府请谢，此非道谊深情，决不至此，言无所容!但差人至龙场凌辱，此自差人挟势擅威，非太府使之也。龙场诸夷与之争斗，此自诸夷愤愠不平，亦非某使之也。然则太府固未尝辱某，某亦未尝傲太府，何所得罪而请谢乎？跪拜之礼，亦小官常分，不足以为辱，然亦不当无故行之。不当行而行，与当行而不行，其

> 为取辱一也。……某之居此，盖瘴疠虫毒之与处，魑魅魍魉之与游，日有三死焉。而我居之泰然，盖在于我无动于心。太府要加害我，我也只当是瘴疠、虫毒、魑魅魍魉而已尔，我岂能因此而动心？

什么是心学的力量，这封信就是证明。在这封信中，王阳明主要谈了三点：首先，龙场斗殴事件当然是前来的走狗吃了亏，良知告诉王阳明，思州太守很怒，可这件事已经发生了，不能更改。所以必须要在思州太守这里下功夫，也就是说，必须把思州太守从这件事中清除，让他没有理由发怒。于是，他说：流氓来闹事，肯定不是太守大老爷的意思。既然不是太守大老爷的意思，那就证明他没有用心，心外是没有任何事的，所以，这件事跟太守大老爷无关。既然跟大老爷无关，也就是跟我无关，我与太守没有任何冲突，所以，根本不存在我向他谢罪的问题。

其次：磕头表面上是种礼节，实际上是本心，因为心即礼，心即理。我的心不想让我磕头，我就不能磕头。

最后：我并非是被吓大的。我来到龙场后，经历人生中最不堪的一幕幕，千难万险，终于被我渡过，我还惧怕一个太守吗？

无所畏惧，这正是心学的一大妙用。良知知道什么该做什么不该做，这种凭良知指引去做事的风格就是无所畏惧。据说，这封绵里藏针的信放到思州太守老爷眼皮子底下时，太守老爷惭愧之极，也有些恐惧。自此后，他再也没有找过王阳明的麻烦。

一位姓安的水西宣慰使（少数民族自治区军政一把手）听说王阳明风靡龙场后，专门来请教。还为王阳明送肉送钱。可这位军政一把手并不是真心实意来听王阳明讲课的，而是希望王阳明能客串一回他的幕僚。他想废掉水西驿站，目的当然极为直接：拥有更多的权力。

王阳明郑重地提醒他，驿站是国家的生命线，是国法。你如果真有这样的胆量废除驿站，中央大军一到，你能有活路？况且，始作俑者，其无后也。你开了这个先河，别人会紧跟，你就成了千古罪人啊。

安宣慰使大人被权力熏得心已漆黑，眼前只看到物欲，经王阳明一提醒，顿时汗流浃背，想不到自己险些犯下滔天大罪。

但他只是在事上悔改，并没有在心上忏悔。几个月后，当地一位姓宋的酋长手下有个不安分的人造反。安宣慰使手握重兵，居然按兵不动。王阳明给他分析说，现在大家都知道是你在按兵不动，剿灭一个酋长对你而言只是轻而易举的事，现在只是一小股反政府势力，居然就在你的界面闹得天翻地覆。朝廷倘若知道了，该作何想？他们会不会认为你没有能力？万一把你撤换了，该怎么办？

安老爷又是汗流浃背，赶紧调兵遣将，很快就剿灭了叛乱。

良知最大的正能量其实就是，能在情况朦胧不明时，一念之间发现事情的利弊。这种能量，没有人能替你获得，只能靠你自己。王阳明正是拥有了这种能量，所以才能摆事实、讲道理，让安老爷俯首帖耳。

（二）

在贵州龙场三年后，王阳明终于逃脱升天，却恋恋不舍地离开龙场。1509年，他在贵阳高官席书的举荐下，担任贵阳书院院长。正是在此，王阳明提出“知行合一”的心学概念。

和提出“心即理”一样，王阳明提“知行合一”也有个为什么的问题。在他看来，世界上有很多人心中有很多龌龊的想法，可因为没有去行动，所以就认为这无关紧要。但王阳明却认为，你意识一动，其实就是行了，以后是否有行动已无关紧要。也就是说，我们有时候会想，要是能抢劫大量金钱该多好，因为没有去行动，所以认为这只是一种想法，没有实际意义，所以就不去重视。王阳明说，“意”动来动去，总有一天，你会真的付诸切实的行动。所以，我们要在恶念萌动的一刹那，赶紧除掉它。因为“知行”是合一的，意动了，就是行动了，毫无商量的余地。

王阳明的很多弟子都曾就“知行是否合一”的问题问过王阳明，因为他们认为知行不可能合一。知是知，行是行。王阳明就给他们举例说，比如有人称赞一个人很孝顺，这是“知”，肯定是因为他有孝顺的行动，有孝顺的行动肯定就有孝顺的意念，这是“行”。不可能说一个人很孝顺，而这个人从来没有做出过孝顺的行为。所以，“知”、“行”是并驾齐驱的，没有先后的问题。

比如第一个吃螃蟹的人，螃蟹是否能吃，这是知。他去吃了，这是行。你说，知在前还是行在前？如果你说行在前，那他为什么要去行，他还是想知啊。所以，知行合一，没有先后。

他的弟子对此有疑问：“古人为何要把知、行说成是两回事呢？”

王阳明回答：“此失却了古人宗旨也。某一再说知是行的主意，行是知的功夫。知是行之始，行是知之成。若领会得明白，只说一个知已有行在，只说一个行已有知在。古人所以既说一个知又说一个行，因为世间有一种人，懵懵懂懂任意去做，全不解思维省察，也只是个冥行妄作，所以必说个知，方才行得是；又有一种人，茫茫荡荡的悬空去思索，全不肯着实躬行，也只是个揣摩影响，所以必说一个行，方才知得真。此是古人不得已补偏救弊的说话，若见得这个意时，即一言而足。今人却就是要将知行分成两件去做，以为必先知了然后能行，我如今且去讲习讨论做知的工夫，待知得真了方去做行的工夫，故遂终身不行，亦遂终身不知。此不是小病痛，其来已非一日矣。某今说个知行合一正是对病的药。又不是某凿空杜撰，知行本体原是如此。今若知得宗旨时，即说两个亦不妨，亦只是一个。若不会宗旨，便说一个又济得甚事？只是闲说话。”

事实的确如此，如果你从来没有吃过螃蟹，你能说你知道螃蟹味道吗？如果你从来没有去过月球，你知道月球上面有什么吗？也许有人会反驳，我可以通过电视和许多月球的资料来了解，注意，你通过电视和许多资料来了解，这一行为本身就是行。

想要知道苦瓜的味道，你必须亲自去尝。本来，想要知道其实不是真知，只有你尝了苦瓜后，才知道了，知行如何分得开？

王阳明提倡知行合一，目的和“心即理”一样，就是让人表里如一，言行如一，不要只说不做。一切都要看行动，唯有行动才能带来真知，这种行动无论是思维上的还是实际当中的，它都是我们炼心的唯一路径。

当然，这是知行合一实用性的解释。如果单纯从心学角度来解释，应该是这样的：知是致知，行是格物。只有行（格物）了，才能知（致知），但如果没有知（致知）的心，你怎么可能去行？所以，格物致知也只是一回事，格物致知就是王阳明后来提倡的致良知，用良知去做事做人。

同时，知行合一还有另外的解释，知是良知，一个有良知的人必然是个知行合一的人。因为良知必须要到事物上才能展现出来，你空说自己有良知，却不见你有任何行动，那就不是真的良知，至少是不能致良知。但是，没有良知的人也能意动后有所行动，可由于他的意是私意，而不是诚意，所以，他就不是真的知行合一。比如抢劫银行，有了抢劫的意，然后去抢，这不是知行合一，这是良知泯灭后的懵懂而行。

有弟子曾对王阳明说，现实生活中很难做到知行合一，比如我想做一番惊天动地大事业，可受种种条件所限，无法做到。王阳明就说，如果你真能发挥良知的力量，怎么可能受到外界条件的限制？你只是想了，却没有到实践中去落实，原因只有一个：你没有良知的力量。不过良知也是有等级的，一个小孩的良知就是洒扫应对，要洒扫应对的心是良心，洒扫应对得很好，是智慧，这就是一个小孩子的良知。如果我们能始终保持良知的天然，那么随着年龄的增长，我们就能发挥更大层面的良知，可以建功立业，可以为民谋福。

但是很多人为了生存的需要，做了很多违背良心的事，良知被这些私欲所遮蔽。所以要想恢复良知，第一步就是要涤荡心灵，没有别的方法，只能通过静坐，先从内心中把一切私欲统统祛除。当你祛除掉所有的欲望之后，你就会发现智慧之光。这种智慧之光不是我能教你的，只能靠你自己去努力获得。可如果仅仅是坐在那里一动不动，表面上看是心灵被涤荡了，实际上这是佛家的枯禅，一遇事只能傻眼。所以，必须要去事上磨炼。如何磨炼呢？就是依良知的指引去做事做人。

良知人人都有，所以每个人都有成为完人的潜质。完人是什么，就是知行合一的人。

（三）

结束了龙场驿站的被放逐岁月后，王阳明被一些官员，同时也是他的门徒推荐到江西吉安府庐陵县当县令。庐陵县民风极差。百姓们特别喜欢打官司，几乎每天都有一千多起上诉事件，其实都是鸡毛蒜皮的小事。历任县长都无法承受庐陵人的执著，王阳明的前任是生生被累跑的。

王阳明第一天上班，几千百姓就冲进县衙，呼天号地，说是自己有似海的冤仇，要告状。王阳明就让他们排队，一一把诉状呈上。几个乡绅模样的人立即抱了几捆纸放到王阳明的办公桌上。王阳明看了大半天，才知道，他们要求政府宽免一项征收葛布的摊派。理由是，本地不产此物。王阳明觉得这状告的有道理，既然不出产此物，那上面要的是一点道理都没有。王阳明当庭宣告，可以免除葛布的摊派。老百姓们兴高采烈地走了。

百姓们前脚刚走，王阳明查看了庐陵县的税收明细，于是给上级写信说，(庐陵)单是岁办各种木材、炭、牲口，旧额不到四千两，现在却增加到万余两，几乎达到过去的三倍了。其他公差往来，来了就是大吃大喝还大拿，日甚一日。再加上旱灾、瘟疫大作，县城各处都有全家而死者，幸存者又为征求所迫，弱者逃窜流离，强者群聚为盗，攻劫乡村，没有宁日。你们这是在跟老天一样把百姓往地狱里推。如果还不宽免庐陵，将有可能激起大变。(我)不但于心不忍，而且势有难行。这根本是不可能完成的任务。既然我不能做到让你们满意，也不能让百姓满意，我还坐在这里做什么？

上面一见这封信，慌忙着手办理庐陵县的税收问题。

解决了上面，紧接着自然就是下面——百姓的问题。

他把自己的计谋融入到行政命令中去，首先是下了一道告示，要求老百姓谨慎对待打官司。他在布告中说，我年纪大了，头脑反应不灵，糊涂。你们说了下句，我的思维还停在上句。而且气弱多病，如果不是重大事情，你们不要来打官司。如果非要来，你们自己要有个头脑，每次只准上诉一件事。还有，你们以前上诉的状子和一本书差不多，以后写状子，不能超过两行，每行不能超过三十字。凡是递上来的状子，我先不看内容，先看字数，如果违反，不予受理，故意超字数的，我要罚款。

告示一发出，诉棍们一见，哄闹起来。他们马上就把王阳明推到被告席上，可王阳明不接这样的状纸。诉棍们群情激昂时，王阳明再出奇招，又发告示。告示先从当时的瘟疫谈起，说："人们怕传染，所以有骨肉互相抛弃的，病人没有被瘟疫夺去生命，反而因为没有人照顾而活活饿死了。我觉得咱们现在应该要制止瘟疫。而疗救之道，就是希望诸父老劝告子弟，敦行孝悌，别再背弃骨肉，将房屋打扫干净，按时喂粥药。我准备树立几个典型，奖赏他们。如果真有这样的孝义者，我将亲到家中表示慰问。不过，我现在正在闹病，请父老（老吏、老幕、老胥）先代我慰问存恤。等俺病好了，再去慰问你们。"

一切问题其实都是心的问题，一切战斗都是心战。只要以心攻心，就没有不胜之战。乡亲们被王阳明所感化，当然最主要的还是为了活命，开始渐渐接近王阳明。

王阳明说，很多人做事不能坚持下去，只是因为不能立志，如果一个人立下伟大的志向并且真心实意地去做，那就没有做不成的事。"诚意"相当重要，诗经云："窈窕淑女，君子好逑"，千古传诵，君子对贤德女子的追求矢志不渝。就是因为他发自内心的那份真诚，永恒不变。

真诚去做事，怎么可能做不好呢？

只要具备了这种诚意，也就是有了良知。因为我心即天理，你肯定能找出如何治民的方法来。这种方法就是制度规定，表面上看制度规定是外在的束缚，其实都是你那一颗诚意的心催发出来的。这就是心外无理，心外无律，心外无规。

在搞了调查研究、访实了各乡的贫富奸良后，王阳明把明太祖当年定的老办法拿了出来。那就是选定里正三老，让他们坐申明亭，对百姓中一些芝麻蒜皮的小事进行裁决。同时，他又发告示说："很多百姓认为我不理你们的状纸是因为我生病的缘故，其实不是这样。你们没有发现现在正是播种季节吗？如果我审理案件，你们的庄稼怎么办？一旦审理起案件来，要有被告、人证，这些人都要到衙门来，他们的庄稼怎么办？尤为重要的是，你们是受过专业训练的人，你们自然知道一旦打起官司来，就要四处请托送礼，助长刁风，为害更大。你们当中若果有大冤枉之事，我自然可以访出，我不能尽知者，还有乡老具实呈报。他们若呈报不实，治他们的罪。我为政日浅，你们还不相信我。未有德治先有法治，我不忍心。但你们要是不听我的，非要来打官司，那我也拦不住，可是，你们一定要有对自己做的事情负责的勇气。"

百姓们被震动了，感动了。他们一口咬定，这位县太爷是真为他们着想的。在衙门前准备把官司进行到底的顽抗份子抱着状子回家了，一路被感动地大哭。监狱里的人逐渐减少，走在路上勤奋工作的人日益增多。

庐陵县那个被人诟病的时代一去不复返，光明时代来临。

不过，王阳明并没有这样的好运气，从1510年到庐陵担任县令到1516年被任命南赣巡抚的六年时间里，王阳明一直在清闲的职位上跳来跳去。他唯一的乐趣就是宣传他的心学。他虽然没有提出致良知的概念，但他一直在致良知。他把心学最主要的"炼心"实务化：圣人之心如明镜，纤翳自无所容，自不消磨刮；若常人之心，如斑垢驳杂之镜，须痛加刮磨一番，尽去其驳蚀，然后纤尘即见，才拂便去。

这就是王阳明心学"炼心"的方法：把自己良知之心摩擦擦拭得如明镜一般，如何擦拭？不是坐在那里凭空乱想，心态固然重要，但必须要去事上磨炼才能显示出心态是否真的正确。意一动，良知就知是非善恶，是的就还它是，非的就马上克之。这是王阳明心学的炼心，和佛家的炼心，以及三流的心灵励志截然不同之处：佛家说要心态平和，但就是嘴上说，他坐在清风徐来的禅房里一动不动，因为很简单，他衣来伸手饭来张口，没有生存危机，当然能说出任何大言不惭的话来。而三流心灵励志专家们往往就是靠宣言心灵励志混饭吃的，他们没有心灵磨炼的经历，不堪一提。唯有王阳明的心学，才是真正让内心强大的最有效武器。

因为他虽然和佛家、三流心灵励志一样，都提倡内心是我们解决问题的唯一法宝，但他真正去解决问题了。其实在他之前的朱熹也主张去实践，然后得出一大堆道理后，再把自己装扮成博学多才的模样。朱熹的理论提醒我们，他是一个大杂货铺，里面有各种各样的道理。而陆九渊则主张“宇宙即我心”，和王阳明的“心即理”异曲同工。但陆九渊和佛家一样，说完心即理后，什么都撒手不管，这其实就是后来的王阳明左派心学。王阳明说陆九渊的理论大体上没有漏洞，但就是粗了；其实就是指的他不去实践，是个三流心灵励志专家，一心说你要内心强大，可不经现实检验。

朱熹和陆九渊到底谁对谁错，王阳明的弟子们曾争论过。而王阳明也给弟子们写过一封信。

> ……是朱非陆，天下之论定久矣，久则难变也。虽微吾兄之争，舆庵亦岂能遽行其说乎？故仆以为二兄今日之论，正不必求胜。……今二兄之论，乃若出于求胜者。求胜则是动于气也。动于气，则于义理之正何啻千里，而又何是非之论乎！凡论古人得失，决不可以意度而悬断之。……然则二兄之论，皆未免于意度也。昔者子思之论学，盖不下千百言，而括之以“尊德性而道问学”之一语。即如二兄之辨，一以“尊德性”为主，一以“道问学”为事，则是二者固皆未免于一偏，而是非之论尚未有所定也，乌得各持一是而遽以相非为乎？故仆愿二兄置心于公平正大之地，无务求胜。夫论学而务以求胜，岂所谓“尊德性”乎？岂所谓“道问学”乎？以某所见，非独吾兄之非象山（陆九渊）、舆庵之非晦庵皆失之非，而吾兄之是晦庵（陆九渊）、舆庵之是象山，亦皆未得其所以

是也。稍暇当面悉，姑务养心息辩，毋遽。

他的意思是说，治学问先要涵养自己的德行，不要放弃实在的而去追求外在的、虚无的，论古人的是非很不好。另外，朱陆各有精华，你们应该取其精华来成就自己的学问。朱熹有对的，就要去学习，陆九渊有对的，也要去学习；但朱熹的错，你就不要学，陆九渊的错，也不要学。总之，我们炼心，是天地万物为我所用，好的拿来，坏的拿掉，不能推崇谁，就认为谁的东西全是好的。

最后，他说，朱熹被推崇这么多年，实在有些过分；而陆九渊被排斥了这么多年，更过分。

这就是心学史上的“朱陆异同”。我们也不必拿这一著名的典故当回事，因为王阳明说了，世界上只有一个道理，就是天理，而它就在我们心中。人生在世，只需按它的指引，去经历事情，反过来证明这个天理，这就是致良知了。

第四节：阴暗版的王阳明——刘瑾

（一）

王阳明心学在他离开人间后，销声匿迹，自有它本身的原因。王阳明天纵奇才，学富五车，所以才能在绝境中突然悟道，创建心学。也许，在王阳明看来，一个人只要诚心实意，就能恢复心之本体，即我们固有的良知。但问题恰好在这里，王阳明的心学不是靠理性获得，而是纯靠感悟。

它要求的是一个人必须要有一种别人所没有的灵性，这种灵性在王阳明之后遂成绝响。因为太多的人没有王阳明那样的资质。世界上只有一个王阳明，所以，心学永远是王阳明的心学；即使在王阳明之后，人人都说自己明白心学，但那不是王阳明的心学，而是属于他们自己的心学。

另外，王阳明所以提出良知学，按辩证法，越是稀缺的东西越被提倡。也就是说，世界上很少有人真的能做到完全地恢复良知毫不利己专门利人，全心全意为他人解决麻烦，恐怕连圣人孔子都难以做到。这是因为，虽然人人都有良知，但这条路太过崎岖（王阳明说非常容易，那是因为他彻底悟道了，正所谓会家子不乱，会者不难），人人都不想走。于是，世界上有很多人，只要风云际会，他们就会抓住机会，成为刘瑾这样的人。

我们读刘瑾，其实就是在读阴暗版的王阳明。刘瑾是个有良知但却刻意隐瞒良知而不能致良知的人，他是我们在人生中遇到的很多恶人的一个聚焦化身。没有刘瑾，可以有王阳明，但绝对不可能有心学宗师王阳明。我们必须要了解和理解刘瑾，才能真正悟透王阳明心学的不易！

实际上，朱厚照执政的前五年，是刘瑾执政的五年，说这五年（1505—1510）是刘瑾时代并不为过。朱厚照一心认为刘瑾能处理好政事，所以撒手不管。刘瑾把几乎所有的奏章都带回家交给他的妹夫和许多门客批阅，权力就从紫禁城悄无声息地移到了刘瑾的书房里。

如你所知，刘瑾成长在世界上最黑暗的地方之一——宫廷中，在这个地方，谈理想谈责任都被视为不祥之事。太监们唯一能谈的就是如何获得皇帝的欢心而平步青云。丧失尊严的谄媚和必不可少的运气就成了太监们的必修课。正如猪圈里长不出莲花一样，中国的宫廷里长不出身心健全的太监。

在刘瑾看来，国家不是他的，人民也不是他的，天下只有一件事是他的，就是他通过权力换取的财富。中国历史上很多皇帝都认为，太监这玩意不会有私心，因为他被阉割，没有后代。而大多中国人有私心往往并不是为自己，恰是为了后代。这种想法显然违背了人作为人的基本特征之一：人人都是自私的，自私到极点的人，根本不会为任何人考虑，而只为自己。

刘瑾在这五年时间里，做下了太多被士大夫们称为恶行的事情。比如官员的升迁靠金钱，官员的生死靠刘瑾的情绪好坏，国家大事靠刘瑾的短见。在日后的士大夫们看来，刘瑾这人丧尽天良，万死难辞其咎。

令人奇怪的是朱厚照这段时间的反应。有史料记载说，刘瑾为了获得皇帝才有的权力，特意挑朱厚照玩得高兴时拿着奏折前来报告，朱厚照就说：刘老师，我让你当宦官之王就是让你处理这些鸟事，不然我要你干什么？

朱厚照不是白痴，这话足以说明他相信刘瑾能把国家大事处理好。但刘瑾死后，几乎所有的政府官员都异口同声地说，刘瑾这阉人根本就没有处理国家大事的能力。刘瑾是否有处理政事的能力，不能听信士大夫们痛打落水狗时的信口开河。诚然，在刘瑾时代，有一部分官员并不攀附刘瑾，只是噤若寒蝉。但至少有一百多官员把刘瑾看成了国家栋梁和人生导师，他们争先恐后地谄媚和贿赂刘瑾，看起来，刘瑾似乎是个不可多得的摄政王级别的人才。

比刘瑾发迹理想走得更远的是焦芳，此人是明帝国六任帝朱祁镇（明英宗）年代的进士，郁郁不得志很多年。老实说，焦芳这人跟那些满口仁义道德的官员不同，他当官的目的就是为了发财，并且对此直言不讳。如你所知，喜欢玩真心话大冒险的人在官场中是不得人缘的，所以焦芳一直被人压着，当着微不足道的小京官，直到朱厚照时代揭幕。刘健集团和大太监王岳对付刘瑾时，焦芳有幸听到他们的阴谋，而且第一时间得到了朱厚照同意处斩八虎（明正德年间，东宫的随侍太监中，有八个太监号称八虎。他们以刘瑾为首，为了巴结日后的新皇帝，每天都进献一些奇特的玩具，还经常组织各式各样的演出和体育活动，当时的东宫被人们戏称为“百戏场”。试想年幼的明武宗如何能抵御这些东西的诱惑，于是沉溺于其中，而且终其一生没有自拔，学业和政事当然也就荒废了）的消息。焦芳思绪万千，有时候人生就是一场赌博，押中了就赢，否则就输，而且万劫不复。

搜索枯肠后，焦芳做了他人生中最重要的一次赌博：押刘瑾。我们不可能知道焦芳为什么要押刘瑾，当时的形势完全是一边倒，刘瑾非死不可。可能是焦芳多年来被压抑的心理变态，也可能是破罐子破摔，总之，他大义凛然地把消息告诉了刘瑾，刘瑾这才连夜跑进朱厚照的房间，大哭求情。结果，刘瑾活了下来，焦芳赢了。

焦芳获得的丰厚回报就是进入内阁，担任大学士，这是他有生以来梦寐以求的事情。但焦芳是个浅碟子，不仅喜欢自满，而且忘乎所以。他对刘瑾的俯首帖耳换来的是刘瑾的超级信任，而刘瑾的超级信任使他认为自己可以为所欲为。

他的确在为所欲为，身处内阁高位，又是刘瑾的走狗，没有人敢不给他面子，刘瑾在宫，他在府，实在是珠联璧合。也就是说，想要见刘瑾，必须先通过焦芳这关，包括行贿。刘瑾慢慢发现，焦芳这人比他还贪，在中间这一关的贪污款项之大，使刘瑾都瞠目结舌。

二人终于在焦芳儿子焦黄中国考一事上同时宣战。焦黄中因为老爹的关系已经取为进士，但焦芳希望好上加好，想让儿子在廷试（皇帝亲自主持的面试）中取第一位。而时任内阁学士的李东阳对这种学术造假深恶痛绝，可能也感觉到刘瑾和焦芳的关系正在恶化，所以就把焦黄中的名字扔到了第二梯队，焦黄中没有进入廷试。焦芳大大地不满，找到刘瑾，用委屈万状的声调说："我儿子才华横溢，国家栋梁，不中状元实无天理。"刘瑾对这个读书人难填的欲壑深为不满，他说："我看过你儿子写的诗，老实说，太烂了。"

焦芳还要申辩，刘瑾像变戏法一样从屁股后面变出一本账目来，说："别以为我不知道你暗地里干的好事，这里面全是你贪污所得。贪污没有关系，严重的是，你居然不经过我同意！"

焦芳大惊失色，他知道自己已经失去了刘瑾的信任和保护，如果再待下去，恐怕连老命也不保；于是主动辞职，刘瑾当然毫不挽留。

焦芳的去职让我们看到，人在巅峰时刻由于自我感觉良好，所以对事情的判断总会出错。刘瑾是全靠朱厚照放权而拿到大权的，他身边为他出谋划策的人只有焦芳，焦芳一走，刘瑾连个商量阴谋诡计的人都没有了。

（二）

刘瑾的想法是，站着就把钱赚了，把权拿了。早朝时，依制度，刘瑾这样的大太监要站在朱厚照身边，虽然朱厚照总不在椅子上，但群臣还是要叩头，所以给人的感觉其实就是在叩拜刘瑾，那些不肯谄媚刘瑾的官员们暗地里把刘瑾称为"立皇帝"。当然，这只是一种口头宣传，如同游行示威一样，起不到任何作用。刘瑾在得知自己这一伟大的绰号后，还沾沾自喜，因为他站着就把钱赚了。

不过，站着的皇帝绝不是真的皇帝，朱厚照虽然在豹房里进行他的心灵革命，外面的事也不是一概不问。朱厚照会突然把刘瑾找来，跟他要最近一段时间大臣的奏折。刘瑾这时泰然自若，因为自从他做"立皇帝"以来，奏折中已经没有任何言辞可以威胁到他，那群士大夫们都知道了刘瑾的威力，谁也不敢在"太岁"头上动土。

但朱厚照这种反常的举动还是给刘瑾带来很多麻烦，刘瑾很怕朱厚照从里面看出什么。所有的奏折和官员任免令都透露着一个问题：凡是刘瑾喜欢的人都平步青云；凡是刘瑾讨厌的人都在原地踏步，甚至被迫辞职。

让刘瑾欣慰的是，朱厚照只是随便一翻，就夸奖他，干得好，这批示怎么跟我想的一样啊。

刘瑾浑身都散发着忠贞的气息，说："皇上英明，我真是肝脑涂地为您分忧。"刘瑾这时已经在说谎，自朱厚照跑到豹房逍遥时光后，刘瑾就很少在朱厚照面前出现。至少有两个原因，其一，刘瑾正在政府中大施拳脚；其二，朱厚照有了新的玩伴，不在乎刘瑾在与不在。正是在此种情况下，刘瑾的危机来临。

当然，任何一个人的危机都是自己造成的，刘瑾也不例外。

众所周知，刘瑾的权力源泉是朱厚照。可他正在处理这个王朝的诸多大事，不能时刻陪伴在朱厚照身边；否则朱厚照会说，老子把国事交给你，你怎么一点都不用心？与朱厚照的疏远是刘瑾后来败亡的一个并不重要但却是不可缺少的原因。第二，刘瑾和他的"八虎"团队成员产生了矛盾。这是最要命的，谚语说，坚固的堡垒往往从内部被攻破。刘瑾后来被处决，正是他的团队成员与政府官员里应外合，将其打入万劫不复之境地。

刘瑾飞升，其他七虎都以为好日子来了，可随着刘瑾和一些政府官员组成另外团队，七虎发现，他们被刘老大疏远了。八虎之一的马永成想提升一个人，已经得到朱厚照的许可，但刘瑾偏插进来，废了命令。两人跑到朱厚照面前争辩，结果朱厚照偏向刘瑾，马永成除了七窍生烟外，别无他法。谷大用准备在地方上开设皇家店铺赚点外快，已经开办，刘瑾却把店铺里的人统统逮捕，处以极刑。谷大用除了气得爆炸外，也别无他法。最倒霉的是丘聚，不知什么原因让刘瑾很不高兴，结果被发配到南京去蹲守朱元璋的陵墓。

七位老虎被刘瑾逼得发财不能，要去朱厚照身边献媚，由于技术老化，更是不能。六位老虎准备认命时，一只比刘瑾还狠的老虎张永竖起了和刘瑾对决的战旗。

宫廷小道消息说，张永和刘瑾早就面和心不合，因为刘瑾曾抢了张永的女人（太监行里称为“对食”）。张永一直怀恨在心，刘瑾不能像对付其他人一样对付张永，因为张永在朱厚照的心目中和刘瑾有着同等重要的位置。

但刘瑾知道，张永这人留在宫廷就是个炸弹，迟早会爆炸。当他怂恿朱厚照把张永调到南京去当南京宦官之王时，张永这颗炸弹及时得到消息，爆了起来。他跑到朱厚照面前，跟刘瑾对骂。刘瑾才还了几句口，张永一个大嘴巴就抡到刘瑾脸上。朱厚照一看要出大事，急忙劝架，还找来谷大用摆酒席，劝说二人合好。

张永根本没有这个打算，刘瑾也没有。但碍于朱厚照的面子，所以假装合好。

张永后来对人说，这王八蛋迟早会干掉我。刘瑾后来对人说，我迟早要干掉这王八蛋。

二人都想错了，刘瑾非但没有干掉张永，自己却被张永干掉了。

以世俗的眼光看，刘瑾这样的大恶人，不必阎王爷来请，自己就溜达着去了。这就叫恶有恶报，也叫自作孽不可活。但前面我们讲过，这种论调只是懦弱者的精神意淫。刘瑾这种人，阎王是请不动的，必须要有英雄豪杰来请他入地狱。

英雄名叫杨一清，生于1454年，是广东化州人，18岁就中了进士踏入仕途。但他的仕途并非一帆风顺。由于他性情刚直敢言，所以和他的同僚们相处得并不融洽，于是被排挤到了边疆去修建防御工事。因为不想贪污，所以没有钱行贿给刘瑾派来的太监而被刘瑾踢进大牢。人人都认为他必死无疑，想不到刘瑾突然改变主意，把死刑改为无罪释放。

对于这件事，有人说是当时的辅臣李东阳向刘瑾求了情，刘瑾才没有把杨一清赶上绝路。李东阳在当时享有盛名，而且表面上和刘瑾的关系不错。刘瑾卖他这个人情，也在情理之中。所以，杨一清就待业家中，无所事事。

一个休假的政府官员无论如何都不能把刘瑾怎样。但是，苍天在上，黄泉在下，刘瑾五年来的“劳心劳力”滋生了一场叛乱，而因为这场叛乱，最终导致了刘瑾的被凌迟。

事情是这样的，刘瑾的政术不仅局于中央，而且蔓延到全国各地。他派出的各色特务到边疆的本意应是好的：对地方官员进行测评，搜寻在野的贤能之士，当然最重要的是开办皇家企业，聚敛财富。问题是，刘瑾在紫禁城高坐云端，他手下那群特务到地方上到底做了什么事，他根本不知道。

仅以各地方向他贡献的金钱为例，刘瑾要一两，特务就敢跟地方的官员要十两。后来有人说刘瑾十恶不赦，其实刘瑾也是冤枉的，当时交通不畅，消息闭塞，他的人在地方上做什么和没有做什么，依据就是他们在自己面前的报告。这种报告当然不可信，但由于报告人无穷无尽的金钱和乐此不疲的谄媚，让刘瑾相信了他们的报告。

刘瑾遇到的这种情况告诉我们，《水浒传》只反贪官不反皇帝或许是有一定道理的。老实说，中国的皇帝大都是冤大头，代人受过。仅以北宋王朝第八任皇帝赵佶（宋徽宗）为例，他当初建造皇家石头花园，只是让人去采石头，是由国库拨款的；后来让他惊骇的是，款项被一群官员私吞，采购石头成了抢劫石头，百姓不骂狗官，只骂皇帝，赵佶真是比窦娥还冤。

刘瑾其实也很冤，跟他渐渐势如水火的张永就说，你根本不知道你贪污的金钱上面有多少血。刘瑾说，这是官员主动送我的。我假公济私固然有错，如果他们不买这官，我难道逼着他们买吗？张永说，你说对了，你下面的人就是在逼人向你行贿。

刘瑾根本不信，反而以边疆地区的经济足够支持为由，把财政拨款给切断了。他在中央不给拨款，派到边疆地区的太监们又横征暴敛，一位朱家的王爷打起了替天行道的招牌。这位王爷行不更名，坐不改姓，正是受封在宁夏的安化王朱寘鐇。

朱寘鐇于弘治五年（公元1492年）继承安化王王爵，当地人经常能看到一位体毛浓厚、身材魁梧的大汉在大街上横冲直撞，路人远远地就要躲避，此人正是朱寘鐇。有小孩子哭闹，大人就说，再哭，就让朱寘鐇来收拾你。由此可知，朱寘鐇王爷在当地是魔鬼的化身。但朱寘鐇本人并不知道自己是魔鬼；相反，他认为自己应该是神的化身，神在凡间应该住在最尊贵的地方，那当然就是北京的紫禁城。

这种胡思乱想在刘瑾属下无恶不作的情况下逐渐被加深。他身边的人当然秉承上意，极尽谄媚之能事，把朱寘鐇王爷吹嘘到了天上。有一天，朱寘鐇对手下说，刘瑾那厮势倾中外，有一天肯定会把我朱家的龙椅给坐了，所以我决定效仿明祖皇帝（朱棣）：清君侧。

这显然是信口开河，刘瑾最高限度只能做个权阉，他手中没有军队。虽然八虎里有人掌握着皇帝的禁卫军，但禁卫军要有什么军事行动，必须经过皇帝的亲自批准。况且，刘瑾和七虎的关系已恶化，没有人听他的。一个拿着把带匕首的扇子的太监能有什么成就？"清君侧"只是个"借口"。

君主专制时代的王爷闹"革命"，也难也容易。容易的是，他不需要招兵买马，因为他本身就有军队。也就是说，即使他想扩大军队规模，也不需要亲自去做，自有人替他做。难的是，很多王爷都是酒囊饭袋，像朱棣那样的王爷实在少之又少。酒囊饭袋平时吃喝嫖赌可以，真遇到这种关乎生死的大事，虽满脑子激情，却往往在实际行动中不知所措。

朱寘鐇就是这种酒囊饭袋王爷中的典型，他的能力无法支持他的野心。

“革命”的第一步自然是团结一切可以团结的人，朱寘鐇这一步走得还算过得去。因为刘瑾缩减了宁夏地方政府和安化王府的财政，所以当他让人鼓动一群热血份子跟刘瑾作对时，很少有人不认为朱王爷英明。

朱寘鐇的第二步走得也算马马虎虎。他自以为把宁夏军区控制在手，但是他根本没有控制仍然效忠于北京的宁夏军区军官们，尤其是漏掉了一个重量级的人物仇钺。仇钺在当地军区很有威望，可谓一呼百应。

朱寘鐇以突击手段将他软禁后，曾三番五次地去请他，仇钺三番五次地卧病在床。他当然没有病，而是在核算这件事的收支情况。支出很显然：上战场，生死难卜。收入情况更明显：要么血本无归——死在战场上；要么就是千百倍的利润：一旦打进北京，朱寘鐇称帝，那跟随他的人可就是开国元勋。

其他人肯定都是这样考虑的：风险越大，回报越厚。所以，他们都选择支出。但仇钺比他们多考虑了一个问题：谁最能保证你可以拿到收入？目前来看，是朱寘鐇。可朱寘鐇现在还不是皇帝。现在的皇帝是朱厚照，也就是说，朱厚照和朱寘鐇相比，有个巨大的优势，他能确定给你收入，而朱寘鐇暂时不能确定。

仇钺能考虑到这个问题，自然就证明了他的选择：为朱厚照付出，让朱厚照给回报。

当时，宁夏军区乱成一团，仇钺却躺在床上装病，在朱寘鐇派来的使者面前流下惋惜的眼泪，说自己不能跟随朱王爷北漂，实是没有福气。如果有来生，为朱寘鐇做牛做马，也要弥补这次的遗憾。

使者看到仇钺这副样子，也为他感到可惜；富贵荣华就因为一场病而灰飞烟灭，这肯定是因为上辈子做了太多缺德事啊。

就在仇钺演戏时，朱寘鐇骑着高头大马，领着想要发财致富的一支军队上路了，目标就是北京。人们忽然发现朱寘鐇身边居然没有高明的谋士，只有几个装模作样的术士。

朱寘鐇的部队还没有出宁夏，就遭到了仍旧忠于北京方面军队的抵抗。朱寘鐇的部队（主力就是他的藩王卫队）表现不错，把敌人打得只能防守不能反击。但仇钺此时突然从床上跃起，在朱寘鐇的背后插了一刀。朱寘鐇哪里会想到平时看上去正人君子的仇钺居然装病，手忙脚乱之下失去阵脚，在前后夹击下，戏剧般地被活捉了。

朱王爷被塞进囚车时，他"革命"的消息才传到北京。朱厚照惊喜地跳了起来，要御驾亲征。一群大臣跑出来，跪在朝堂上大呼不可。刘瑾也劝他说，宁夏那地方水土不好，况且，一个小安化王还劳您大驾吗，随便派个人去就是了。

朱厚照很颓唐，但又不好反驳刘瑾，只好说，那就让张永当监军，随便找个人去给我摆平了。不过，咱们可说好，要是摆不平，我就御驾亲征。

（三）

朱厚照说随便找个人去摆平朱寘鐇，对他而言是小事一桩，但那群政府大员们却视为登天之事。当时政府官员们被刘瑾搞得七零八落，能在京城里安稳做官的都是刘瑾中意的人；刘瑾中意的人都是饭桶和谄媚高手。一个人把精力都用在谄媚刘瑾身上，对别的事当然就心有余而力不足。

还有，中国传统中的士大夫们平时风度翩翩，打躬作揖、信口开河，驾轻就熟，但一遇事，就面面相觑、惨无人色。所以，内阁学士们和国防部急得团团转。刘瑾原本对朝廷中的事都要插一嘴的，现在却突然回家听歌看舞，这就很可疑。内阁的人跑到刘瑾家里让他说句话，哪怕是推荐个智障也好。刘瑾仰头看天，就是不回答，见来人还不想走，居然让人给轰出去了。

内阁、国防部、吏部的长官们长吁短叹，后来干脆踢皮球。吏部的人对国防部的人说，这是军事行动，理应由你们部门出人。国防部说，这话我们不爱听，这件事其次才是军事问题，首先是任命问题。你想啊，我们不能找个人就让他上战场吧，必须要由你们吏部来给人家个职务啊。

吏部的人可就站了起来：谁不知道，国防部有权力任免军官，你们把我们吏部扯进来，还有没有良知？

国防部的人说，你这话我还不爱听。皇上说是随便找个人，没有说必须是国防部的人啊。皇上的意思是找个文武全才的人，这种人才，我们国防部一百多年来没有出过。你们掌管着官员的仕途，难道找不出一个人来吗？

吏部放赖说，我们还真就找不出一个人来。

内阁的人终于说话了：唉，人心不古，皇上养你们千日，到用时，却都推三阻四，这成何体统。

国防部的人扯着嗓子喊起来：体统？你们内阁也敢说这两个字，如果真有体统，刘公公就该出来指点迷津。

吏部的人马上附和：是啊，这地球离开刘公公，它还能转吗？

内阁的人委屈万状地说，我们去找了，哪里想到刘公公特别反常，金口不开，我们得不到指示啊。

问题就在这里，刘瑾不开口，谁都不敢擅自推荐人选。也就是说，没有刘瑾的意思，谁敢去？

众人理论了三天，朱厚照派人来问人选的问题，内阁的人终于勇担大任，说，如果咱们再不推出人选来，皇上一高兴，可就亲自去了。

吏部和国防部的人说：是啊，是啊。

内阁的人说，有官职在身的人，想都别想，我们只能去找那些没有官职在身的人。

吏部的人说，真有一个这样的人。

国防部的人问，谁？

吏部的人说，杨一清。

内阁的人说，这人恐怕不妥，当初他是得罪了刘公公被踢开的，现在推荐他，刘公公高兴否？

吏部的人说，刘公公没说话，就证明他不想管这事，这事那么好管吗，兵变啊。被推荐的人能赢还好，万一失败，推荐人也跟着倒霉。杨一清这人虽然是个知识分子，但胸有韬略，估计能搞定。现在只能是死马当活马医，先稳住皇帝再说。

内阁的人说，那很好，我们都欣慰。

吏部的人说，先说好了，这人是咱们三个部门一起推荐的，到时候出了事，三家平分责任。

三个部门确定人选的过程就是这样的。这件事至少应该有两点补充。第一点，刘瑾所以不发表意见，是因为朱寘镭“革命”是打着诛杀他的旗号，如果他此时乱说话，恰好证明朱寘镭诛杀他理由的正确了。刘瑾不说话还有一点，吓得六神无主，没法说话了。

中国历史上的宦官有智慧的少，能把百官当狗耍的，其实只是靠谄媚头脑不清醒的皇上和狠毒。春秋齐国国立大学(稷下学宫)的师生们对此有独到的见解。他们说，人这玩意是靠“精”和“气”两种东西组合而成，气就像是个房子，精住在里面。气是什么呢，我们的形体，是大地给的；精是什么呢，我们的智慧和性格，是上天给的。

如果气有漏洞，有一部分精就跑了，所以智慧明显下降。宦官们的漏洞不言而喻。

要补充的第二点，是关于杨一清的。杨一清不是书呆子，而是文武全才，这从他读过的书就可以知道。他读的书有孔子、老子、墨子、孙子、孟子、荀子、尸子、鬼谷子、麻衣相术、周易全解、伤寒论、五禽戏和山海经等等，包罗万象，这也正是他文武理论的充足来源。

当他听说自己被任命为讨伐军司令时，隐藏在内心的对刘瑾的复仇火焰腾的一下燃烧起来，火光四溅，烧得他满脸通红，这也可能是激动的原因。

杨一清要去平叛朱寘镭，依制度，需有宦官随军，曰：监军。朱厚照让刘瑾推荐人，刘瑾卧病在床，朱厚照只好自己拿主意，对张永说，劳您大驾，走一趟。

于是，杨一清和宫中的二号人物一起上路了。在路上，杨一清就跟张永套近乎，张永平时都不把这群下三滥的士大夫放在眼里，但对杨一清却例外。这是因为张永知识面很窄，恰好杨一清看了很多被士大夫耻笑的“不正经”的书，比如山海经里的鬼怪，野史里秦桧其实是死于痔疮，岳飞根本没有死，而是化作一只大鹏鸟飞走了。种种奇闻异说，让张永对这位士大夫刮目相看。

张永在心里发誓，要把杨一清当成好朋友。这件事也告诉我们这样一个道理：想要和猪交朋友，跟他谈交响乐是没用的，只能谈猪食。

二人刚进宁夏界，就听说朱寘鐇被活捉了。在宁夏看了看大好河山，两人就押着朱寘鐇一干罪犯回京。杨一清知道，张永现在完全信任自己了，那么，是时候跟他谈谈合作了。

（四）

杨一清和张永喝酒，张永酒量小，杨一清不会喝酒，所以二人改为喝茶。杨一清突然就冒出一句：“外患易解，内患难除。”张永问：“什么意思？”杨一清伸出一根手指，沾了茶水，在桌子上写了一个字：瑾。

张永看了半天，确信这是刘瑾的“瑾”字，但他不发表这方面的意见，而是说：“国泰民安，政治清明，哪里有什么外患内患的。”

杨一清又写了一个“瑾”字，然后狠狠地抹掉，说：“这才叫内外升平。”

张永勉强装聋作哑，说：“杨先生，这世界上有一种论调，叫阴谋论。一个神秘兮兮的人看什么都像是针对他的阴谋，请教先生，您可有此病症否？”

杨一清说：“我没有。刘瑾把天下搞得乌烟瘴气，只有除掉他，才能云开见日。”

张永不好再装糊涂，摇头说：“这事难。皇上一日不见刘瑾，就失魂落魄，刘瑾就是皇上的心头肉。”

杨一清说：“张公公就不要胡扯了，谁不知道现在皇上经常在豹房，刘瑾平时只顾着搜刮钱财，哪里有时间去和皇上谈心。说到心头肉，张公公可曾记得叶女士否？”

张永脸色大变，气冲斗牛，拍案而起说：“山无棱，水干涸，才敢忘。”

叶女士，就是张永宫中被刘瑾抢去的女朋友。张永对这件事始终不能释怀。所以，他拍案而起时，杨一清知道事情已成了一半。杨一清继续说：“再说心头肉，张公公您何尝不是皇上的心头肉？不然，此次为何要您监军？”

张永对这一点比较自信。但是，还有问题：“这事不好办，刘瑾人虽然不在皇上身边，但他的耳目在宫中铺天盖地，一个不留神，那就是万劫不复。所以要搞他，没有十足的把握，不可搞。杨先生难道不记得刘健、谢迁等人的事？”

杨一清说：“当然有十足的把握。我查探得知，刘瑾这厮在密室里藏有违禁武器，这是要谋反的征兆。我还听说，他准备在他哥哥的葬礼上，绑架文武百官，然后杀进皇宫，夺取皇位。”

张永倒抽了一口凉气，不是因为刘瑾要谋反的消息，而是杨一清张口就来的“诬以谋反”的行径。谁都知道，宦官谋反那是扯淡，手中没有兵权，靠几个家丁？再说了，他张永最了解刘瑾，刘瑾是个没有雄心壮志的人，当皇帝的事，刘瑾本人做梦都没有梦见过。至于绑架文武百官，现在文武百官大部分都是刘瑾的人，还用绑架吗？

他说：“杨先生，您对朝廷的忠诚之心，我很钦佩，但这事有点离谱，先别说皇帝信不信，我就不信。况且私藏违禁武器这事，你也知道皇上向来不按常理出牌，说不定他还对刘瑾私藏了什么武器而好奇，这件事到最后就成了乐子了。”

杨一清突然想到一条人生哲理：让一条狗喜欢上你，跟你合作，你不能跟他谈国家兴亡匹夫有责，给他拉一堆屎就成了。

思路决定出路，杨一清对张永说：“公公，我不知道宫里的体制，但我知道做老大和做老二的区别。您难道一辈子做老二？如果把刘瑾搞掉，您就是宫里的老大，想想吧，呼风唤雨，荣华富贵，这种生活品质，几辈子才能修来？”

张永脸上呈现出做老大的光辉模样，确切地说，他被说动了。又拍案道：“好！老奴我为了不做老二……老奴我为了江山社稷，拼了这条命！”

杨一清对自己的思路转变获得的成果很满意。他说：“那咱们就谈谈计划，一份周密的计划是成功的前提！”

按杨一清的计划，一到北京立即见皇上，事先写好刘瑾要谋反的奏折，跪到朱厚照面前痛哭，要皇上发兵擒刘瑾。刘瑾一擒，马上召集专员审理，给他定成死罪。

杨一清又说：“如果此事成功，您和您的前辈东汉时代的吕强、五代时的张承业就是一个级别了。”

提到的这二位公公都是公正不阿，不肯跟同道合作而彪炳史册的典型。

张公公最后表示有点遗憾，说：“中国阉割人的历史一千多年，想不到就出了三个好太监，真是老天无眼！”

朱厚照听说杨、张二人凯旋，就急忙在通州准备好酒菜，亲自迎接。刘瑾本不想去，可朱厚照认为这么大的事没有你刘公公，显然有违天道，刘瑾只好跟随。

刘瑾所以不愿意去，是因为这件事跟他无关，他是给张永当陪衬去了。所以在宴会上，刘瑾的脸色很不好看。尤其是朱厚照频频敬张永酒，又和张永讨论这次战役的细节，刘瑾的脸色就更不好看了。张永故意把战役细节说得很细致，听得朱厚照心里直痒。张永根本就没有在宁夏战斗，他所以这么忽悠朱厚照，其实是想把刘瑾给气走，刘瑾一走，事情就好办多了。

刘瑾被晾在那里半天，终于忍不住了，站起来说家里有事，要回家。朱厚照不让他走，刘瑾非走不可，说这几天有暴雨，京城的地下水系统很糟糕，他要提前回去防洪。

朱厚照还要挽留，张永咳嗽了一声，马上说，刘公公回去顺便也把宫里的检查一下，宫里的地下水工程也很糟糕。刘瑾气冲斗牛，正要发作，朱厚照说："是啊，赶紧回去，你看，关键时刻就你对我好！"

刘瑾气冲冲地走了，至于是否真去提前防洪，只有他自己知道。

刘瑾一走，张永把宴席上所有人，包括侍奉的小太监都赶了出去。朱厚照一口酒刚喝，只听身边扑通一声，吓得他把酒喷了出来。他发现张永莫名其妙地跪下了，而且流着热泪。

朱厚照喝得五迷三道，只是知道张永跪下了，却不知道张永为何要跪。他晃荡着站起来，去扶张永，说："老张你这是干什么，起来喝也一样啊。"

张永不起来，哆嗦着从怀里拿出杨一清写好的奏折，说："皇上，您看看。"

朱厚照晃着，终于又坐下去，说："怎么喝得好好的，说这么扫兴的事，你这点就不如刘瑾。"

张永干嚎一声，说："皇上您不看奏折，那我就说了吧。刘瑾，要，谋反。"

朱厚照耳朵似乎聋了，但他的确听到了，却没有任何表情，又喝了一口酒，想了一下，问："他为何要谋反？"

张永张大嘴巴，因为杨一清没有教诲他这个问题的答案。嘴巴张了半天，才憋出一句话："当然是做皇帝啊，天下谁人不想做皇帝！"

朱厚照嘿嘿一笑，说："那就让他做去。"

张永大吃一惊，说："他做皇帝，您干嘛去？"

朱厚照打了个酒嗝，说："我去玩老虎，玩豹子。"

张永问："刘瑾会让您玩？"

朱厚照问："为什么不让？"

张永回答："他做了皇帝第一件事就是杀了你。"

朱厚照愣住，酒醒了一半，对此半信半疑。张永趁势打开奏折，并指出，他现在在密室里藏有违禁武器，不信的话，您可以下旨搜查。

朱厚照思考良久，终于说了句话："狗奴才辜负我！"

捉拿刘瑾的诏书连夜发出。第二天凌晨，当文武百官上朝时，刘瑾已经在监狱里睡了一个不算太好的觉。

刘瑾那天在监狱中做了个梦，梦见自己被割掉的玩意儿重新回到自己身上，稍有点遗憾的是，那玩意长在了脑袋上。所以看上去，刘瑾就像是个独角龙。我们在梦中永远都是无能为力的，所以刘瑾拼命呼喊让人把他的那玩意儿从脑袋上拿走，但现实中对他点头哈腰的人，却站着看笑话。

刘瑾大怒，再喊来人，要把这些人全都拉出去剁碎喂狗，但现实中对他忠心耿耿的那群人却把他掀翻在地，剁碎了。刘瑾的脑袋看到身体被削成一片片的，有点像今天的水煮肉片。后来，刘瑾就大喊大叫，拼命想醒过来。但是，不可能。不过，刘瑾最终还是满头大汗地醒了过来，在未重新睡去之前，他给了自己两个嘴巴，好让自己清醒些。

现在，他知道自己已回到现实中来，但这个现实跟他平时所见的现实完全不一样。这里阴暗潮湿，还有铁栏杆。他琢磨很久，以为自己还在梦中，就又给了自己两个嘴巴，这次彻底清醒了。他想，自己怎么会进了监狱？他回忆起来，锦衣卫们拿着绣春刀，冲进他那堂皇盖世的家，口称奉了皇帝之命，捉拿谋逆之贼。

这肯定是个误会！刘瑾站起来，双手推拉着铁栏杆，声嘶力竭地喊道："我要见皇上，这是个误会！"

（五）

关于刘瑾在狱中的情况就是这样，不过还需要补充两点。首先是因为刘瑾当天晚上喝醉了，所以被人押到大牢里时很迷糊，第二天早晨醒来，才发现自己身陷囹圄；其次，从云端一头栽进深渊，这对刘瑾而言其实就是个梦，而且绝对是噩梦。

关于梦，古今中外的诸多思想大家都有过精深的论述。当然中国人对梦的论述非常旁门左道，比如那位制定了周礼的周公，据说就能解梦。直到今天，我们还能看到周公解梦的宣传。

有人说，梦，其实跟性有关；也有人说，梦，其实就是一种精神假象，什么都证明不了；还有人说，梦，其实是日有所思，夜有所梦。这句话可以这样理解：梦是你不梦时的“温故”。更有人说，其实，人在梦中是最清醒，最聪明的。这种论调说，很多做出伟大成就的人都是在梦中得到提醒的。比如爱因斯坦的相对论，就是梦的产物，还有爱迪生的电灯泡、阿基米德的定理，都是梦中的产物。

这种论调认为，人在清醒时受到社会杂音的影响，不能专心思考；但沉睡进入梦中时，没有了杂音，所以思考起问题来会全神贯注，会超越智慧，比魔法师和先知走得更远。庄周梦蝶的故事让人感到人生如梦，因此，庄子不去追求功名利禄，而是去追求本真状态。

王阳明说，一个人的良知最纯净的时候就是在夜里睡觉时，良知在这个时候发散流行，最符合天理，有梦就是证明。即便是世界上最大奸大恶的人在睡梦中也难做坏事，就因为良知在运行，良知控制着他。

刘瑾当然无法理解这样的理论，在拍打监狱的铁栏时，很久没有听到有人来，刘瑾也思考了庄子这样的问题。他发现浮生若梦。这五年来，他无时无刻不活在美梦中，在这个梦里，他一呼百应，吃香喝辣。现在梦醒了，他还是要面对现实。现实是什么？对此时的刘瑾而言，现实就是一场被关在监狱里的最大的噩梦。他想马上醒过来，所以他声嘶力竭地喊，要见朱厚照。

朱厚照的反应极为迅速，第二天早朝，他就把张永那份奏折扔给内阁，要他们看。内阁受刘瑾控制多年，现在有翻身机会，大呼老天有眼。未被刘瑾笼络的官员和多年来攀不上刘瑾的官员欢呼叫好，赞赏皇帝英明，苍天伟大。但许多时候，往往事与愿违，你越是希望发生什么，就越不会发生什么。你越是对一件事抱有希望，它就越会让你失望。

刘瑾在狱中最大限度地发挥主观能动性，凭借多年来的淫威和实力，他终于把一封狗爬体的信送到了朱厚照手上。信上说，监狱里冷风飕飕却又潮湿闷热，他老人家的关节炎又犯了，所以请求朱厚照能否赏赐他一条毯子。

朱厚照看到刘瑾的信，流下眼泪。多年以来，他和刘瑾没红过脸，他能玩得开心、踏实，全是刘瑾在为他分忧解难。如今，刘瑾在监狱里连条毯子都没有，朱厚照的心情当然相当沉重。

朱厚照的心肠极为慈悲，他可能是朱元璋后裔中，唯一没有沾染上蛇蝎血液的人。他有人性里面最高级的善，特别是对刘瑾，这种善已经达到非理性的程度。

他对身边的太监说，刘瑾这人平时嘴馋，又好虚荣，贪污是人之常情。至于张永说他造反，我现在还是半信半疑。给他送条毛毯去。

张永得知此事后，魂飞魄散。他知道，朱厚照对刘瑾仍有很深的感情，而这一感情足以保证刘瑾不会死。刘瑾可不是省油的灯，他不死，十有八九就是他张永死。宫廷斗争残酷就残酷在这里：如果不能把对手斩草除根，就等着被对手斩草除根。

张公公心惊胆战地去见朱厚照，被他不幸猜中了结局：朱厚照说："刘瑾谋反这事可能是虚传；但他做得实在太过分，所以我决定把他发配南京。"

张永哭成了泪人，说："如果您不信他谋反，那就请抄他的家，看是否有他谋反的证据。"

朱厚照说："抄家是一定的，你们去办吧。"

张永哭道："您必须要亲自到场，看看从他家里都抄出了什么！"

朱厚照说："这事你们看着办就是啦，今天有人送了只大豹子给我，我要去耍耍。"

张永死活不同意，说，现在刘瑾就是一只大豹子。他非要让朱厚照亲自去刘瑾家。朱厚照被缠不过，只好去了。

刘瑾到底有多少财产，从他家里查抄出来的金银珠宝可以提供给我们直接的证据。《明史纪事本末补篇》说，刘瑾的巨额财产共有金子二千九百八十七万两（折合当今人民币2837.2亿元），元宝五百万锭，银八百余万两（合2.59亿两，折合当今人民币526.5亿元，仅此两项合计就高达3363.7亿元）。另外还有宝石二斗，金甲二副，金钩三千，玉带四千一百六十二束。当时，明王朝十年的财政收入也才只有这么多。

正史对朱厚照亲自抄刘瑾的家有这样的写法："朱厚照看到从刘瑾家

中查出违禁武器，还有一块皇帝大印的赝品，又从刘瑾经常拿的扇子中搜出两把匕首，顿时怒火中烧，下令审讯刘瑾。”

其实这是扯淡。违禁品和皇帝大印不可能让朱厚照怦然心动。朱厚照对皇帝这份工作根本就不在意，他是个时刻为自己活着的人，家族荣誉、天下苍生对他而言都是浮云。张永当初跟他说，刘瑾要做皇帝，他居然说那就让他去做，就足以证明这一点。

关于违禁武器，史书上没有记载刘瑾到底都藏了些什么。不过按中华帝国的制度，一把菜刀稍长一点，就可以算是违禁品。独裁帝王和他的政府每天都活在恐惧中，所以对民间持有武器如洪水猛兽。翻看历史，没有一位帝王说过，让百姓持有武器合法。

朱厚照当然也明白，刘瑾那些违禁武器只要随便找个百姓人家，进去一顿严刑拷打，肯定也能找出一把。至于私刻皇帝的大印，朱厚照根本就没有这种法制观念，他重实不重名。让他火冒三丈的是刘瑾居然有那么多钱！

一个基本的算数常识，刘瑾四年时间每天要贪污2亿才能达到这个数字，一天2亿人民币，刘瑾难道开了个印钞厂？所以，刘瑾的贪污款数字值得存疑。

朱厚照想起了一件事，刘瑾总在他面前哭穷，有次还在他面前说应该缩减豹房的开支预算。明面装正人君子，背后却是十足小人。朱厚照说，我要不把他搞死，我还叫人吗？

朱厚照彻查刘瑾的消息马上传播开来，引起群臣大恐慌。应该说，是刘瑾的群臣大恐慌。大山倒了，严重的不是没有依靠了，而是大山会砸到人。

刘瑾没有想砸谁，就在由各个部门组成的审判员联合大会上，刘瑾淫威仍在，他扫了一眼上面的审判员，冷笑道：“你们这群鸟人都是我提拔的，居然敢审判我？”

果然没有人敢审问他。这件事告诉我们，朱厚照的皇权贬值到了何种程度，他亲自下的令，居然没有人敢执行。这些人怕的其实就是刘瑾像从前一样死灰复燃，而能让死灰复燃的只有朱厚照本人。当你拿不准一个人的脾性和行为时，最好的办法就是静观其变。

当时的情景是这样的：刘瑾在下面站着，而不是跪着，围绕着他的是一排桌子，桌子后面坐着一群官僚，这群官僚都是刘瑾提拔的。如果他们敢审问刘瑾，那就是忘恩负义；如果不审，那就是抗旨不遵。但抗旨不遵，顶多挨几下板子，朱厚照这皇帝很慈悲，不会把人搞死。可忘恩负义的代价可就高了。官僚们不约而同地回溯到刘健、谢迁时代。有时候，历史经验就能让人得到智慧。

但这可不是舞台表演，大家都不说话不行动，耗下去显然不是个事。最终，有人鼓足十二分的勇气，站了出来，说："我不是你刘公公提拔的，我是驸马蔡震，我有资格审你吧？"

刘瑾要反驳，但没有什么发狠的话，只好闭嘴。蔡震在公主那里不舍昼夜地受委屈，今日终于发泄出来。先让人抽了刘瑾二十个嘴巴，然后才问话："为何私藏兵器？"

刘瑾实话实说："为了保护皇上。"

蔡震认为这极不合理："那为何要藏在密室？"

刘瑾被问住了，蔡震哈哈大笑，看着众审判官，说："定罪吧，还等什么？"

第二天，监察御史们纷纷上书，数落刘瑾数宗大罪。注意，在所有的上书中，没有人提到刘瑾谋反，这就从反面证明：刘瑾根本就没有想过造反，谋反的罪名是杨一清和张永硬塞到刘瑾头上的。

"诬以谋反"是件法宝，同时也是板砖，只要敲碎刘瑾的权力魔杖，其他事就水到渠成了。

刘瑾在狱中听说监察御史们如此卖力，苦笑道："这些王八蛋居然也反我，看来我不死，盘古开的这片天地就一无是处啊。"

这件事最后的结局就是，刘瑾被判凌迟，凌迟刀数为3357刀，要剐三天，剐出的肉片如大指甲盖般大小。

据说，刘瑾受刑那天，过去被刘瑾诬陷、杀害的人家，纷纷出高价买下从刘瑾身上切下的一小片肉，祭祀被冤死者，甚至有人生吃刘瑾被割成细条和小片的肉，以解心头之恨。

我们固然要对刘瑾这样的人口诛笔伐，但在口诛笔伐前，应该把王阳明的一句话放进脑海："致良知那么容易，为什么就没有人能做到？"

可能王阳明的另外一句话就是这个问题的答案：每个人的"意"动时，都是"私意"，而不是按照良知指引的"诚意"；但也不去管它，让它肆虐发散，久而久之，我们就成了没有良知和不能致良知的刘瑾型人物。

现在，我们正式走进王阳明的心灵战场，看看他用心学创造的天地吧！

第三章 终极武器：致良知

1516年，王阳明走向战场，开始光芒万丈。他用兵如神，所向无敌，使用的武器只是致良知。这是王阳明的终极武器，也是我们每个人的终极武器。所不同的是，王阳明知道如何使用这种武器，而很多人却不知道。

第一节：用“知行合一”破山中贼

（一）

朱厚照在位的第十一个年头（1516年），中央政府突然想到了王阳明。王阳明如同在垃圾堆里被重新发现了一样，马上被任命为都察院佥都御史。这是一个都察院中的二等职位，不能体现王阳明被发现的价值。他的价值真正被体现在下面这个职务：南赣巡抚（巡抚江西南安、赣州，福建汀州、漳州，广东南、韶、潮、惠四府，及湖广郴州桂阳县）。职责就是：剿灭他所巡之地的土匪。

剿匪这种事，王阳明从前连想都没想过。在大众印象中，王阳明是个坐在清风徐来的书桌前写诗歌的老书生，或是在青山绿水间羽扇纶巾笑谈学问的哲学家。让这样的人去和大口吃肉大碗喝酒杀人不眨眼的土匪打交道，和送死毫无二致。

太多的人为王阳明捏了把汗，更为推荐王阳明的国防部部长（兵部尚书）王琼捏了两大把汗。王琼听到这样的担心后，笑而不语。他和王阳明是老相识，而且和王阳明探讨过学问。王阳明的泰然自若给他留下了深刻印象，所以当江西南部土匪日益猖獗时，他毫不犹豫地推荐了王阳明。在他看来，王阳明自从龙场悟道后，也需要这样的机会验证自己的心学理论。

可无论如何，有人还是认为王琼有点急火攻心，把王阳明推向火坑。江西南安、赣州，东接福建，南连广东，西临湖南，是四省要区，而且山险林深，是盗贼滋生的极乐世界。各种各样的豪杰人物纷纷登场，横水、左溪和桶冈有谢志珊，据浰头三十八寨的池仲容，大庾岭的陈曰能，乐昌的高快马，郴州的龚福全，据守福建象湖山的詹师富等等。

这些以身犯险的豪杰人物经常攻城拔县，官兵来了，他们散；官兵走了，他们重新聚集，搞得四省的地方官除了咒骂外，别无他法。最后，四省官员谁都不愿意出兵出力，这块地方的巡抚自然好不到哪里去：要么是莫名其妙地横死，要么就是推脱有病，希望政府把自己调出去。

如此说来，把南赣看做是恐怖世界并不为过。到这里剿匪，如同把一个手无寸铁的人扔进狼窝，没有任何力量可以依靠，所能依靠的只有自己。

王琼说，这就是我推荐王守仁的原因，因为他的心学就是依靠自己而存活的学说。王琼同时还说了一句禅语：“南赣土匪是为王守仁而生，为王守仁而灭。”

王阳明临去江西前，许多人为他送行。他的一位朋友说，老王此番前去，必定立功。另一位朋友问，为什么。回答：“当他安静时，我用各种语言，包括谄媚的和恶毒的去触动他，他居然纹丝不动。”

这种“纹丝不动”可能就是传说中的“淡定力”。用心学的语境说，“淡定力”就是未遇事时的心和遇事时的心是一个心，这就是淡定力。在我们身边有很多人，如王阳明所说的那样，平时自诩内心超级强大，但一遇事就傻眼，这就是伪淡定。

王阳明那位朋友想激怒王阳明，就是想让王阳明的心动，如果我们的心总是被外物所动，那心就已不自主，到了这一地步，我们的心就非常脆弱，就连外人言语上的刺激都无法承受。

王阳明的弟子曾问过他这样一个问题："孔子可是大圣人，为什么还不能避免毁谤？"

王阳明回答："毁谤自外来。虽圣人如何免得？人只贵于自修，若自己实实落落是个圣贤，纵然人都毁他，也说他不着。却若浮云掩日，如何损得日的光明？若自己是个像恭色庄、不坚不介的，纵然没一个人说他，他的恶慝终须一日发露。所以孟子说'有求全之毁，有不虞之誉'。毁誉在外的，安能避得？只要自修何如尔。"

由这段话我们可以清晰地认识到，王阳明心学并非是精神鸦片式的心灵励志成功学，因为也有心学不能主动可以解决的问题。但是，王阳明给出的解决方法，却非常有效。他的意思很简单：注重自己的修养，如果自己实实在在是个圣贤，纵然人们都毁谤他，也说不倒他。好比浮云蔽日，怎么能损害太阳的光明呢？可反过来，如果自己是个外貌端庄恭敬、内心空虚无德的人，纵然没有一个人说他坏话，他潜藏的恶也总有一天会暴露。所以孟子说："有意料不到的赞扬，也有过于苛刻的诋毁。"毁誉来自外面，怎么能逃避？只要能够修养自身，外来的毁誉又能怎样呢？你们只需要怀个"避世而内心无忧，不被任用而内心无烦闷"的心，依这种良知忍耐去做，不管人嘲笑，不管人毁谤，不管人荣辱，久久自然有得力处。一切外事亦自不能动。

面对外来的"触动"（毁谤），王阳明告诉我们，不要去辩驳。辩驳的时候，其实是愈描愈黑。完全可以让他去说，他说累了，毁谤自然就停止了。因为找不到目标，就像一个拳师出拳一样，每次都打到空气中，打累了，他也就没有兴趣去打了。

毁谤原本是外来，不在我心上，你如果真要把它挪到心上，也必须是把它当成反向激励。王阳明说，人如果用功致良知，那随人毁谤，随人欺谩，处处得益，处处是进德之资；如果不致良知，总盯着外面，那就是魔，终被累到。

世界上有些人一触就动，一碰就火，全是因为不能自修的缘故。试想，别人一骂你，你立即大发雷霆；别人一碰你，你立即火冒三丈，永远都被外物牵累着，叫你跳你就跳，叫你爬你就爬，和木偶又有什么分别？

淡定力的培养并非一朝一夕，但如王阳明所说，只要你肯立下做圣人的志向，遇事多向自己的良知请教，就能培养出超级的淡定来。

而这种淡定必须要到实践中去检验，也就是知行合一。那位王阳明的朋友肯定检验了王阳明多次，才说出了那句“此番前去必定立功”的预言。

下面，我们就看王阳明如何来实现这个预言，来知行合一的。

（二）

王阳明到江西赣州上任，走的是水路。到万安县上岸休息时，王阳明听到附近的商船主人说，前方水域极不太平，走十次要被海盗劫九次，还有一次被海盗追得狼狈不堪。但商人们无路可走，必须要走这条路。所以在靠近这块水域前就准备好金银和粮食，孝敬海盗们。

王阳明就对商人们说：“我是新到赣州去上任的省长。”商人们并不高兴，因为王阳明没有军队。王阳明说：“我这是按中央政府的规定，新官上任，无论级别有多高，都不许带军队。但我有智慧啊。”

王阳明的智慧就是，假假真真。

他要商户们把商船在外表上改装成官船，王阳明的船在最中间，几个跟班敲锣打鼓，行进在水面上。到了商人们谈虎色变的地方，王阳明说，要有海盗！于是，真就有了海盗。

一批如离弦之箭的扁舟突然出现在官船面前，几个胆小的商人马上浑身发抖。王阳明走出船舱，命令把船开到海盗船前，向他们喊话，说自己是新上任的江西南部省长，并且质问海盗为什么要挡住他的去路。

海盗们自从参加工作以来，从来没听过这样大的官，就在船头跪下叩头，解释他们的行为是逼不得已。因为他们的家乡闹土匪，为了不想和他们同流合污，就跑出来求生存。但他们忽然发现在这个国家奉公守法地生存比盘古开天地还难，所以就干起了海盗的营生。

王阳明义正词严地告诫他们，抢劫不但违法，而且不是长远之计，抢劫只是一种冲动，不是事业。“你们现在就回家去等着，我到任后马上着手解决你们的问题。”

君主专制社会，草民要和大官对上话，比登天还难。如今，大官主动和草民对话，使得海盗们感激得痛哭流涕，根本没想过站在船头的那个官场大家伙王阳明是否言行一致，居然真的让开一条路，王阳明就这样有惊无险地到达了赣州。

赣州属于四省（江西、福建、广东、湖南）交界处，这种区域很让人头痛。因为是四省交界处，有人在江西犯了案，一路小跑很快就能进福建地界。这种案子，江西不愿意管，福建当然也不愿意管。久而久之，各省的地方官都把这种地界看成是别人的事，所以谁都不管，自然也就比其他地方乱。赣州、南安出土匪，还有一个地利因素：到处是崇山峻岭，洞穴丛林密布，空气中飘散着毒气，娇气的人如果到这里，活不了几天。道路不通，导致运输困难；运输困难，导致大规模的军事行动往往半路夭折。所以这里是“革命”家们的乐园，自然，也就成了政府深恶痛绝的地狱。

王阳明初到赣州，立即践履“知行合一”理论。

他从政府剿匪档案中发现了一件吊诡的事：每次官军进山剿匪都徒劳无功，官军无能人所共知；但那些山贼的智商也高不到哪里去，如果真有精英人物，他们何必蜷缩在深山老林中受毒虫之苦？剿匪档案还显示，官军一到，山贼们似乎未卜先知。官军的作战计划和行军路线，他们了如指掌。王阳明认为，世界上没有未卜先知的神仙，只有身在曹营心在汉的鬼。

世界上只有两样东西不太容易找，一是掉进大海里的针；二就是内鬼。想要找到大海里的针，王阳明没有办法；但找内鬼，王阳明有智谋：引蛇出洞。

他在几天的观察中确定目标。目标是一个群体和一个人。一个群体就是政府门口那些算命的；一个人就是政府的一位老公务员。

引蛇出洞的前戏是打草惊蛇，王阳明开府办公才几天，就急吼吼地召集全体地方官开军事会议。在会上，他信誓旦旦地说就在明天早上剿匪，并且还提醒大家早点起床。可第二天，所有官员都在大厅里等候，直到中午，王阳明才哈欠连天地出来说，今天不剿了，昨天思考问题失眠了。并且又跟大家约定明天剿匪，可以不必这么早，中午之前集合就好。第三天，大家三三两两地来了，发现王阳明在办公桌上睡觉。有人小心翼翼地叫醒他，他睡眼蒙眬地说，今天起得有点猛，现在还没有休息过来。他又跟大家约定，明天一定要剿匪，而且还给每人一份作战计划。可第四天天还没有亮，王阳明的跟班就去敲各位官员的门，说，王大人说了，今天不宜出行，改日再议。

官员们哭笑不得。王阳明心里却乐开了花。这几天的频频失约中，王阳明的亲信们不分昼夜地盯着那些嫌疑人，赣州城中鸽子乱飞；算卦的在门口突然消失；那个老公务员忙碌非常；手掌上经常有墨迹。

对付算命的，王阳明的方式是，驱赶他们离开政府门口；对付那个老公务员，王阳明必须要和他面对面谈谈人生。

王阳明和那位老公务员坐得很近，先是谈着闲话，王阳明突然就发问："你最近这三天很忙碌？"

老公务员面色不变，应该是受过多年非良知训练的人，眼都不眨，马上回道："老爷新来，凡事都要从新准备，自然忙碌，都是卑职该做的。"

王阳明说："有空的时候应该思考，宇宙如此之大，我们立在此间，就要做一个伟大的人。"——人须闲时思量，宇宙之间如此广阔，吾立身其中，须大作一个人。老公务员回答："我都这么大岁数了，只要有个好工作，有个好家庭，就很好了，圣人不是我这辈子考虑的事。"

王阳明问："现在很好吗？"

老公务员答："很好！"

王阳明冷笑一声，突然拍案而起："你做的事，我已了如指掌，你是盗贼的卧底，你今天是要死还是要活？"

老公务员一直绷紧的神经终于断裂，扑通一声跪在地上，连喊饶命。

王阳明叫他起来，让他将功赎罪："你就当个双重间谍吧，以后，盗贼的事，无论大小，一定要向我汇报！”

老公务员汗流浃背，暗暗发誓一定要做好这份双重间谍的有前途的工作。

清理掉内部的毒瘤后，王阳明制定了“十家牌法”，目的是断绝土匪的退路和杜绝土匪患之源。十家牌法规定，十家为一牌，开列各户籍贯、姓名、年龄、相貌和行业。日轮一家，沿门按牌审察动静，遇有面目生疏之人，形迹可疑之事，马上报告官府究治明白。如有隐匿不报，十家连坐。实际上，它的作用就是相当于用居民委员会监控住户，让每户一日一汇报当天的行为，来往人员的情况，一户出问题，十家就要共同承担责任。说白了，就是让人人都成为告密者。告密这种事历来被儒家所唾弃，孔子的一位弟子对老师说：“我们老家有个儿子告老子，原因是老子偷了羊。”孔子暴跳如雷，说：“我们老家可不是这样的，父亲要为儿子隐瞒事情，儿子要为父亲隐瞒事情。”王阳明是孔门中人，居然鼓励人家告密。这肯定会被那群腐儒破口大骂的。但王阳明是个善于变通的人，从不执一，不被外在的束缚和规则所牵绊。所以他发牌时所写的通知书说：我岂忍心以狡诈待尔等良民，只是为了革弊除奸，防止通匪，不得不然。当然，最重要的是，确保你们的安全。

有了十家牌法，土匪就不能衣锦还乡，更不能落难后而把家当成避风港。同时，十家牌法也禁绝了很多想要去当盗贼的人的心。

王阳明当然明白，“十家牌法”只是维稳，是防守。要想彻底剿灭土匪，必须要进攻。要想进攻出成果，必须要有一支强悍善战的军队。明王朝有军队，但明王朝的军队除了缺战斗力外，什么都不缺。中央政府曾对南赣区域进行多次剿匪的军事行动，每次都以失败告终，就足以证明明王朝的正规军已不能用于战场。

王阳明不会用这样的正规军，它除了给百姓带来灾难外，一无是处。他决定亲自挑选符合条件的壮丁，组成一支民兵队伍。他下令江西、福建、广东、湖南四省的军区，挑选出七八十个骁勇超群、胆力出众的勇猛之人，组成精干的特种部队。而费用则从各属商税和平时没收的赃款罚款中支出。如果真要对盗贼动手，那么不必出动大军。每省出兵有限额，不得超过五百，这五百人分成两拨，三分之一的人出去拼命，另外的人留守训练，做预备队。

如果这是开战前的备战，那王阳明的备战工作几近完美。备战完成后，王阳明向匪群望去，一眼就看上了福建漳州一带的詹师富。

（三）

在詹师富的那些同行眼中，老詹总是霉运当头。明王朝中央政府每次对南赣区域进行军事剿匪，第一个揍的都是老詹。从老詹的眼中看去，政府正规军每次都来揍他，的确让他恼火。但被揍的次数一多，他就明白了为什么政府军总是拿他先开刀。

他当土匪时鬼使神差地选择了漳州。等地盘做大了才发现，这鬼地方无险可守，而且离江西省长的办公地赣州特别近。稍有点战略头脑的人来剿匪，肯定都先会揍他。由于离赣州近，所以要"远交近攻"；又由于无险可守，所以想揍扁他，方便搞个开门红。

不过，正因为总是被揍，詹师富的武装在战火中茁壮成长起来，每经一次战役，就比从前茁壮一分。王阳明知道，老詹有风险，打他要谨慎。

这是王阳明有生以来第一次准备进入他从来不熟悉的战场，第一次面对骁勇善战的对手。他居然从容不迫，游刃有余地进行他的战略计划。首先，派出被他驯服的双重间谍，要他们放出消息，先打江西的横水、桶冈，绝不动福建的詹师富一根头发。

詹师富最近总收到新来的王大人要剿匪的情报，可没有一次靠谱。这一次，他认为也不靠谱，因此没有认真准备。也许他想的是，王大人只是虚张声势，或许过几天就打道回府了。

王阳明从来没有打道回府的意思，就在詹师富胡思乱想时，王阳明的民兵部队突袭詹师富的控制区长富村。詹师富的武装和王阳明的民兵部队一经接触，立即溃败，在丢下432颗人头后，狼狈逃到象湖山拒守。

象湖山今天称为湖山，位于福建永定县与广东平和县、大埔交界处。象湖山地形险要，可能是詹师富根据地唯一有地理优势的地方。当然，他的大本营也在这里。王阳明的民兵部队人数极少，能取得长富村大捷，全靠突袭。但他不能突袭象湖山。在围困过程中，王阳明的部队发起几次意义不大的冲锋，小有伤亡。恰逢广东和福建等地的地方部队前来支援，王阳明正准备发起决定性进攻时，詹师富的援军突然杀到，象湖山里的土匪也趁势从高处杀出。王阳明在近身肉搏战中身中两枪，虽然未伤筋骨，但土匪的凶悍却使他印象深刻。

王阳明被迫撤退到赣州，当他发现自己处于绝对安全时，用致良知的方式寻求对策。思考很久后，他认为这次的"知行合一"有点鲁莽。广东的特种部队狼兵还未到达，他就对象湖山采取行动，这就是拿士兵的生命当儿戏。他手下的军官建议说，还是等援军来了再说吧。先撤退。

王阳明说出了他的用兵奇谋："用兵应随时机，战场上瞬息万变，哪里有什么援军不援军的。我们刚吃了败仗，当然知道自己的力量不够；但敌人也知道我们的力量不够，因此他们会认为我们力量不够而不会进攻，所以这个时候，正是我们进攻的好时机。"

这就是心战，天下一切事情都是双方的心理战。谁心中那块良知之镜洁净，谁就能照射到对方的弱点，发出致命一击。王阳明的良知之镜能照到对方的灵魂，但对方却只能照到王阳明的外形。

于是，王阳明让人散布说，现在正是春暖花开之时（当时是阴历二月），不适宜动刀兵，还是等秋天肃杀之季卷土重来。

为了表示自己真的决定打道回府，他举行了一场特别的送行大会，官兵们互相祝贺长富村的胜利，也哀悼那些在象湖山战场死去的亡魂。詹师富很快就得到消息，王大人要撤退了。他仍然没有丝毫的反应，因为他经历了太多这样的事。所有来剿匪的人开始都慷慨激昂，但一见到流血，马上就噤若寒蝉，灰头土脸地走了。詹师富甚至还想过要化妆一番去观赏一下王阳明的送行大会。

象湖山的警戒松懈了，土匪们开始杀羊宰猪，载歌载舞，庆祝他们的胜利。王阳明则开始小心翼翼地布置战场，他兵分三路，第一路是善于飞檐走壁的特种部队，第二路和第三路是重装甲兵。三路齐头并进，摸到了象湖山，在约定进攻时间到来时，如神兵天降。特种部队夺取了象湖山最难攻克的关卡，重装甲兵随后冲进象湖山，其中一路直奔詹师富的老巢。在詹师富老巢附近，双方展开惨烈搏杀。王阳明的民兵部队像打了鸡血一样，以一敌十，杀声震天。最终，詹师富在最后一刻放下了武器，但他没有保住性命，王阳明命令，将其就地正法。

詹师富是漳州土匪的精神领袖，他一死，漳州各处的土匪不堪一击，四十三个大小据点被王阳明以狂风扫落叶之势一举荡平，从二月用兵到四月终结漳州土匪，不过三个月。这是王阳明第一次面对血肉横飞的战场，他的表现令人赞叹和震骇。

从漳州之役来看王阳明，他的战术精灵古怪，真真假假、虚虚实实成了他的招牌动作，而突袭更为这一动作锦上添花。由此，他在战场上形成了自己的风格，这种风格无法学到，因为心学讲究的就是运用之妙，存乎一心。什么时候该虚，什么时候该实，可能连王阳明本人也没有事先筹划，只是因为形势发展到那一步，他才用到那一步。

也许有人会说，“知行合一”就该是实实在在的。但在变幻莫测的战场，真正的知行合一就是虚虚实实的。只有如此，才能保存自己，才能验证知行合一的正确。

（四）

在解决了詹师富后，王阳明把目光投向了广东乐昌和龙川的土匪。这里的匪患虽然没有漳州猖獗，但也是相当活跃。“知行合一”理论曾要求王阳明亲上战场对付詹师富，但现在，这种理论要求他可以用良知的力量来对付广东的土匪。对詹师富不得不动用武力，是形势使然。那是他王阳明的第一场战役，他必须要知行合一地练兵；况且，詹师富这人良心大大的坏了，每次正规军来剿匪，他都是顽强抵抗。对付这样的人，必须要杀鸡儆猴。但对广东乐昌和龙川的土匪，就不必如此。先来软的，拂去他们良知上的尘埃，如果他们希望自己的良知有污垢，那再采取军事行动也不迟。

一篇《告谕巢贼书》的传单很快就在王阳明的笔下出炉了。在这封给土匪的传单中，王阳明以"人人都有良知"为人性理论，推心置腹，循循善诱，终于使这封书信成为超级强大的一封信，胜过千军万马。信是和牛肉、酒、银子以及布匹一起送到土匪龙川的瓢把子（匪首）卢珂、郑志高那里的。二人展开信，王阳明先给这些盗贼一个下马威：

> 本官以弭道安民为职，一到任就有良民日夜来告你们的，决心征讨你们。可是平完漳寇（詹师富），斩获七千六百余，经审理才得知，首恶不过四五十人，党恶之徒不过四千余，其余的都是一时被威逼，惨然于心。因想到你们当中岂无被威逼的？访知你们多大家子弟，其中肯定有明大理的。我从来没有派一人去抚谕，就兴师围剿，近乎不教而杀，日后我必后悔。所以，特派人向你们说明，不要以为有险可凭，不要觉得你们人多势众。比你们强大的都被消灭了。

然后是心学的智慧运用：

> 若骂你们是强盗，你们必然发怒，这说明你们也以做强盗为耻，那么又何必做强盗呢？若有人抢夺你们的财物和老婆，你们也必愤恨报复，将心比心，你们为什么又抢别人的财物和老婆呢？我也知道，你们或为官府所逼；或为富人所侵，一时错起念头，误入歧途。此等苦情，甚是可悯。但是你们悔悟不切，不能毅然改邪归正。你们当初是生人寻死路，尚且要去便去；现在改行从善，死人寻生路，反而不敢。为什么？你们久习恶毒，忍于杀人，心多猜疑，无法理解我无故杀一鸡犬尚且不

忍，若轻易杀人，必有报应，殃及子孙。

但是，若你们冥顽不灵，逼我兴兵去剿，便不是我杀你们，而是老天杀你们。现在若说我全无杀你们的心思，那也是忽悠你们。若说我必欲杀你们，可不是我本意。你们还是朝廷赤子，譬如一父母同生十子，二人背逆，要害那八个。父母须得除去那两个，让那八个安生。我与你们也正是如此。若这两个悔悟向善，为父母者必哀怜收之。为什么？不忍杀其子，乃父母本心也。

你们辛苦为盗，刀口上过日子，可利润有多少，你们自己知道。你们当中也有衣食不充者，何不用为贼的勤苦精力来用之于种地，做个小买卖，过正常的舒坦日子。何必像现在这样担惊受怕，出则畏官避仇；入则防诛惧剿，像鬼一样潜形遁迹，忧苦终身，最后还是身灭家破。何苦来哉？

我对新抚之民，如对良民，让他们安居乐业，既往不咎，你们已经听说。你们若是不出来，我就南调两广之狼兵；西调湖、湘之土兵，亲率真大军围剿你们。一年不尽剿两年，两年不尽三年，你们财力有限，谁也不能飞出天地之外。

不是我非要杀你们不可，是你们使我良民寒无衣、饥无食、居无房、耕无牛。想让他们躲避你们，他们就失去了田业，已无可避之地；让他们贿赂你们，家资已被你们掠夺，已无行贿之财。现在我送去的东西不够你们大家分，你们都看看我这篇告示吧。我言已无不尽，心已无不尽。如果你们还不听，那就是你们辜负了我，而不是我对不起你们，我兴兵可以无憾矣。民吾同胞，你们皆是我之赤子，我不能抚恤你们，而至于杀你们，痛哉痛哉！走笔至此，不觉泪下。

这是一封稍有良知的人都无法拒绝感动的信，卢珂、郑志高为之深深动容，没有任何条件地带领自己的人马归顺了王阳明。

龙川附近大庾岭的陈曰能铁石心肠，对王阳明的书信无动于衷。王阳明只好对他采取军事行动，但他用的不是自己的民兵，而是卢珂、郑志高的土匪部队。这是以贼攻贼的战术，往往百试百灵。因为贼最了解贼，用贼去攻贼，等于是让一个人内心反省。他能反省到达的一切就是对手的一切。两个月后，卢、郑二人不负所望，圆满地完成王阳明交给的任务。陈曰能被杀，他的所有巢穴被卢、郑二人一把火烧了个干净。

火光熊熊，烤的江西横水瓢把子谢志珊心惊肉跳。有消息说，王阳明的下一个目标就是他。谢志珊盘踞横水多年，在他的自我宣传单上印着“征南王”三个大字。当地土匪圈子里，谢志珊是大佬级人物，“征南王”虽然名不副实，但他的确比其他土匪高明许多。比如王阳明荡平漳州詹师富时，谢志珊就开始在根据地制作吕公车。吕公车是一种大型攻城器械，车起楼数层，内藏士兵，外蔽皮革，以牛拉或人推，可在没有任何伤亡的情况下“走”到敌人城下；因与城同高，可直接攀越城墙，与敌交战。

也就是说，谢志珊在攻击即将到来时居然制造攻击的武器，他的战略思想是准备先发制人，攻击城市，给王阳明来个始料未及。为了实现这一“反守为攻”的战略计划，谢志珊还找了许多存活着的土匪同行开会，可他的计划立即被否了。在太多的人看来，大难之下，能保住老窝就已谢天谢地，还要冒险去攻城，谢志珊要么是白痴，要么就是被魔鬼附体了。

不知道什么原因，谢志珊本人也放弃了这个计划。当王阳明平定龙川、扫灭大庾岭后，谢志珊立即暴露在王阳明战略的光天化日之下。

王阳明要打谢志珊时，有人认为应该先打桶冈，因为这地方的匪患最厉害。王阳明反对说，从地理位置而言，以湖南为角度，桶冈是盗贼的嗓子，而横水是心脏；可站在江西再看，横水还是心脏，而桶冈只是翅膀。如果我们不去心脏上捅一刀，却去拔毛，这是不往关键处用力，只去无关痛痒的外部用功。现在我们再说说形势，横水的敌人见我还没有集合兵力，以为我们不会对其采取行动，他们一定以为我必先去打桶冈，正准备看热闹呢。所以，我们正应该趁他不备，先下之，然后挥师桶冈，两地即可一鼓荡平。

众人都说这是妙计，但该如何来践履。王阳明如法炮制：突袭。

他先派出四百余人化妆成盗贼和找盗贼工作的人混入谢志珊根据地埋伏起来。然后，在约定的时辰，主力攻击部队从山谷敲锣打鼓地推进。谢志珊见官军很少，于是出门迎战，那些之前埋伏的官军立即跳出来，举着旗大喊："胜利啦！"喊完之后，就把谢志珊的旗帜抢到手，以疾风暴雨之势冲进谢志珊的巢穴，插到最高处。谢志珊的武装人心大颤，顿时失去抵抗。谢志珊本人也在逃跑途中被活捉。

王阳明对其进行了短暂的审讯。王问："你是如何做大的？"

谢回答："挺难。"

问："怎么难？"

回答："平生见世上好汉，断不轻易放过；多方勾致之，或纵之以酒，或帮他解救急难，等到相好后，再吐露实情，无不应矣。你说难不难？"

听完谢志珊的话，王阳明沉思了一会，然后叫人把谢志珊处决。后来，王阳明对弟子们说："我们一生求一个同道中人，和谢志珊召集盗匪，好像没有太大区别吧。"

无论谢志珊还是王阳明，都说中了一个道理：交友一定要用心。王阳明说，心即理。你真有心交一个朋友，肯定就会有一个交朋友的道理在。这个道理可以使你为朋友的危难两肋插刀，为朋友高兴而高兴，为朋友的痛苦而痛苦。虽然这个道理表现出种种形式，但它就是一个道理，就在你心中。

（五）

在刀光剑影的横水战场，王阳明给他的弟子写信说："破山中贼易，破心中贼难。剪除山间盗贼易如反掌，不必引以为傲。大丈夫真正的伟业不在外而在内，如果诸位能扫荡心腹之寇，以收廓清平定之功，才是盖世之功。"

王阳明认为，"山中贼"来自心外，只要你的心不动，外部的贼很容易就会被祛除。但"心中贼"却在我们心内，过分的欲望是心中贼；不必要的愁苦焦虑是心中贼；甚至我们枯坐不去事上磨炼都是心中贼。要把这些贼祛除，非下苦功不可。真正能把这些贼祛除的人，就是建立煌煌伟业的大丈夫。也就是说，人生的终极意义在内而不在外。在外建功立业，只是时势到来，恰好遇上而已。一个人如果良知明白，破外部的山中贼这种功业水到渠成。但前提必须是，要有破心中贼的勇气，并且能坚持到底，彻底扫荡心中所有的贼，以使良知重见天日。

从横水战场上下来后，王阳明进行了短暂的休整，兵锋立即指向桶冈的蓝天凤。

和其他土匪首领一样，蓝天凤也做了很多恶事，而且良知被尘埃遮蔽，他的人生昏天黑地。不过蓝天凤和其他土匪还有不同之处，就是他胆子比较小。胆子小的人固然没有良知，可由于遇事先矮三分，如果有高人指导，那他恢复良知的愿望会比较强。

王阳明派遣亲信去说服蓝天凤，要他缴械投降。同时小心地提醒他，王大人很能打，你也有所耳闻。王大人是个言行一致的人，只要你投降，一切都好说。

蓝天凤知道王阳明战无不胜，更有自知之明，不是王阳明的对手。他前一天晚上决定投降，而且把退休后的去处都想好了。可第二天从床上醒来，不知被什么鬼怪附体了，突然把王阳明派来的人斩首，宣称要和王阳明一决高下。

世界上正是因为有蓝天凤这样糨糊脑袋的人才显得异常热闹。王阳明得到消息后，立即对桶冈发动突袭。

如果换一个土匪头子来守桶冈，王阳明没那么容易成功。桶冈四面绝壁万仞，一夫当关，万夫莫开。中间土地肥沃，气候宜人。蓝天凤以农民特有的犀利眼光选择了这块地方，就是为了长期生存，他带领手下开荒种田，多年来积攒的粮食足够他的人吃上十年。也就是说，只要蓝天凤略有头脑，坚守桶冈，就能让对手求战不能，最终会因为缺少粮食而撤退。王阳明突袭时，蓝天凤笨鬼附体，居然大开寨门，和王阳明那在血腥中成长的民兵部队短兵相接。结果很好预料，他的人溃败后撤进寨中时，被王阳明的部队抢了先，桶冈陷落。蓝天凤被活捉，斩首。

江西土匪被彻底荡平，现在，广东三浰一带的池仲容不得不硬着头皮面对王阳明。一场没有硝烟的心理战正式开场。

（六）

如果非要从南赣区域的土匪帮中找出一位智勇双全的人，那必然是池仲容。池仲容的人生路线图是那个时代政治腐败的温度计。詹师富、蓝天凤，包括投降的卢珂等人等同于梁山上的晁盖、宋江一类人物。没有人逼他们造反，他们的造反是自己的职业选择。而池仲容却是林冲类型的人物，是货真价实被逼上梁山的。

池仲容穷苦人出身，给地主家种地勉强活命，偶尔上山打猎，但付出和回报无法成正比。不过在深山老林里和野兽们的斗智斗勇，让他练就了一身本领，使他能在任何危机时刻从容不迫。明王朝时，给地主家种地只能有一个结果：永远无法偿还的债务。池仲容的老爹因为无法还债，被地主抓走，不但抄了池仲容四壁空空的家，还把池仲容揍得鼻口蹿血。池仲容气冲斗牛，召集那些无时无刻不在受地主和地方政府欺压的百姓，号召他们把命运掌握在自己手中，于是，造反开始了。

池仲容靠着勇猛和心机，还有必不可少的运气，很快就组建了一支虽然简陋但却士气旺盛的武装部队。最开始，他的活动区域在县城周边，很快就发展到中心城市。地主和贪官是他们的主要掠夺和杀戮的目标，政府正规军也拿他们毫无办法。

池仲容在当了一段时间流寇后，突然警觉，发现必须要有根据地才好。放眼望去，他相中了广东和江西边界的三浰一带，根据地就设在浰源山。浰源山属于原始森林，即使在今天，也是人迹罕至。在几百年前，除了山精树怪把那里当成乐园外，很少有人喜欢那里。正是因为渺无人烟，所以很容易被开拓，因此有着重要的军事地理价值。

池仲容凭借和野兽打交道的经验，很快就把势力拓展到无以复加的境地。几年之内，池仲容的武装部队达到一万多人，他自称“金龙霸王”，下设了元帅、总督、总兵等职，据守上、中、下浰头38个寨。

池仲容有理想，有抱负，用王阳明的话说，这种人肯立志，但却不是圣人之志，而是山大王之志。在王阳明到来前，池仲容和周边的土匪头子经常搞联谊会，在这种会上，他总能成为焦点人物。他有想法，不但把抢劫作为工作的重心，而且还喜欢攻击政府机关。也就是说，当别人喜欢当山中老虎时，池仲容已经把自己当成一只下山的猛虎。王阳明初到赣州时，池仲容就用一支奇兵突袭信丰城，把当地的守军打得落花流水。王阳明在给当时中央政府的信中特意提到此事，要求中央政府严厉处置守军的将领。由此可看出池仲容这次突袭的严重。

王阳明在扫荡其他土匪时，从未把池仲容放在脑后。那封动人心弦的《告谕巢贼书》发出时，王阳明特意嘱咐要照顾池仲容，多给了他几份。他看完信后，着实动容了一会，但他马上理性地意识到，这个时候动心，很不好。所以，他对手下说：“咱们做贼不止一年，官府来招降也不是一次两次，有人投降了，还不是被杀了。所以，我们要静观其变，不能因为别人的一封信，就方寸大动。”

池仲容所谓的静观其变，其实是坐山观虎斗，看看王阳明能披荆斩棘到哪里。在他看来，王阳明几乎寸步难行。可当王阳明势如破竹，几乎是一鼓作气荡平所有土匪时，池仲容才突然发现，自己是多么的孤独，王阳明是多么使人心惊肉跳。

所以当王阳明站在桶冈，昂首阔步向他的地盘走来时，他马上放下傲慢，让他的弟弟池仲安和王阳明谈判归降事宜。当然，他的傲慢只是人格的一面，另外一面，他抓紧战备，准备把自己的地盘筑成铜墙铁壁。

王阳明说，世界上很多好人和很多好事都被傲慢毁掉了。一个人傲慢，就会太自以为是，把别人都当成白痴，如此一来，他看到的客观世界就扭曲变形，其实全是他的主观映射。一个傲慢的人永远活在自己私欲欣欣向荣的野草堆里，看不到外面的世界，以为野草堆就是整个世界。

现在，池仲容就拥有这样的人性弱点，王阳明的使者到他的地盘视察时，发现戒备森严，不禁惊讶，说："你不是要投降吗？为何要如此戒备？"

池仲容把王阳明想成了白痴，说："卢珂和我有宿怨，他现在弃暗投明，我听说他在加紧训练军队，可能是要来打我，我不能被动，所以必须要防备。"

几天后，王阳明给他回信说，我已经训斥了卢珂，他表示要和你冰释前嫌，你可否来我这里一下？

池仲容不相信王阳明在说实话。但他的人捉住了王阳明的一位使者，那位使者身上有封信，信是王阳明写的，收信人是卢珂。信的口气很严厉，要卢珂速来，听候处罚。而且还威胁卢珂说，如果你不来，我就去揍你。

同时，池仲容又接到情报，王阳明的部队正在伐木开道，路线正是卢珂驻军地。于是，池仲容大脑混乱了，他不知是该相信王阳明，还是不该相信。相信王阳明，他能找出一百个理由，但不该相信王阳明，也能拿出一百个依据来。

事情一目了然，人最容易做出判断，但情况朦胧不明时，人如果要做出判断，则需要智慧和阅历，还有强大的内心。内心不为外物所动，坚持自己良知判断，就能得出结论。但池仲容做贼心虚，良知摇摆不定，陷入混乱的漩涡中，不可避免。

《船夫日记》的作者伊姆莱说过这样一句话：在这个世界上，无论你相信什么，还是不相信什么，你都会死去。

现在，池仲容已被这条咒语所诅咒，他无法回避，也无法解决。当他怀疑王阳明那些眼花缭乱的动作时，他的心已被王阳明掌控。

池仲容想出的唯一一招，就是再派自己的弟弟池仲安接近王阳明。格言不是说了嘛，眼见为实。

池仲安见到王阳明后，还未聊几句，就看到卢珂来了。卢珂早已来了，而且把池仲容不肯归顺的情况向王阳明作了报告。

王阳明就对卢珂说，我们需要联袂主演一出戏，演给即将到来的池仲安看。卢珂问："我的角色是什么？"

王阳明回答："没有台词，只用肢体语言。我当着池仲安的面揍你三十军棍，你先去准备道具。"卢珂穿了个东北大棉裤，就在池仲安面前趴在地上，被王阳明揍了三十军棍。

棍子横飞，卢珂哇哇大叫，就在这杂音四起中，王阳明对池仲安说："这小子诬告你哥俩，我现在惩罚他，你若觉得他玷污了你哥俩的真诚，我可以给他再来三十棍子。"

池仲安急忙制止，如果眼见为实，那他真是见识了王阳明的真诚。回到老巢后，他把所见的一切都告诉了哥哥。

池仲容还未来得及思考这件事背后的玄机，王阳明的信就来了。信中说，心学就是教人自尊的学说。我说过心即理，天理就在你心中，你认为什么是对，什么是错，别人不能干涉。所以人人心中都有个做人和做事的道理。于是，人人都是圣贤，圣贤就有傲人的资本，就有自尊的信念。你如果认为我招降伤了你的自尊，你大可不必这样理解。你我有同样的心理，就是为一方百姓开太平。如果你想明白了，就来我这里。我就在城外"小溪驿"接待你，你不必进城，我不带军队，如何？

池仲容不认为这里有诈，但绝不认为这是王阳明的真心话。王阳明不容他有长时间思考的机会，第二封信马上就来了：春节快到了，来观灯啊。但是，你的部队不要解散，卢珂那小子虽然在狱中，但难保他的手下不趁你出山而去攻打你，所以你应该让你的部众加强警戒。

池仲容的脑袋马上成了糨糊，意识开始向"王阳明是个好人"一面倾斜。他决定下山赴会，但他让93个善于搏击的人化妆成头目，跟随他下山。到了王阳明办公地点后，他没有进去，只是派了几个人。他的打算是，一旦发现事情有变，他逃跑应该来得及。

王阳明见了这几个人，很恼火，说："你们都是我的新民，现在不入见，是不相信我。"池仲容很矜持的回复说："我山野村夫，从小就没有见过您这么大的官，见了怕失礼，容我适应几天，再见您也不迟。”

王阳明乞灵于贿赂，把池仲容身边的人用金钱买通，对池仲容大吹温柔风。池仲容终于被打动，来到了王阳明专门为他们提供的客栈。

池仲容一行人一见到装修豪华的场所，马上就失去了理智，花花世界的诱惑钻进他们的心，他们要酒要肉，还要女人。王阳明稍一迟疑，他们就跑到街上进行强抢。

王阳明后来对他的弟子说：“我原本是打算用良知感化池仲容的，但我发现，有些人的良知尘埃沉重，无法拯救，只能毁灭。这不是圣人的残忍，圣人是要为天下大多数人谋福利，而不是为了拯救一个人，去毁灭无数人。”

春节刚过，池仲容要回他的老巢，王阳明为他举办了送行会。就在那场送行会上，王阳明的杀手们把池仲容和他的手下剁成了肉酱。

埋伏在池仲容老巢附近的王阳明部队，一得到池仲容的人头，马上挂到高杆上，池仲容老巢人心大乱，很快，王阳明就结束了这场战斗。

南赣地区最大的土匪就这样被王阳明轻易地搞定，这是一次火花四溅的心理战较量，看不到硝烟，但比有硝烟的战场更惊心动魄。

（七）

从1517年阴历二月到1518年阴历四月，王阳明用了一年零两个月的时间就平定了南赣区域的匪患，这是盖世之功。当王阳明的捷报送到中央政府时，最心花怒放的就是王琼。王阳明的伟大毋庸置疑，但更伟大的是王琼，因为他能识人，并且毫不保留地全力支持王阳明。

这是王阳明第一次把他的心学用在战场上，成绩振聋发聩。很多人都一厢情愿地以为，王阳明纯粹是靠心学取得了南赣战场的完胜，但这并不是负责的说法。王阳明年轻时就熟读兵法，在下锦衣卫狱前，他曾在老家遇到一个叫许章的隐士，此人属于鬼谷子式的人物，熟悉五花八门的学说。王阳明后来说，用兵韬略，许章是他唯一的老师。

也就是说，王阳明的用兵并非是空穴来风，仅靠一种理论就能在战场上建下震动天地的奇功，是不可能的。这恰好符合了王阳明知行合一的思想，要想知必须要行，要想行，必须要知。战场是个死人千万、血流成河的地方，王阳明如果没有把握，依他的良知，不可能接手这种工作。只不过和其他军事家不同的是，王阳明作战的指导思想是心学。心学是一门使人内心强大的学说，以不动心为超级武器，以让对手动心为秘密武器。如果这两种武器运用到炉火纯青，那必然天下无敌。

据说，王阳明在庆功宴上表示要感谢他的那些弟子，弟子们很诧异，说："上阵杀敌的是那些将士们，运筹帷幄的是您老人家，我们什么都没有做。"

王阳明告诉他们："你们做了很多。刚开始时，我处理问题，尤其是有所赏罚时，不敢有丝毫的大意率性，生怕对不起你们，怕与我平时给你们讲的不一样。处理完那些事情，还不安，跟你们在一起时，还想着那些事，经常想赏罚分明公正否，想着如何改过。直到与跟你们在一起时一样自然随心，这才心安理得。这就是你们给我的帮助。"

学生们恍然，这不就是王老师经常说的"知行合一"吗?!

"知行合一"思想要求的是每个人在做事时都要把事做完整，其实也就是，解决并不是目的，最终的目的还是要维护。以商品为例，卖出不是终极目的，终极目的是售后服务。

王阳明的售后服务做得有声有色，平定任何一地的土匪后，首先就是安置活下来的土匪迅速融入到百姓生活中去，然后是设置重要的政府据点，以防止将来再有占山为王的人凭借地利和政府作对。另外就是教化。儒家讲究教化之功，希望能通过精神的力量让他人安分守己。王阳明的教化有制度跟随，十家牌法和接二连三发布的温情脉脉的政府文告，这些举措都让王阳明的售后服务得到赞许。

闲暇时，王阳明还把古本《大学》和《朱子晚年定论》进行了印刻。所谓古本《大学》，就是没有被朱熹修改过的《大学》，最明显的一个例子就是："大学之道，在明明德，在亲民。"朱熹把"亲"改成了"新"。王阳明认为这是胡闹。他说，明德就是良知，明明德就是致良知。而亲民则是致良知的手段。如果改成新民，就解释不通了。《朱子晚年定论》是王阳明把朱子晚年的一些与心学题旨一致的书信言论收集到一起结成的集子，称为朱熹的最后结论。然后又把朱熹之前与此相矛盾的话归纳为朱熹头脑发热的结论。

在王阳明看来，朱熹年轻时解释的格物致知是错的，因为一直向外寻求，而不在心上求取道理。但到他晚年，悬崖勒马，认定凡事都应该向心上求。也就是说，朱熹其实也是个心学家。

也是在同一年，他的弟子薛侃在赣州刊行了王阳明的语录，这就是我们今天看到的《传习录》。《传习录》是王阳明心学思想的精华和发散，作为王阳明的拥趸，一定要读，而且要不止一遍。

最后一件事则体现了王阳明作为教育家的一面，这就是他写作的《训蒙大意示教读刘伯颂等》一文。这篇文章的主旨是让人如何教育小孩子的。我们甚至可以为他重新拟一个标题：家长心法。

古之教者，教以人伦：后世记诵词章之习起，而先王之教亡。今教童子，惟当以孝弟忠信礼义廉耻为专务；其栽培涵养之方，则宜诱之歌诗以发其志意，导之习礼以肃其威仪，讽之读书以开其知觉。今人往往以歌诗、习礼为不切时务，此皆末俗庸鄙之见，乌足以知古人立教之意哉！

大抵童子之情，乐嬉游而惮拘检，如草木之始萌芽，舒畅之则利达，摧挠之则衰萎。今教童子必使其趋向鼓舞，中心喜悦，则其进自不能已：譬之时雨春风，沾被卉木，莫不萌动发越，自然日长月化；若冰霜剥落，则生意萧索，日就枯槁矣。故凡诱之歌诗者，非但发其志意而已，亦所以泄其跳号呼啸于咏歌，宣其幽抑结滞于音节也；导之习礼者，非但肃其威仪而已，亦所以周旋揖让而动荡其血脉，拜起屈伸而固束其筋骸也；讽之读书者，非但开其知觉而已，亦所以沈潜反复而存其心，抑扬讽诵以宣其志也。凡此皆所以顺导其志意，调理其性情，潜消其鄙吝，默化其麤顽，日使之渐于礼义而不苦其难，人于中和而不知其故，是盖先王立教之微意也。若近世之训蒙撂者，日惟督以句读课仿，责其检束而不知导之以礼，求其聪明而不知养之以善，鞭挞绳缚，若待拘囚。彼视学舍如囹狱而不肯入，视师长如寇仇而不欲见，窥避掩覆以遂其嬉游，设诈饰诡以肆其顽鄙，偷薄庸劣，日趋下流。是盖驱之于恶而求其为善也，何可得乎！

凡吾所以教，其意实在于此。恐时俗不察，视以为迂，且吾亦将去，故特叮咛以告。尔诸教读其务体吾意，永以为训，毋辄因时俗之言，改废其绳墨，庶成“蒙以养正”之功矣，念之念之！

翻译如下：

古时候的老师，教给人们伦理道德，后来的人们背诵文章的风气渐渐风靡，结果先王的教诲也就渐渐佚失了。今天的人教育孩子，却只把孝悌忠信礼义廉耻当做中心，正确的培养方法，则适宜以诗歌之类的启发他们的灵感。指导孩子学习礼仪，使他们的形象端庄，教给孩子们读书，让他们的智慧萌发。但是今天的人往往认为诗歌、礼仪不符合当前状况，这都是低俗浅薄的看法，他们怎么能知道古人之所以教育的真正意义呢？

一般孩子的天性是喜欢嬉闹，讨厌拘谨严肃，就像草木的萌芽，环境通达就长得好，反复侵扰则会让嫩苗萎蔫。今天教育孩子，就要让孩子感受到鼓励，孩子心里高兴了，进步就挡也挡不住了：就像及时雨和春风，洒在花草树木上，没有不茁壮成长的，而倘若降下的是严霜，则变得缺少生机，没几天就枯萎了。所以用诗歌陶冶情操，不但能启发孩子的思维，还可以让孩子们在蹦跳吟咏诗歌时发泄出胸中积压的忧郁，教导给孩子们礼仪，不但可以让他们形象端庄，还可以让孩子在作揖跪拜之间鼓动全身气血，疏松筋骨。教孩子读书，不但可以启发他们的灵智，还可以让孩子们在抑扬顿挫的读书声中学习古人的思想和气节。这都是一些顺应孩子性格的方法，可以调理孩子的性情，渐渐消磨掉孩子的坏品质；慢慢地让他们不再顽皮；慢慢变得遵守礼仪道德而不觉得这些东西很难以学习。这就是先王设立教育的深意啊，像现在的那些老师，每天就只知道督促孩子们背文章；批评孩子粗鲁却不知道用礼仪潜移默化地教育孩子；希望孩子聪明却不知道使用正确的方法引导孩子，动辄教鞭鞭笞，甚至拿绳子绑缚，就像对待囚犯一样。怪不得孩子们一见学校，就像见了监狱一样；看见老师就像见了鬼一样，极力掩饰自己出去玩耍的事实，甚至说谎来逃避。既把人逼上歧途又想让他成为好人，这怎么可能实现呢？

我之所以投身教育，最根本的意义就在这里，就怕现在的人不理解我，认为我是迂腐。而现在，我就要走了，所以反复叮嘱你们。希望你们这些教职工们把我的这番话永远当做座右铭，不要因为世人的风言风语，就背离自己的原则，祝你们完成“以教育培养好青年”成功，切记啊切记！

我们也应该切记，王阳明知行合一的思想，不是在桌面上谈，而是要放到实践中去检验，去实践中磨炼。

第二节：王爷，请让我用良知打败你

（一）

1519年正月，王阳明请求回老家伺候年纪一大把的祖母，但王琼不允许。他暗示王阳明说，注意南昌城，那里必将有大事发生。王琼所谓的大事，指的就是南昌城里的宁王爷朱宸濠预备造反的事。

关于南昌城里的宁王爷，还有个小插曲。

明太祖朱元璋当初封他的儿孙们为王时，王号是根据封地来定的。比如就藩于山西太原的朱㭎称为晋王，就藩于北京的朱棣被称为燕王。按这一思路，到江西南昌当王爷的人无论是谁，都应该称为赣王才对，但朱宸濠却被称为宁王。其实，宁王的王爵没有错，只是封地错了。这一切都源自明成祖朱棣。

朱元璋死后，建文帝即位，立即削藩。燕王朱棣不想束手待毙，就从北京起兵南下，史称靖难之役。建文帝立即派出大军截击朱棣，朱棣被迫撤退到就藩于喜峰口大宁的宁王朱权处。朱权当时有十万精兵，他帮朱棣，朱棣取胜的可能性就大，如果帮建文帝，建文帝就绝对取胜。经过长时间综合考虑，他决定帮兄弟朱棣。想不到的是，朱棣在朱权送他出城时，突然实施绑架行为，把朱权的十万精兵控制到自己手中，朱权就这样被软禁了。

两年后，朱棣坐上了皇帝的宝座。对这位在关键时刻被迫帮助他的人，非但不赏赐，反而束之高阁。朱权最后被软禁的毫无人生乐趣可言，就请求朱棣让他回大宁，但朱棣说不成。朱权又请求到苏州当王爷，朱棣说，苏州不是边陲，不宜设藩。朱权又说杭州，朱棣很严肃地告诉他："过去曾有人建议将吴王府设在杭州，但父亲说杭州是国家赋税重地，不可建藩。"

朱权在肚子里叹息，懊悔自己当初太过于掉以轻心，以至于落到今天这步田地。不过，朱棣很快就回心转意，放他去地方当王爷。他给出了四个地方：福建的建宁，四川的重庆，湖北的江陵和江西的南昌。朱权看到这四个地名，懊悔的心情更重了，因为这四个地方一个比一个差。权衡了好久，朱权才咬着牙选了南昌，但他的爵名不变，仍然是宁王。

从以上的叙述中，可以知道，南昌城里的历代宁王爷都有怨气，这是因为他们不是名正言顺被封到这里的，而是被发配到这里的。

到了第五代宁王朱宸濠时，这股怨气逐渐凝结成天下无敌的勇气，朱宸濠决定为祖宗争回尊严。

朱宸濠虽然在富贵乡里成长，但绝没有纨绔气质。据和他相处多时的唐伯虎讲，朱宸濠眉宇间有一股与众不同的英雄气概，气度恢弘，礼贤下士，集字典上大多数美德于一身。他有梦想，并且脚踏实地，把一万王府卫队扩编成一支多达十万人的集团军。在老朱家的王爷中，朱宸濠鹤立鸡群，非同凡响。为实现自己的梦想，他积极拓展人脉，刘瑾专政时，他给刘瑾送礼的专车在路上前后衔接。刘瑾死后，他又自动自发地和朱厚照的亲信钱宁结下肝脑涂地之交情。钱宁被朱厚照的另一位亲信江彬取而代之后，朱宸濠反应如闪电般迅疾，以最快的速度把一车珠宝送到了江彬家中。

朱厚照身边的人都喜欢和这位宁王爷交朋友，因为朱宸濠出手太阔绰，仿佛他有座金山。

朱宸濠当时有个特别不切实际的想法，由于朱厚照结婚多年没有儿子，所以他希望能把自己的一个儿子过继给朱厚照，这样一来，他虽然成不了皇帝，但却可以成为皇帝的爹。

但这件事很快就没了下文。他的那些靠金钱结交的好朋友在朱厚照面前的确尽力而为了，可朱厚照却说，老子我年纪轻轻，怎么可能没有儿子，干嘛要别人的儿子？

朱宸濠见这一招无效，就又起炉灶：他让那些好朋友在朱厚照面前称赞他仁孝。朱厚照惊呼："说宁王仁孝，这是什么意思？他要干什么？"

朱宸濠在南昌城听闻朱厚照的话后，心惊胆战了好些天。后来又悄无声息了，他的胆子再度大起来。他想，靠朋友不如靠自己，天下只有一件事是有难度的，那就是靠别人成的事。

他的踌躇满志，被一群伶俐的人看到了，于是有人跑来对他说，南昌城的东南有天子气。朱宸濠大喜过望，这是天老爷送来的信件，赶紧锻造兵器，武装部队，只待时机！

但齐桓公称霸，需要管仲；刘备英明，需要诸葛亮；苻坚伟大，需要王猛。朱宸濠想要成一代伟人，身边必须要有管仲、诸葛亮和王猛这样的人物。这种人物很快也来了，一个叫刘养正，一个叫李士实。刘养正是个读过几本书的半仙，儒释道样样通，样样松。他是江西吉安人，中过举子，会试落马，回到家乡，高不成低不就，很快就成了只吃不干的废物。突然有一天，有人告诉他宁王心怀大志，他就跑来宁王的办公室，一顿神侃。说江西这个地方盛产美女，更盛产天子。他后来又对朱宸濠说，我见到帝星现于楚越之分。浙江之西，湖光之东，这个地方就是江西南昌！朱宸濠此时抱定了宁可信其有，不信其无的信条，所以，刘养正就成了他的狗头军师。

李士实原是司法部副部长（刑部右侍郎），他退休回老家进入南昌地界时，朱宸濠让手下的黑社会抢了他的所有财物，然后又派人告诉李士实，拿回财物很简单，只要他进宁王府工作。那些财物可是李士实的棺材本。他只好去要财物，朱宸濠豪爽得很，不但返还了他的财物，还给了不少金银，李士实立即发誓，要让朱宸濠名垂千古。

（二）

名垂千古这种事可遇不可求，我们读大人物的传记，经常会看到标题党制作的标题：从小就要树立远大理想，或者是，一定要有目标。但我告诉你，大人物能在历史上留下名字，全是因缘际会。

王阳明说得很明白：周公和孔子都是圣人，难道孔子就不能制礼作乐？孔子当然能，只不过他没有碰上时机，所以他只能写《春秋》，让乱臣贼子恐惧。

曹操在他的《自明本志令》中说得更清晰：我并不是从小就胸怀大志，而是时势推演，才把自己推上高位。

有理想固然是好事，但天下有理想的人多如驴毛，有几个能实现自己伟大理想的？所以，李士实要让朱宸濠名垂千古，只是谄媚。人生在世，自己都身不由己，如何能设计别人的人生？

朱宸濠也认为名垂千古这种事太过于沉重，千难万险，阻力重重，且不说远的和没有呈现的障碍，就现在，他眼皮子底下就有这么一位。这位就是南赣巡抚王阳明。

王阳明在南赣剿匪时，多次收到王琼的密信，王琼像个老太婆一样絮絮叨叨，叮嘱王阳明，一定要注意南昌城里的宁王。现在天下但凡长眼睛的人都知道宁王要谋反，只有皇帝不知道。我之所以派你去江西剿匪，只是手段，最终目的是盯紧宁王爷，要目不转睛地盯住他，一有风吹草动，你就把他扼杀在摇篮里。

江西境内所有的官员，朱宸濠都没有放在眼里，唯独对王阳明刮目相看。当然，这不是英雄惜英雄，而是小偷防警察。在朱宸濠看来，王阳明是这样的一个人：手中有权，也有兵，在轻松谈笑中就能让敌人灰飞烟灭。这样的人，最好和他交朋友，如果不能，也不要成为敌人。

李士实说，王阳明这人没有别人想象中那么厉害，只是有许多小聪明，是个狡狯的知识分子而已。

朱宸濠说，他离咱们太近，一旦我们有行动，如果被他掣肘，虽然大事可成，但也必然好事多磨。当事情发生时再去解决，不如就在事情未发生时把它熄灭。

在朱宸濠这种思想的指导下，李士实和刘养正来到赣州拜见王阳明。

双方一见面，王阳明不冷不热，不阴不阳，谈着天气，谈着心学，李、刘二人可就受不了了。刘养正撸起胳臂，说："大人您初来乍到江西，不知道一件事。在我们江西，宁王可是集商汤、周武的气度于一身，尤其尊师重道。而我听说您也以恢复圣学真谛为己任。宁王听说您现在稍有空闲，马上就派我们二人来了，目的有两个，一，我们王爷很真诚；二，我们王爷想向您学习。"

王阳明脸上马上呈现出诚惶诚恐的颜色，说："我的学生都是低级官员，哪里有王爷这种大家伙，宁王要做我的学生，难道是想舍弃王爵，来做我的学生？"

刘养正被问愣了，不知该如何回答。李士实替补上来："宁王舍弃爵位倒不重要，只是当今天子总爱出巡，国事荒废，这样下去，江山社稷堪危啊！"

王阳明马上严肃回道："这可是大逆不道的话，不是我们这样的人可以说的。"

李士实冷笑道："有桀纣，就有汤武，天经地义。您认为当今世上就没有汤武吗？"商汤和周武王都是前辈。

王阳明针锋相对道："即使有汤武，也需要有伊吕（伊尹、姜子牙）来辅佐。"

李士实几乎要暴跳如雷："有汤武就有伊吕！"

这是唯心主义，伊尹和姜子牙都是客观存在的人，他们不以商汤和周武的意志为转移。李士实非要让他们是以商汤周武的存在而存在，这就是唯心主义。王阳明不想和他辩论主义的问题，而是就事论事说："你非要承认有伊吕，我也没有办法。但有伊吕，就有伯夷叔齐。”伯夷叔齐都是坚定的卫道士。

李士实鼻子都气歪了，他用自己那可怜的智慧听出来了，如果宁王要反，那他王阳明就是伯夷叔齐。

在《传习录》中，王阳明有一大段专门论述人应该如何才能幸福。在王阳明看来，一个时刻幸福的人，必然是安于现状的人。也就是，满足于自身的能力，在自己的良知上用功，而不是去追逐外界的物欲。这种论调经常被三流的心灵导师归结为：不要有贪欲。

如果朱宸濠在王阳明面前，王阳明肯定会告诉他，你的现状就是安心做你的王爷。王爷已经很好了，何必还要去造反当皇帝？人一生下来，良知就注定了你是什么样的人。比如尧舜，良知就如同一座金山，而普通人的良知不过是一枚金戒指。虽然大小有区别，但成色却没有任何区别，大家都是黄金。一个人最应该做的事不是去外面寻找铜铁，堆砌成金山，那就不是金山了。而是要保持自己的成色，如果能做到这样，一个普通人和一个王爷都有同样的幸福感。

那么，如何来保持自己的成色呢，就需要在心上用功。“良知”本身是能知是非善恶的，当你要做一件事时，就在要做的一刹那，良知会告诉你是对还是错，对的，你就去做；错的，要立即改正。凭借良知那一刹那的提醒，也就是“意动”，你做的所有事都是对的，都是善的，这就是致良知了。致良知的人肯定是个幸福的人。

比如朱宸濠，你要开仓放粮，救济百姓，这就是诚意，是对的、善的，这对和善没有任何外在的标准，全由你良知作出判断，那你就去做。再比如你朱王爷要反，这就是错的，是恶的。因为良知会替你分析，你反的目的是什么？肯定不是实现民主社会，你就是想掌握权力满足你的欲望。你的目的是恶的，如果不及时更正，就会一错到底。意是私意，私意和天理背道而驰，正如沙漠中长不出娇艳的玫瑰一样，私意永不可能产生正义。正义和邪恶其实也没有外在的标准，判断它们的只是你的良知。

我们今天认为，奴隶社会的人没有幸福感。王阳明认为恰好相反，奴隶社会的人，人人都有幸福感。这是因为他们从出生那天起，就已经注定了成为什么样的人。奴隶的后代永远是奴隶，平民的后代永远是平民，贵族的后代永远是贵族，国王唯一的后代永远是国王。由于整个社会就是那种生态，没有人会想过要改变自己的出身，自然就安于本分，过自己的生活。奴隶的物质生活固然匮乏，但幸福感永远不是物质生活所决定的，决定幸福感的是我们的内心，也就是我们的良知。

良知就是"集义"，"义"就是适宜我们的心。一个人即使生活在臭水沟里，如果内心很平静，那他就是幸福的。相反，像朱宸濠这样的人，不满足于现状，永远向上攀爬，他有多少幸福感，恐怕只有他自己知道。很多人在通往成功的路上时，总是牵肠挂肚，瞻前顾后，心忙意乱，幸福感对于这类人，完全是火星文字。

王阳明说，我不是不让你追求功名利禄，实际上，人活在社会中，不可能离开这些外在的标签。但有个问题一定要明白：追求功名利禄时必须要以良知为导师，按它的指引向前冲锋。违背你的良知，不但心累，前途也未必可以预知。

（三）

王阳明的理论，对于良知被物欲遮蔽地严丝合缝的朱宸濠而言，只是空谈。

朱宸濠最搞不清楚的是，王阳明半冷半热的态度。王阳明虽然暗示不会和朱王爷合作，但却派了个叫冀元亨的弟子来给朱宸濠上课。

冀元亨是王阳明的崇拜者兼弟子，有一件事可以证明。当初参加乡试，考官出的题目是：格物致知。很显然，这是朱熹老头的提法，如果想要答对，就必须按照朱熹的说法去写。但冀元亨很另类，绝对按照王阳明的观点做了答卷。判卷老师可能也特别喜欢王阳明，居然录取了冀元亨。

冀元亨临走前，王阳明叮嘱他，宁王要造反这事，谁都知道。可他突然想通了，不谋反，我若说他谋反，那咱们都完蛋。你去后，先做一件事，用心学的力量感化他，如果他王八吃秤砣铁了心要造反，那你赶紧回来，我们好速做准备。

冀元亨进了南昌城后，根本不用去查探朱宸濠是否要造反，因为一目了然。南昌城里到处都是征兵处，还有一些拿枪拿剑的可疑的人在大街上四处闲逛，南昌城已经成了土匪窝，而冀元亨却看不到地方官在哪里。

朱宸濠对冀元亨的第一印象极不佳，因为冀元亨不像个一本正经的读书人，居然手不离酒。有一天，他见到冀元亨在喝酒，就嘲讽他，你这酒量是王阳明训练出来的？冀元亨马上就清醒了，见朱宸濠手里拿着一本理学大师张载的《西铭》，就借机对朱宸濠说，理学最基本的就是“君臣”，“君”就是“君”，“臣”就是“臣”，“臣”永远都成不了“君”。

朱宸濠聪明得很，立即意识到对方在攻击自己。马上问：“君”能成“臣”吗？冀元亨一愣，许久才回答：“不能，为君者如果不好好工作，到时候连命都保不住，哪里可以成臣。”朱宸濠找准了反击口：“当今圣上就不好好工作，四处游玩。”

冀元亨激动起来：“那为臣的也不能有谋逆之举！”

朱宸濠又找到了攻击口：“我大明成祖皇帝（朱棣）的江山是怎么来的？”

冀元亨听到这样的话，只好干瞪眼，但如果就这样被朱宸濠堵住嘴巴，那真是太丢脸了。他默认了朱棣的叛逆行径，转到了成功不可复制这一路子上来，他对朱宸濠进行“时”与“势”的教育，告诉朱宸濠，你一没有“时”运，二没有“势”可以借，此一时，彼一时，所以，别做傻事。

朱宸濠冷哼几声，说：“据我所知，成祖皇帝当初起兵不过几万人，却打败了百万中央军，时也？运也？”

冀元亨这次真的只能干瞪眼了，回到赣州后，他对王阳明说，早作准备吧。

王阳明根本没有时间准备，就在他剿灭南赣土匪后，王琼忽然命令他到福建去，那里有一支军队因三年来未拿到任何军饷，正在闹兵变。

与此同时，江西一些对中央忠心耿耿的地方官把朱宸濠要谋反的密报接连不断地送往北京，朱厚照决定对朱宸濠采取必要的行动。

但在朱厚照身边的，朱宸濠的那些好朋友此时发挥了作用。江彬就建议说，这些地方官的报告是否属实，未可知。朱宸濠如果要谋反，肯定是面面俱到地准备，在江西境内怎么可能还有人能送出告密信来？

朱厚照说："你说得很有道理，那就派人去视察一下，看他是否谋反了。"

问题就出在这里，被派去的人以驸马带队，朱厚照的本意是仿照宣德年间驸马袁泰去抚慰赵王来抚慰朱宸濠，但朱宸濠不知道这段历史，他只想到了现在的驸马蔡震出马格杀荆王的故事。

于是，他提前发动了"革命"。

一五九一年阴历六月十四日，朱宸濠以生日的名义把江西所有中高级官员召集到自己的王府，忽然拿出一份圣旨，说："当今圣上被群丑迷惑，已不能行使自己的意志，太后让我宁王起兵监国。"

江西巡抚孙燧稍有质疑，朱宸濠就咆哮起来，命令武士把孙燧折磨而死。其他官员噤若寒蝉，都相信了朱宸濠的连篇胡话，同一天，朱宸濠宣布成立北伐军，目标：南京。

（四）

朱宸濠在对江西所有官员点名时，只有一个他想见的人不在，这个人自然就是王阳明。朱宸濠的北伐军出南昌城时，王阳明正在去福建的船上。听说朱宸濠造反了，毫不犹豫地调头北上，准备到南昌南面的吉安府成立临时平叛指挥部。就在去往吉安的路上，王阳明临机应变，非常担心朱宸濠会以闪电战奇袭南京。所以制作了数百封假圣旨，圣旨的内容是，已知宁王造反，命令两广、福建、江西各路军区司令星夜兼程，赶往南昌剿灭叛匪。同时找来许多演戏的戏子，给予金银，让他们把这些假圣旨缝到内衣中，火速赶往南昌朱宸濠控制区。

朱宸濠果然捉住了这些人，从他们内衣中搜出圣旨，大为吃惊。所以，他的主力部队在南昌城并未发动，只是派遣一支部队北上奇袭九江，很快攻陷，再北上，兵临安庆。

从南昌到南京，有两个军事重地，就是九江和安庆。安庆如果陷落，南京指日可拿。因为南京当时根本没有任何戒备，一旦攻陷南京，朱宸濠的影响力就能震动江南，再迅速北上，直取北京，朱厚照的江山保不保得住可就难说了。

王阳明到达吉安府时，正是朱宸濠的先头部队攻陷九江、围攻安庆时。其实，从朱宸濠的观点来看，王阳明是狗拿耗子多管闲事，他本是去福建处理兵变的，朱宸濠在南昌造反，跟他一点关系都没有。

朱宸濠有十万训练有素的强悍之师，即使是中央军主力的首领，也要作一权衡。王阳明手中只有三万人不到，而且都是未经大阵仗的民兵。这样的部队和朱宸濠的骁勇之师对抗，和送死的区别只有几毫米。

双方实力天壤之别，就是民众基础，王阳明也比朱宸濠相差十万八千里。就在他的临时指挥部吉安，多个地方官都跑去南昌，他们几乎闭着眼睛就可以下赌注给朱宸濠，因为朱宸濠表面上实在太强大了。

王阳明的学生对老师说："整个江西都是宁王的势力，我们该如何？"王阳明回答："天下尽反，我辈固当如此做。"

在开始抵抗朱宸濠前，王阳明给北京紫禁城里的皇帝朱厚照写了封信，先说了朱宸濠已造反，接着就有点怨言了：您已在位十四年，这十四年时光对您而言可谓是白驹过隙，但对天下百姓来讲却是度日如年。您还四处巡游，您以为天下真的只有您一个皇帝吗？现在就跳出来一个，想要跳出来的还不知有多少呢。我希望皇上您"痛自克责，易辙改弦。罢黜奸谀，以回天下豪杰之心；绝迹巡游，以杜天下奸雄之望。"

朱厚照很久之后才收到这封信，但朱宸濠已经收到了王阳明伪造的圣旨，他在南昌城中静止不动，心中忐忑。他的谋士李士实说，王阳明这小子喜欢玩诈，中央政府不可能这么早知道咱们造反，从北京到南昌，就是千里马，也需要十天。所以根本就没有什么大部队，赶紧的吧，咱们倾全力北上直捣南京。

朱宸濠脸色凝重，像是在思考，其实他的大脑一片空白。他手上捏着那些假圣旨，那上面当然没有皇帝的印玺。但非常时期，谁说非要有皇帝的印玺，而且圣旨上面说了，军情紧急，一切从简。也许印玺也从简了。

疑心生暗鬼，其实就是心动了。心为什么动，是意动了。如果意是诚意，那良知会告诉他是非对错；但如果意是私意，良知也会告诉他是非对错，可当事人明知道是非对错，却不想改正，这就是为什么做坏事的人总多疑。

很多人认为，制造混乱信息没有什么用，因为事实就是事实，不是几个虚假信息就能改变的。王阳明的弟子就问王阳明，那些假信息有用吗？

王阳明反问："不论管用不管用，且说他怀疑不怀疑？"

他的弟子想了想，说："自然要疑。但是……"

王阳明打断他："只要他一怀疑，就成了。"

忽然，王阳明叹息说，宁王爷良知已丧，非是为民，而是祸民。我们能留他在南昌一日，江南百姓就少受一日罪！

朱宸濠做事向来光明磊落，就是造反，也要惊天动地。他自己做事直来直去，也相信别人同样如此，所以他认为王阳明那些伪造的圣旨可能是真的。但几天后，他发现什么动静都没有，这才恼恨起来，于是留下一万部队守南昌，迅疾带领主力直奔安庆。

虽然只有几天的时间，但足够王阳明召集他所能召集的一切部队，他的第一步计划就是，把朱宸濠留在南昌。

依他手下指挥官们的思维，应该迅速北上，绕过南昌城，先解安庆之围。但王阳明说，我们如果直奔安庆，肯定完蛋。因为朱宸濠得知我们去安庆，肯定会将围困安庆的军队调转头来和我们硬碰硬；而九江城以及南昌城中的宁王军会全部大出动，攻击我军的背后，这样就会使我军陷入敌人的双重围困之中。虽然，安庆之围是解了，我们部队几斤几两，难道大家不知道，如何能跟宁王爷的精锐打野战？

众人问计，王阳明说："我们打南昌，只要安庆那边能守住，宁王必定回兵来救。而且南昌的主力都被宁王拉走了，南昌城指日可下。当宁王在回南昌的路上听说南昌已经不是他的了，他的军队必然士气瓦解，成功迫在眉睫。"

南昌城经朱宸濠经营多年，已成铜墙铁壁，想要攻陷南昌，不能攻城，只能攻心。

他先把南昌城围困起来，然后实施心理战。他给南昌城内的所有人，包括普通老百姓、守城兵士、宁王府的家属、无业人员以及那些归顺了宁王的官员和妓女分别发布了告谕。告谕的大意说：想必你们已经知道宁王造反了，这是天大的事。老天哭泣，天下的百姓哀嚎。南昌城内的人现在都听好了，我知道你们这里有善良的人，不想趟这浑水。所以，我现在领着20万人前来解放你们，你们还是我大明的子民，就不要惊慌，该干嘛干嘛，宁王府的人如果要开门投诚，守城士兵要放弃抵抗，开门迎接我，我很欢迎。可是，如果当我来到时，发现城门禁闭，城上刀剑霍霍。那么，我就断定你们是要顽抗到底，这一选择只有死路一条，现在，你们选择的时候到了；而我，很快就来了。

王阳明来的的确很快，七月十九日，他誓师，颁布了严格的军令，当天晚上，各路军队按照计划进入阵地，第二天黎明，就分十三路发起总攻。

中午时分，南昌城头竖起投降的旗帜，南昌城被攻陷了。

这次战役没有多少可以渲染的地方，因为总攻刚开始时，胜负已分。南昌城中很多百姓都自发组织起来和城里的宁王部队对抗，这是一场心理战，王阳明取得了完胜。

很快，南昌城陷落的消息传到了正在埋头攻击安庆城的朱宸濠耳中，朱宸濠魂飞天外，急忙回撤。李士实劝告他："我们当前的急务不在南昌，而在南京！只要我们拿下安庆，就可以顺长江东下，迅速占领南京。只要您在南京宣布登基称帝，你还怕南昌不会臣服吗？”

朱宸濠怒视李士实，突然像变魔术一样从身上取出了一封信，信是王阳明写给李士实家人的。信中说，老李同志是个好同志，你们不要认为他在帮助反贼，这里有很多绝密信息，我暂时不能和你们说。很快就会大白于天下的。

李士实的家人当时的确被王阳明控制了，但明眼人一看，就知道这封信是王阳明在耍诡计。可朱宸濠在此危机时刻，容不得他不信。于是，李士实现在说什么，都等于是在放屁。

朱宸濠几乎马不停蹄地带着主力部队杀回南昌。如他所预料的，王阳明在半路上果然埋伏了军队堵截他。堵截他的人越多，他就越迫不及待地向南昌城进发。这就是梁山伯与祝英台效应，越是给当事人设置障碍，当事人就越有动力冲向他们理想中的乐园，或者是悬崖。

王阳明在南昌城中也加班加点，安抚群众，同时让人做了几万块免死木牌，很多人不知道他是在玩什么，但几日后，终于知道了。

朱宸濠向南昌快速推进时，王阳明的指挥官们认为应坚守南昌城，等待援军。王阳明却说，我们对南昌城根本不熟悉，而朱宸濠却知道南昌城中的一草一木，他必然知道哪里是城中最薄弱的，哪里有暗道，我们根本无法守住。只有一个办法：半路等他。指挥官们问，哪里？王阳明说，鄱阳湖。

当朱宸濠快马加鞭时，王阳明小心翼翼地布置着鄱阳湖主战场和外围战场。方略是虚虚实实：先派一支400来人的小规模军队在湖上转来转去，这是虚的。实的是，让主力部队利用湖边的芦苇荡设伏。主力部队分为三部分，一部分从正面进攻；另一部分从两侧夹攻；最后一部分在敌人的后面攻击。只要宁王的先头部队被那400炮灰引进包围圈，正面部队先打，再撤退，然后掉头再打，这个时候，其他两路就要立即冲锋。

然后，他命人把那些免死木牌抛到湖中，顺流而下。很快，朱宸濠的先锋部队已经推进到了赣州江边的樵舍，此地离南昌城北约30公里。他们乘军舰继续前进，气势逼人，军舰前后绵延数十里，像是一条蜿蜒在水面上的长龙。第二天凌晨，他们逼近王家渡，王阳明命令在那里截击他的400人立即丢盔卸甲。朱宸濠对他手下的指挥官们说，王阳明也不过尔尔，你看他的士兵，我想不明白他怎么会被传的那么神奇。

王阳明的确没有传说中的用兵如神，他的绝招只是让别人动心，别人所以动心，是因为别人的良知不能发挥判断是非对错的作用。一个人如果失去良知，那就等于失去了主心骨，像个木偶一样被别人牵着鼻子走。

朱宸濠的身体没有被王阳明牵着走，但他的心灵已被王阳明牢牢控制，无法行使独立意志了。

（五）

朱宸濠的先锋官把王阳明的400人部队打散后，傲气冲天，奋不顾身地冲进了王阳明预先设好的包围圈。王阳明的三路水军同时杀出，将朱宸濠这支最能打的先锋部队包了饺子。

朱宸濠得到战报后，心慌意乱。按李士实的方案，他应该继续前进。虽然他的部队已经被王阳明那几十万免死木牌瓦解了不少，但他的卫队，也就是他的精锐部队还在。如果他能保持冷静，迅速冲锋，他就能知道，王阳明的实力相当差劲。但这个时候，他已经头脑混乱，怀疑李士实已经是王阳明的人，所以调头就跑，而且还把九江的部队也撤了出来。他刚走，王阳明就派人光复了九江。现在，朱宸濠夹在了九江和南昌之间，他无路可走，只能和王阳明决一死战。而且经过一段时间的心灵恢复后，他吓破的胆子痊愈了，决定必须夺取南昌城。

朱宸濠坐在专门为他建造的军舰里，和他的女人们紧紧依偎，他命令还听从他命令的军舰向南昌城挺进。王阳明的部队顽强抵抗，战况非常激烈。王阳明的先锋，吉安知府伍文定在指挥战斗时，火箭四射，胡子都被烧着了。王阳明淡定从容，坐在他临时指挥部里和他的学生大谈心学。当伍文定的胡子被烧的军情传到他耳边时，学生们看到他脸色依然。而当伍文定怒发冲冠、发动反攻取得胜利时，王阳明仍然无动于衷。他的学生们震惊于老师的淡定。王阳明借题发挥说，做任何事都该这样，此心不动，无事时的心和有事时的心一样，天下就没有惊险的事。

注意这句话，有人在无事时，心如止水，可一遇事，就心潮澎湃。王阳明说，一个人必须要到实践中去磨炼自己那颗心，要把那颗心磨炼成一块冰。平时就是静的，有事时，比如一块石头砸了过来，也仍然不起波澜，这才是真正的内心强大。

朱宸濠溃败后，一路狂退，退到一处所在时，他跳上岸问手下是何地。他部下是南方人，马上就答道："王石机"，其实地名叫："黄石矶"。

朱宸濠那颗惊悸的心无法承受这一地名带给他的震颤，暴跳如雷，把手下斩首。但砍手下的脑袋并不能解决他的困境。

他也试图解决困境，在总结战败经验时，他发现王阳明善于游击战，喜欢用最大的力量把他的军队分割包围，一一击破。于是他想出个馊主意：把自己剩下的军舰连成方阵，凝聚力量，共同进退，不让王阳明有可乘之机。同时，他把所有的财产都拿出来，宣称：冲在最前面的，赏千金；受伤的，赏百金。文武官员，只要是长手的，想要赚钱的，都可以拿武器上战场。

王阳明得知朱宸濠的军舰成为一个大型"停车场"后，高兴的险些要跳起来，赤壁之战时，曹操用的就是这种方法。而他的敌人孙权用的是火攻，现在，朱宸濠成了曹操，王阳明则是孙权。

王阳明这次并没有偷偷摸摸，这可能是他进入战场以来第一次和敌人正面对抗。几万支火箭一起射向朱宸濠的"停车场"，鄱阳湖面只见浓烟和火光，不见人影。

朱宸濠在慌乱中，解开自己的小船，把自己的小老婆们推进湖里，自己跑掉了。上岸后，朱宸濠换上了一身便装，正不知向哪里跑，芦苇丛中划出了一条小渔船。朱宸濠以王爷的威严命令那人渡他过鄱阳湖。那人领命，把朱宸濠放到船上，一直划向了王阳明的指挥部。

很快，朱宸濠的世子、宰相、元帅数百人都被活捉，鄱阳湖之战就这样潦草结束了。

我们很容易注意到，越是大战，就越没有细节。王阳明和朱宸濠的鄱阳湖之战可以列入中国古代经典战例中，但军事家们从这场战役中借鉴不到任何经验。王阳明用的方式就是火攻，问题是，如果不是朱宸濠太蠢，把战舰连成一体，王阳明的火攻就不能实现，鹿死谁手，还真不好说。

战争中，其实没有可以学来的技术，只有只能意会不可言传的艺术。还有一点尤为重要：运气。

所谓运气，其实就是对手。战争本身就受相对论影响。对手比你强，你就可能输；对手比你弱，出现了致命的失误和错误的决策，他就要付出代价，那你就赢了。

韩信，无可置疑的战神。但他在第一战灭赵国时，如果不是他的对手陈馀犯下致命错误——没有伏击他，韩信的部队可能被全歼，刘邦对他加倍重视的封台拜将必然成为人们的笑柄。

朱宸濠自六月十四日（1519年7月10日）起兵，至七月二十六日（1519年8月20日）被活捉，前后不过41天。他的对手王阳明自七月二十日（1519年8月14日）开始对南昌进行军事行动到在鄱阳湖上活捉朱宸濠，只用了7天不到的时间。

朱宸濠觉得自己运气太差了，王阳明就是他人生中的克星。当他在囚车里看到王阳明时，既气又羞地嘲讽王阳明："王先生，你可真是狗拿耗子，我朱家的事，跟你姓王的有什么关系？"

王阳明笑笑，不说话。朱宸濠想了想，问王阳明："我把我所有的护卫都削去，我可以做个老百姓，你看如何？"

王阳明向北面一拱手："有国法在！"

国法就是天理，天理在人心，这正是心即理。王阳明说有国法在，其实就是说，他有良知在。良知不允许他让朱宸濠做了这么多错事后轻易脱身。

以朱宸濠的良知，他不可能理解王阳明"有国法在"的真实含义。他以为他败给了王阳明的军事能力，实际上，他败给的是王阳明的良知。

一个良知未被物欲遮蔽的人，必然是个大智大勇、肯对苍生负责的人。这是因为良知本身就包含了两个因素，一是“良”，良心，二是“知”，智慧。它们不可分割，先天而来，无需证明。世界上那些大奸大恶的人，比如刘瑾，就是没有良心，但却有智慧。他能用智慧实现自己的任何欲望。而我们很多平凡的人，空有良心，却很少具备处理问题的智慧。什么是智慧？众说纷纭，但归根结底，所谓智慧，无非是能分清是非。你想想，如果在这个世界上，你能分清是非对错，那你就不会有迷茫。因为天下万事好坏的标准，无非就是个是非。如果你有良心，按照是非对错的标准去做，你就不会有痛苦。这就是良知最大的功效。

当然，智慧还有另外一层意思。我们可以用下面这个例子来说明：比如你遇到一个彪形大汉正在欺负一个小女孩，你会不会勇敢地冲上去？可能会。但如果十个彪形大汉呢？这自然涉及勇气的问题，但最关键的其实还是智慧。因为你没有智慧解决十个彪形大汉，或者说，你有智慧解决十个大汉，却没有智慧善后，你担心他们将来会报复你。只有有智慧解决问题的人，才能产生真正的勇气。单纯的不顾自己的智慧能力而就去见义勇为的人，良知本体其实也并不明朗。只是在良心那个因素上，纯净而已。

一直以来，很多人都一口咬定懂得王阳明，而把“良知”解释得恍恍惚惚，什么“心之本体”、“恻隐之心”、“天地之心”，实际上，这种解释根本就不懂王阳明。如果我们仔细读王阳明的《传习录》就会发现下面这样的话，王阳明说，良知这个东西就像是舟中之桨，有了它，过暗礁险滩，绝不害怕。

良知必须是“良知+智慧”的混合体，二者不能分开，正如王阳明的“知行合一”一样，是并驾齐驱的。

一个有良知的人，会用自己的良知能量担负起别人心惊胆战的历史重任，而且有能力把这个重任完成。

王阳明在和朱宸濠的战争交流中正是靠着良知的指引，彻底击败对手。一个良知被遮蔽的人，根本无法明白：如果良知不被遮蔽，会爆发出多么大的智慧力量!

我们该如何让良知发挥它本来的智慧?其实用王阳明的方法最简单不过:良知就是个是非之心,是非之心只是个好恶之心。你厌恶的事,勇敢地去扫除;你喜欢的事,当仁不让地去争取,这就是尽了良知,尽了良知,也就是可以万事万变。

说起来其实很简单,看起来也不难,但真实行起来却很难!

不过,王阳明用下面的行动再次向我们证实了良知的正能量。而毋庸置疑的是,王阳明的确是通过恢复良知本体才有如此正能量的。

第三节：良知无所不能

（一）

皇帝朱厚照得到朱宸濠“革命”的消息时已是一个月后的事，王阳明早就把朱宸濠装进囚车了。有人提议应马上任命一位统帅，前去平叛。朱厚照说：“不必，朕要亲征。”

当然是很多人反对，但朱厚照置之不理，他带着精锐部队数万人打着“奉天征讨威武大将军镇国公朱寿”的旗号一路南下，由于专心致志地在路上欣赏风景，所以用了四天时间才到涿州，而王阳明的捷报就在此时到了。北京方面赶紧追上朱厚照，说，朱宸濠已被擒拿。朱厚照暴跳如雷，下令：不许王阳明再有捷报，继续前进。

朱厚照亲征的目标其实不是朱宸濠，而是江南百姓。这是北京方面大部分官员和王阳明都成竹在胸的见解。朱厚照和他的那支蝗虫般的军队，所过之处，比土匪还要凶残，仅吃喝一项，就足以让很多地方官痛不欲生。再加上军纪不严，烧杀抢劫的事时有发生，所以他们所过之处，大都是鸡犬不留。

王阳明在南昌城忽然想到了他那句名言：破山中贼易，破心中贼难。

每个人都有心中贼，但有人是把贼关在心里，而又有人则把贼放出来。朱厚照属于后者，他的心中贼有很多，身边的群丑诸如江彬、张忠、许泰，这些贼靠精密的谄媚足以让他神魂颠倒，让他做出他本意想做出的那些折腾天下的事情来。

王阳明决定先发制人，押着朱宸濠北上，希望半路上可以用这个囚徒阻止朱厚照南下的步伐。

朱厚照心中贼之一的张忠极为伶俐，多日来，王阳明真的很听话似的没有向朱厚照发过一封劝谏信，这让他疑虑万分。他对朱厚照说："王阳明肯定在背后搞鬼。如果我没有猜错，他一定在押着朱宸濠北上，来迎接您呢。"

朱厚照大吃一惊，说："那可不成，我必须要让他把朱宸濠放到鄱阳湖上，再来一次大战。"

张忠说："我还是提前南下，去看看王阳明到底在搞什么鬼。"

朱厚照说："你的想法很好，赶紧知行合一去。"

张忠飞速南下，王阳明故意绕着他走，并且都如愿以偿地避开了张忠。

王阳明的目的地只有一个：杭州。因为据情报说，那位良知未泯的太监张永作为先锋官已到杭州。二人一见面，王阳明就说："江西大部地区已经遭受战乱，损失极大，如果皇帝的部队到来，生灵再遭涂炭，人心不稳，形势会失去控制。"

张永知道王阳明没有渲染这种形势，说："我这次跟随皇上出来，是因群小在皇帝身边，须调护左右，默默地保卫圣上，不是为掩功而来。但顺着皇上的意，把功劳给皇上，还可以挽回一些；若逆其意，只能激发群小的过分行为，无救于天下之大计矣。"王阳明自然听出了张永的意思，也就是说，王阳明必须要把功劳转移给皇帝和他身边的那群小人。对于功名利禄，王阳明一向看得很开，很淡。所以他连考虑都不考虑，就把朱宸濠交给了张永，说："劳您费心。"

张永说："你也费心。"

（二）

王阳明的确很费心。因为张忠终于在广信追上了他，张忠本人并不出面，而是派锦衣卫去通知王阳明，让他押解宁王返回南昌，放到鄱阳湖上去，等待朱大将军（朱厚照）的到来。锦衣卫来见王阳明时，七窍生烟，因为王阳明根本就不见他。他的部下苦劝他应该见一面，锦衣卫可是皇帝派来的特使，是来下命令的，得罪不起。王阳明说："做儿女的对神经错乱的母亲的错误命令，如果能劝其改正，就劝，但现在很显然，我劝不了。见，或不见，都一样。"

锦衣卫留下命令要走，按照规定，王阳明要给锦衣卫车马费，但他只给了五两银子。锦衣卫认为王阳明把自己看成了叫花子，大光其火，把银子摔到地上。第二天愤怒离开前，王阳明露面了。他拉着锦衣卫的手说："我曾下锦衣卫狱甚久，未见像您这样轻财重义的。昨天那点薄礼是我的意思，只是个礼节而已。您不要，令我惶愧。我别无长处，只会作文字。他日当表彰，让人知道锦衣卫中还有像您这样的人。"那个人被这几句温柔似水的话震动了，良知之光照彻他的身体，如王阳明所言：现在，这个锦衣卫就是个圣人。

张忠自然不是遇难而退的人，他又派人去见王阳明，要王阳明把宁王交给他。王阳明就向前来要人的人说，把叛王交给你可以，但你家主人要写一个领取宁王的文书凭证。凭证可以这样写：今收到宁王一人，以后丢失，由领取人负责。张忠不敢签这样的凭证，除了鼻孔冒火外，别无他法。

王阳明曾对他的弟子们说过，对付恶人，千万别戳破他的恶处，否则会引起他激烈的反应。由于恶人的良知被遮蔽，没有良心这回事，所以对付起别人来无所不用其极，几乎很少有人能躲过他们的攻击。那么，该如何对付恶人呢？应该秉承“物各付物”的指导思想，必须保证自己在不愤懑的情况下，顺着他的攻击点，反攻回去。当然，这一切必须要在温和中庸的情况下进行，让对方抓不到你的把柄。用民间的话来说就是，兵来将挡，水来土掩，以柔克刚。

一个聪明人永远都明白一条真理，这个世界上必然有恶人存在，最好不要和他们成为朋友；当然，也千万不要和他们成为敌人。其实也不是畏而远之，因为人生在世，难免会碰到各种各样的丧失良知的人，你永远不能指望他们会改邪归正，只有一个办法，那就是致自己的良知，点燃对付他们的智慧之光。

张忠在王阳明这里碰了一鼻子灰后，跑到朱厚照那里正要施展奸计，忽然发现朱厚照很高兴。因为王阳明把所有的功劳都归了总督军门，而且就在杭州，朱宸濠自动自发地从囚笼里出来，在一个封闭的场地内和朱厚照打了一架。结局可想而直，朱厚照获得全面胜利。

在平定了朱宸濠的二次叛乱后，朱厚照向南京进发。张忠对朱厚照说：“王阳明现在在杭州，他明知道皇上您就在南京，可却不来。我觉得，他心中就没有皇帝您，不信，你可以召见他，他肯定不会来。”

张忠为什么如此有把握，我们需要补充一点。在此之前，他以朱厚照的名义向王阳明发出过多次命令，但那些命令如同投进了坟墓，没有一点回音。所以，他认为王阳明这次也会装聋作哑。想不到的是，朱厚照的命令才到杭州，王阳明立即从杭州出发赶来南京。

这并非是王阳明真的能未卜先知，而是因为张永提前通知了他。张忠一听王阳明要来南京，大惊失色，很担心自己假传圣旨的事被王阳明抖出来，于是又对朱厚照说，“您来南方是玩的，如果王阳明到了，他劝你这样，劝你那样，你说多没意思？”

朱厚照“啊呀”一声，又一道命令给了正在奔来的王阳明：任你为江西巡抚，立即返回南昌。

王阳明很快就发回消息：遵旨。

（三）

张忠和他的伙伴许泰在王阳明回复“遵旨”的同时，请求朱厚照要他们以特派员的身份到南昌城去调查朱宸濠谋反的前后经过。朱厚照马上就答应了，因为据张、许二人说，王阳明在宁王谋反事件中扮演的角色很可疑。到底还有多少宁王余孽活在南昌城中，王阳明并未报告。所以，王阳明很可疑。因为王阳明夺了他的功劳，朱厚照也认为王阳明很可疑。两个瘪三式的人物在王阳明还没有回到南昌前就进了南昌城。

其实两人不是来调查宁王余孽的，而是来打击平藩功臣的。他们进南昌的第一件事，就把平息朱宸濠叛乱的功臣伍文定捆起来暴打一顿，伍文定被打得皮开肉绽。随后又捉了王阳明的弟子冀元亨，理由极为荒谬：你曾经给宁王讲过课。

二人的人性已经所余不多。王阳明说，人人都是圣人，是说人人都有良知，但这种普世观显然遗漏了张忠和许泰二人。两人的良心是坏透了。他们所以要这样对付王阳明一干人等，可能是为了给宁王出口气。因为任何人都知道，宁王是他们的财神爷，更是他们的好朋友。好朋友落难，不能为朋友两肋插刀，那就只好去插朋友的敌人了。

但王阳明绝不是软柿子，随他们怎么捏。王阳明回到南昌城后，立即反击。按照规定，应该先去拜见特使大人。张忠特意给王阳明设立了下方的旁席，让王阳明坐。王阳明假装不知道这样的安排，大摇大摆地直接走到上席坐下，然后招呼张忠等人坐下方的旁席。张忠脸色大变，开始大骂。王阳明却不动声色、心平气和地告诉他们，这样是正常的官场交际礼节。你们可能不知道，因为你们是宫里的。

张、许二人几乎像炮仗一样爆了起来，但他二人不能像对付伍文定那样对付王阳明，所以改变策略，派了许多受过脏话训练的士兵到王阳明办公室门口叫骂。王阳明不做任何反应，每天和弟子们下棋，喝茶，静坐。仿佛那些人骂的不是他，而是另外的人。

人与人之间的任何交流必须是互动的，没有互动，就不可能产生交流，如果没人听，讲话的人也就没了兴趣，交流也就成了一个人的絮叨。

我们都见过网球比赛，它所以精彩，就是因为两个选手不停地把球打回给对方，如果有一方消极比赛，另外一方就没有任何乐趣可言，观众看着，也没有乐趣。

其实，被别人攻击时，很少有人会无动于衷。因为人是有感应的动物，只要感觉到了，就肯定有回应。

王阳明的朋友曾指着一朵花问他："你说心外无物，那这朵花开或者是落，跟我的心有什么关系。它开和落难道是我的心决定的吗？"

王阳明说："你看此花时，你的心正在动，而那花的颜色就分外妖娆，所以你知道花开了或者是花谢了；但你不看此花时，你的心就没有动，而你根本不知道花是开是谢，怎么和我心没有关系。我看它，是因为我感觉到它，所以它就应了我：开或者谢；我不看它，是因为我没有感觉到它，所以它就不应我：我不知道它是否开或者谢。"

也就是说，你没有感觉，就没有反应；只有你有感觉，才有反应。

我们在世上，对任何东西都想有感觉，有了感觉，自然就有反应，所以心很累。王阳明对那些诟骂他的话，毫无感觉。因为那是别人的事，是我心外的事，我感觉不到，自然就没有反应。正如那朵开在深山里的花，我不看你，你鲜艳与否和我没有一点关系。也正如张、许二人的叫骂团队，只要没有感觉，那些叫骂就不会引起我任何反应。

王阳明是心学宗师，当然有这样的资质，但南昌城中的老百姓却没有这样的素养，他们替王大人愤愤不平，甚至有人决定要和那些叫骂团队成员用拳头讨个公道。

王阳明急忙派人告诉他们，不要对那些人有所怨恨，他们也是娘生的。有一天，他们会明白骂人是没有礼貌的，是丧良心的。他们之所以这样骂，是因为他们离家千里，在外面跑来跑去的，不见亲人，思乡之情要体味。而且，南方不适合居住，春天来了，他们更不适应。所以，他们身体的苦楚你们也体会不到。大家要将心比心，要体谅人家。

只有圣人才能说出这样的话，也只有圣人才能有王阳明那样的胸襟。他很快又下令南昌城内举行祭祀祖先的活动。当张、许二人的部队看到南昌城里到处都是招魂的白幡，一片哭声时，思乡、思亲的感情一上来，谁都无法自制地痛哭流涕。

张忠与许泰知道斗不过王阳明，于是准备告辞。临行前，对王阳明说："我们这次来就是清剿宁王余孽的，现在差不多了。我们很想走，我知道你先进的南昌城，宁王的财宝，你没少落下吧，拿出来，我们立刻走人。"

王阳明一本正经地告诉他们："朱宸濠反叛前把银子撒得像雪花一样，据说都撒到京城中的达官贵人手中，收买他们做内应。他专门留下了账单。你们要不要看看？"张忠、许泰魂不附体，急忙捂住嘴巴。

两人从来没有受过这样的委屈，所以暗下决心，必须要扳回一局。他们认为王阳明是个书生，肯定不会射箭。于是，二人硬是把王阳明邀请到训练场，递过去一张弓："听说你文武双全，来，射一下。"王阳明站在那里，一动不动，二人掩嘴而笑。笑音未落，王阳明突然举起长弓，一个漂亮的亮相，然后飞速射出三箭，三箭全中靶心，训练场上先是一片寂静，接着就是雷鸣般的欢呼。

张忠、许泰被震在当场，王阳明温和地把弓还给张忠，微微一笑，走了。

这年年末，张、许二人离开了南昌城。王阳明胜利了。

但张忠与许泰并非是一无所获，他们找到了王阳明与宁王勾结的证据：一，宁王曾私书"王守仁亦好"，湖口一知县可以作证；二，派冀元亨往见宸濠；三，王阳明也祝贺过宁王生日；四，宁王起兵是因伍文定等人的激励，而不是他的真心；五，破城之时纵兵焚掠，杀人无数，有南昌城内张三李四可以证明；六，捉宁王有一知县就可以了，所以，王的功劳没那么大，他的捷报过于夸大。

朱厚照正在那里琢磨，张永急忙把这一消息通知了王阳明。并且告诉王阳明，把工作重心转移一下，重写功劳簿。王阳明回复说，我早就改写了，不就是把功劳全给皇上吗？

张永说："张忠、许泰和江彬难道没有功劳？"

王阳明说："有，必须有。"

功劳簿重新编辑后，王阳明心体坦荡，于是上了九华山。在九华山，他除了游山玩水之外，只做一件事：坐于东崖峰顶岩头，一坐就是一天。阴魂不散的张忠派出锦衣卫去监视王阳明。王阳明明知道有人在监视他，却装作不知道。每天仍然玩静坐。锦衣卫也坐在东崖的一块岩石上监视王阳明，那块岩石至今还在，被称为"锦衣石"。

王阳明在九华山的苦闷从下面这首诗中可以看出：

尽日岩头坐落花，不知何处是吾家。
静听谷鸟迁乔木，闲看林蜂散午衙。
翠壁泉声穿乱石，碧潭云影透晴纱。
痴儿公事真难了，须知吾生自有涯。

诗归诗，王阳明还是希望能为江西百姓和天下人的安稳尽一份力，所以，他在九华山没住多久，就重新下山，在南昌城中继续他的良知学传播活动。

有一天，一个名叫杨茂的聋哑人来向王阳明请教如何对待"是非"，王阳明不懂手语，只好用笔和他交谈。

王阳明："你的耳朵能听到是非吗？"

答："不能，因为我是个聋子。"

王阳明："你的嘴巴能够讲是非吗？"

答："不能，因为我是个哑巴。"

王阳明："你的心知道是非吗？"

杨茂欣喜之情油然而生，指天画地地回答："能，能，能。"

于是，王阳明写道："你的耳朵不能听是非，省了多少闲是非；口不能说是非，又省了多少闲是非；你的心知道是非就够了。"

是的，我们所听到看到说到的一切是非，其实都是心的是非。管住自己的心，也就管住了一切是非。

我们似乎已经知道，王阳明在受到小人们的攻击时，使用的唯一秘密武器就是良知。他说，一个人只要相信自己的良知，并且不使它沾染物欲，就能解决一切问题。

第四节：此心光明

（一）

1521年阴历正月，王阳明提出“致良知”。从最开始提倡知行合一到静坐，最后到致良知，心学百川归海，喷薄而出。

他给自己的弟子邹守益的信中这样说道：“近来信得致良知三字，真圣门正法眼藏。往年尚疑未尽，今自多事以来，只此良知无不具足。譬如操舟得舵，平澜浅濑，无不如意，虽遇颠风逆浪，舵柄在手，可免没溺之患矣。”

良知真的如此神乎其神？王阳明之前，没有人说良知是披荆斩棘的秘密武器；王阳明之后，也没有人能把良知当成开天辟地的神技。

孟子最先提出“良知”，他说良知是恻隐之心、羞恶之心、是非之心。王阳明同意这种观点，他始终提醒弟子们，是非之心是良知的最大功效。一个人如果在意动的刹那知道是非，那他就知道了全部；如果还有良心在，那就肯定按照良知指引的是非去做或者不做。

但孟子从来没有提过“致良知”，所谓致良知，其实就是《大学》中提到的“致知”。朱熹说，天下有很多“知”，都需要我们去“致”，也就是去寻找。可王阳明却说，天下只有一种“知”，就是“良知”。致知就是致孟子所说的“良知”，也就是让我们用有良知的心去外做事，在内做人。

王阳明感叹说，用良知去做事这一道理“简易明白若此，乃一经沉埋数百年。”

他的弟子陈九川顺着老师的话溢美道：“亦为宋儒从知解上入手，认识神为性体，故闻见日益，障道日深耳。今先生拈出良知二字，此古今人人真面目，更复奚疑？”

人人都有真面目，但人人在世上时抛给别人的都是假面目。因为很多人都是在活给别人看，希望能活出一个别人心目中的美好形象，所以越活越累。王阳明说，最好的方式就是活出真面目，也就是有良知的那个自己，那个真我。

王阳明对陈九川的溢美并不领情，而是忧伤地说：“说得轻巧啊，你不知道我提出这三个字费了多少心血。正如有冒别姓坟墓为祖坟者，何以为辨？只得开圹将子孙滴血，真伪无可逃矣。我此良知二字，实千古圣圣相传一点真骨血也”。

王阳明认祖归宗的时间足足用了五十多年，千难万险，如他所说的“某于此良知之说，从百死千难中得来，不得已与人一口说尽。只恐学者得之容易，把作一种光景玩弄，不实落用功，负此知耳。”

有弟子就说：“老师您既然提出了良知的概念，那么，能否为我们好好解释一下良知呢？”王阳明说：“哑巴吃苦瓜，有苦说不出，若要知其味，还需你自尝。那么，如何致良知呢？”

王阳明回答，你的意一发动，你的良知就知是非，按他指引的去做就是了。如果你要蒙蔽他，那就不是致良知，长此以往，你的良知就泯灭了。

良知人人都有，所不同的是，有人能致良知，有人不能。英雄豪杰和庸人懒汉在此分道扬镳。

王阳明的“良知”学说并不仅仅局限于个人，还可以治国。在《传习录》中，王阳明就有一段长篇大论用心学治国之道。钱穆给这段起了个标题叫

《拔本塞源论》。

夫拔本塞源之论不明于天下，则天下之学圣人者，将日繁日难，斯人沦于禽兽夷狄，而犹自以为圣人之学。吾之说虽或暂明于一时，终将冻解于西而冰坚于东，雾释于前而云滃于后，呶呶焉危困以死，而卒无救于天下之分毫也已。夫圣人之心，以天地万物为一体，其视天下之人，无外内远近。凡有血气，皆其昆弟赤子之亲，莫不欲安全而教养之，以遂其万物一体之念。天下之人心，其始亦非有异于圣人也，特其间于有我之私，隔于物欲之蔽，大者以小，通者以塞。人各有心，至有视其父、子、兄、弟如仇雠者。圣人有忧之，是以推其天地万物一体之仁以教天下，使之皆有以克其私，去其蔽，以复其心体之同然。其教之大端，则尧、舜、禹之相授受，所谓"道心惟微，惟精惟一，允执厥中"。而其节目，则舜之命契，所谓"父子有亲，君臣有义，夫妇有别，长幼有序，朋友有信"五者而已。

唐、虞、三代之世，教者惟以此为教，而学者惟以此为学。当是之时，人无异见，家无异习，安此者谓之圣，勉此者谓之贤，而背此者，虽其启明如朱，亦谓之不肖。下至闾井田野，农、工、商、贾之贱，莫不皆有是学，而惟以成其德行为务。

何者?

无有闻见之杂，记诵之烦，辞章之靡滥，功利之驰逐，而但使孝其亲，弟其长，信其朋友，以复其心体之同然。是盖性分之所固有，而非有假于外者，则人亦孰不能之乎?学校之中，惟以成德为事。而才能之异，或有长于礼乐，长于政教，长于水土播植者，则就其成德，而因使益精其能于学校之中。

迨夫举德而任，则使之终身居其职而不易。用之者惟知同心一德，以共安天下之民，视才之称否，而不以崇卑为轻重，劳逸为美恶。效用者亦惟知同心一德，以共安天下之民，苟当其能，则终身处于烦剧而不以为劳，安于卑琐而不以为贱。当是之时，天下之人熙熙皞皞，皆相视如一家之亲。其才质之下者，则安其农、工、商、贾之分，各勤其业，以相生相养，而无有乎希高慕外之心。其才能之异，若皋、夔、稷、契者，则出而各效其能。若一家之务，或营其衣食，或通其有无，或备其器用，集谋并力，以求遂其仰事育之愿，惟恐当其事者之或怠而重己之累也。故稷勤其稼，而不耻其不知教，视契之善教，即己之善教也；夔司其乐，而不耻于明礼，视夷之通礼，即己之通礼也。

盖其心学纯明，而有以全其万物一体之仁。故其精神流贯，志气通达，而无有乎人己之分，物我之间。譬之一人之身，目视、耳听、手持、足行，以济一身之用。目不耻其无聪，而耳之所涉，目必营焉。足不耻其无执，而手之所探，足必前焉。盖其元气充周，血脉条畅，是以痒疴呼吸，感触神应，有不言而喻之妙。此圣人之学所以至易至简，易知易从，学易能而才易成者，正以大端惟在复心体之同然，而知识技能非所与论也。

三代之衰，王道熄而霸术昌。孔孟既没，圣学晦而邪说横，教者不复以此为教，而学者不复以此为学。霸者之徒，窃取先王之近似者，假之于外以内济其私已之欲，天下靡然而宗之，圣人之道遂以芜塞。相仿相效，日求所以富强之说，倾诈之谋，攻伐之计。一切欺天罔人，苟一时之得，以猎取声利之术，若管、商、苏、张之属者，至不可名数。既其久也，斗争劫夺，不胜其祸，斯人沦于禽兽夷狄，而霸术亦有所不能行矣。世之儒者慨然悲伤，搜猎先圣王之典章法制，而掇拾修补于煨烬之余，盖其为心、良亦欲以挽回以先王之道。圣学既远，霸术之传，积渍已深，虽在贤知，皆不免于习染，其所以讲明修饰，以求宣畅光复于世者，仅足以增霸者之藩篱，而圣学之门墙，遂不复可睹。于是乎有训诂之学，而传之以为名；有记诵之学，而言之以为博；有辞章之学，而侈之以为丽。若是者，纷纷籍籍，群起角立于天下，又不知其几家。万径千蹊，莫知所适。世之学者如入百戏之场，戏谑跳踉，聘奇斗巧，献笑争妍者，四面而竞出，前瞻后盼，应接不遑，而耳目眩瞀，精神恍惑，日夜遨游淹息其间，如病狂丧心之人，莫自知其家业之所归。时君世主亦皆昏迷颠倒于其说，而终身从事于无用之虚文，莫自知其所谓。间有觉其空疏谬妄，支离牵滞，而卓然自奋，欲以见诸行事之实者，极其所抵，亦不过为富强功利，五霸之事业而止。

圣人之学日远日晦，而功利之习愈趋愈下。其间虽尝瞽惑于佛老，而佛老之说卒亦未能有以胜其功利之心。虽又尝折衷于群儒，而群儒之论终亦未能有以破其功利之见。盖至于今，功利之毒沦浃于人之心髓，而习以成性也，几千年矣。相矜以知，相轧以势，相争以利，相高以技能，相取以声誉。其出而仕也，理钱谷者则欲兼夫兵刑，典礼乐者又欲与于铨轴，处郡县则思藩臬之高，居台谏则望宰执之要。故不能其事则不得以兼其官，不通其说则不可以要其誉。记诵之广，适以长其敖也；知识之多，适以行其恶也；闻见之博，适以肆其辨也；辞章之富，适以饰其伪也。是以皋、夔、稷、契所不能兼之事，而今之初学小生皆欲通其说，究其术。其称名僭号，未尝不曰吾欲以共成天下之务，而其诚心实意之所在，以为不如是则无以济其私而满其欲也。

呜呼，以若是之积染，以若是之心志，而又讲之以若是之学术，宜其闻吾圣人之教，而视之以为赘疣枘凿；则其以良知为未足，而谓圣人之学为无所用，亦其势有所必至矣！呜呼！士生斯世，而尚何以求圣人之学乎？尚何以论圣人之学乎？士生斯世，而欲以为学者，不亦劳苦而繁难乎？不亦拘滞而险艰乎？呜呼，可悲也已！所幸天理之在人心，终有所不可泯，而良知之明，万古一日，则其闻吾拔本塞源之论，必有恻然而悲，戚然而痛，愤然而起。沛然若决江河，而有所不可御者矣。非夫豪杰之士，无所待而兴起者，于谁与望乎？

我们翻译如下：

不能让天下人理解拔本塞源的主张，那么，天下向圣人学习的人，就会日益感到复杂，日益感到艰难，并将会渐渐沦为禽兽夷狄，还满以为在修习圣人的学问。不懂拔本塞源，即便一时理解我的主张，但最终还是问题此起彼伏，疑惑接踵而至。我即使唠叨不停，甘冒一死，也丝毫不能拯救天下。圣人之心，与天地万物融为一体，他看全天下之人，并无内外远近之别。只要是有血性的，都是他的兄弟儿女。圣人想让他们有安全感，并去教育他们，以实现他万物一体的心愿。天下平常人的心，起初与圣人并无什么不同。他们只是被自我的私心迷惑，受到物欲的蒙蔽而间隔，公天下的大心变成为我的小心，通达的心变成有阻碍的心。各人有各人的想法，甚至有将自己的父子、兄弟当仇人看待的。圣人为此深表忧虑，所以推广他天地万物一体的仁心来教育天下，让每个人都能克制私心，剔除蒙蔽，借以恢复人们原本共有的心体。圣人教育的重要内容就是尧舜所传授的“道心惟微，惟精惟一，允执厥中”，教育的细枝末节就是舜命令契的五个方面：“父子有亲，君臣有义，夫妇有别，长幼有序，朋友有信”。

尧舜与夏商周三代，所教、所学的只有这些。其时，人们没有不同的看法，户户没有不同的习惯，能自然做到这些的称圣；能努力做这些的称贤；违背这些的，即使聪明如丹朱，也为不肖。在街巷田野之中，从事农工商的人，均纷纷学习它，努力完善自己的德行。

什么原因？

因为他们没有纷繁的见闻、烦复的记诵、靡滥的辞章及对功利的追求，而只让他们去孝敬父母，敬重兄长，诚实待友，借以恢复心体中原本只有的。而这些是人性中固有的，并不是从外而借来的，又有谁不能做到？学校里所做的事，只是为了成就德行。人的才能各异，有的擅长礼乐；有的擅长政教；有的擅长治理水土和种植，这就需要依据他们所成就的德行，在学校中进一步培养各自的才能。

依据德行让他任职，并让他在这个职位上终生不再更改。作为领导，只需要让大家同心同德使天下人民安居乐业，注意他的才干是否称职，而不凭地位的高低来分重轻；不凭职业的贵贱来分优劣。作为被任用的人，也只需同心同德，使天下的人民安居乐业。若自己的才能适宜，即便终生从事繁重的工作，也丝毫不感到辛苦；从事低贱琐碎的工作也不认为卑下。此时，全天下的人高兴快乐，和睦相处，亲如一家。其中资质较差的人，就安守从事农工商的本分，工作勤奋，彼此提供生活必需品，没有好高骛远的念头。才能卓著的人，如皋、夔、稷、契等，就出仕当官，以发挥自己的才能。国事宛如家事，有的经营衣食；有的互通有无；有的制造器物，大家团结合作，齐心协力，纷纷献计献策，以实现赡养父母、养育子女的愿望，深恐自己在做某一件事时有所怠慢，因而特别重视自己的职责。所以，稷勤勉地种庄稼，不因为不明教化而感到羞耻，把契的擅长教化，看成自己的擅长教化；夔主掌音乐，不因为不懂礼而感到羞耻，把伯夷通晓礼，看成自己能通晓礼。

他们心地纯洁明亮，能够彻底实现万物一体达到仁的境界。因此，他们的胸怀宽广、志气通达，没有彼此的区分和物我的差别。例如人的身体，眼看、耳听、手拿、脚行，都是满足自身的需要，服务于自身的。眼睛不因没有耳朵的灵敏而感到可耻，但在耳朵听时，眼睛一定会辅助耳朵。脚不因没有手持的功能而感到可耻，但在手要拿东西时，脚也必定向前进。由于人身元气周流充沛，血液畅通，即使小病和呼吸，感官也能感觉到，并有神奇的反应，其中有不可言喻之妙。之所以圣人的学问至简至易，易知易从，容易学会，容易成才，正是因为它把恢复心体所共同的义理当根本问题来抓，而非只注重有关知识技能方面的事情。

自夏商周三代之后，王道衰落而霸道盛行。孔子、孟子去世后，圣学颠覆而邪说横行，教的人不肯再教圣学，学的人不肯再学圣学。行霸道的人，窃得与先王相似的东西，借助外在的知识来满足私欲，天下的人竞相模仿他们，圣人之道因此被丛生的荆棘阻塞了。人与人之间彼此效法，每天所关心的只是富强的技巧、倾诈的阴谋和攻伐的计策。只要能够欺天骗人得到一时的好处，可以获取声名利益的方法，人人都去追逐。比如管仲、商鞅、苏秦、张仪这种人，简直数不胜数。时间一长，人与人之间相互斗争、掠夺，祸患无穷，人与禽兽夷狄几乎没有两样，霸术再也行不通了。此时，世上儒者感慨悲痛，他们搜寻从前圣王的典章制度，在焚书的灰烬中拾掇修补，其意图正是要恢复先王仁道。但是，距离圣学的时代太遥远，霸术的广泛流传已造成不可磨灭的影响。即便是贤慧之人，也不免深受霸术的熏陶。如此，他们希望宣讲明白，整理清楚，以求在现实生活中重新发扬光大，但所作的努力反而增加了霸道的势力范围。相对来说，圣学的痕迹再也极难找到了。于是，为了名誉传播它，产生了训诂学；为了显示博学去谈论它，产生了记诵学；为了华丽去夸大它，产生了辞章学。如此沸沸扬扬，不知有多少人，竞相在天下争辩吵闹！面对万径千蹊，人们无所适从。世上的学者，如同走进了百戏同演的剧场，处处都是嬉戏跳跃、竞奇斗巧、争妍献笑之人，观者瞻前顾后，应接不暇，致使耳聋眼昏，神情恍惚，成天在那里胡乱转悠，乐不知返。他们仿佛精神失常，竟连自己的家也不知在哪里。其时，国之君也被这些主张弄得神魂颠倒，他们终生从事无益的虚文，自己到底说什么也一无所知。有时，虽有人觉得这些学问的荒谬怪诞、零乱呆滞而卓然奋起，欲有所作为，但他所能达到的，只不过是为争取富强功利的霸业罢了。

圣人的学问，越来越晦暗；功利的习气，越来越严重。其间，虽也有人推崇佛老，但佛老的观点始终不能消除人们的功利之心。虽也有人曾综合群儒的主张，但群儒的主张最终也不能破解人们的功利之见。功利之毒，已深深渗透到人的心底骨髓，积习成性，时至今日已达几千年之久。世人在知识上彼此炫耀，在权势上彼此倾轧，在利益上彼此争夺，在技能上彼此攀比，在声誉上彼此竞取。那些从政为官的人，主管钱粮还想兼事军事刑法；主管礼乐还想兼事官员选拔；身为郡县长官，还想提升到藩司和臬司；身为御史，又窥视着宰相这一要职。不能胜任那样的事，就不能担任兼管那件事的官；不通晓那一方面的知识，就不能谋求那方面的名誉。记诵的广博，恰好滋长了他的傲慢；知识的增多，恰好让他去为非作歹；见闻的广泛，恰好使他恣意狡辩；辞意的华丽，恰好掩饰了他的虚伪做作。因此，皋、夔、稷、契不能兼做的事情，现在，初学的年青人都想通晓他们的主张，穷尽他们的方法。他们树的名义招牌，都是为了什么共同促进天下的事业，但真正的意图是，以此为幌子来满足他们的私欲，实现他们的私心。

唉！凭如此的积习，凭如此的心志，而又讲如此的学术，当他们闻听圣人的教导，就把它当成累赘包袱，从而格格不入。因此，他们认为良知并不完美，认为圣人的学问是无用之术，这也是势所必然的了。唉！士者此生，又岂能求得圣人的学问？又岂能讲明圣人的学问？士者此生，以学为志，不也是太劳累、太拘泥、太艰难了吗？唉，真可悲啊！有幸的是，人心中的天理始终不会泯灭覆没，良知的光明，万古如一日。那么，倾听了我所讲的拔本塞源的主张，一定会恻然而悲，戚然而痛，拍案而起，如决口的河水，一泻千里而势不可挡！若非豪侠之士，自觉勇敢地奋起，我又对谁寄予厚望呢？

（二）

1527年，继朱厚照之后的嘉靖皇帝在位的第六个年头，王阳明被中央政府想起，要他到广西平叛。

这六年时间里，王阳明的心学已坚如磐石。他能用心学的力量解决一切问题，不过，只是不能解决他的身体状况。他的身体状况越来越糟。当嘉靖皇帝新上任，准备授予他更高级别的官职时，王阳明就以身体状况为由，婉拒了。嘉靖又授予他新建伯的爵位，他也几次三番上书要求收回。因为责任越大，就代表着你要付出更大的力量去支撑这种责任。他只想把最后的生命献给心学，所以在浙江老家的这六年时间里，他时刻在讲学，在精研他的心学真经。

1527年，嘉靖皇帝命令他到广西剿匪时，他并没有拒绝，正如他所说的“若非豪侠之士，自觉勇敢地奋起，我又对谁寄予厚望呢？”没有人奋起，他只好自己奋起，这是心学的事功主义，也是王阳明本人知行合一的力量。

就在准备奔赴广西前线前，心学史上的光辉一幕“天泉证道”上演了。

天泉证道的两个配角是王阳明的弟子钱德洪和王畿。二人在一起辩论王阳明的四句教：无善无恶心之体，有善有恶意之动。知善知恶是良知，为善去恶是格物。

这是王阳明在老家多年来提出的心学四句口诀，被心学门徒奉为心学真经。王畿说：“先生的四句较后二句‘知善知恶是良知，为善去恶是格物’有问题。”

钱德洪就问：“什么问题？”

王畿回答：“老师说过，身、心、意、知、物是一回事，既然心体无善无恶，意亦是无善无恶，知亦是无善无恶，物亦是无善无恶，那么若说意有善有恶，那岂不是证明心亦未是无善无恶？”

钱德洪说：“心体本来是无善无恶，可习染既久，觉心体上见有善恶在，为善去恶，正是复那本体功夫。若见得本体如此，只说无功夫可用，恐只是见耳。”

王畿认为钱德洪的解释不符合自己心意，就说：“那咱们找老师问问吧。”于是，二人各自把自己的理解说给王阳明听。

王阳明很高兴，说：“正要二君有此一问！二君之见正好相辅，不可相斥。”

钱德洪问原因。

王阳明回答：“有只是你自有，良知本体原来无有，本体只是太虚。太虚之中，日月星辰，风雨露雷，阴霾饐气，何物不有？而又何一物得为太虚之障？人心本体亦复如是。太虚无形，一过而化，亦何费纤毫气力？你能明白这个道理，便是合得本体功夫。”

王畿也问。

王阳明回答：“你见得此意，只好默默自修，不可执以接人。上根之人，世亦难遇。一悟本体。即见功夫，物我内外，一齐尽透，此圣人不敢承当，岂可轻易望人？二君以后与学者言，务要依我四句宗旨：无善无恶是心之体，有善有恶是意之动，知善知恶是良知，为善去恶是格物。以此自修，直跻圣位；以此接人，更无差失。”

王畿又问：“本体透后，于此四句宗旨何如？”

王阳明回答：“此是彻上彻下语，自初学以至圣人，只此功夫。初学用此，循循有入，虽至圣人，穷究无尽。尧舜精一功夫，亦只如此……二君以后再不可更此四句宗旨。此四句中上下无不接着。我年来立教，亦更几番，今始立此四句。人心自有知识以来，已为习俗所染，今不教他在良知上实用为善去恶功夫，只去悬空想个本体，一切事为，俱不着实。此病痛不是小事，不可不早说破。”

这就是天泉证道，在理解四句教前，我们先了解一下王阳明心学的基础知识。

王阳明所谓的良知是人的本体，所谓本体是与生俱来的，你不能用语言描述它，你只需要知道，它是个空空的东西，就像老子说的“道”。这个东西没有善恶之分，也没有是非之分。它本身就像是一面明亮的镜子，什么都没有，但其实它什么都可以有。

王阳明曾说，身心意知物是一个东西，其实就是一个心。因为你身体必须要靠心才能存在，而意动，就是心动。没有心就不可能有知。意所动处必有物（事）。

了解了这些，我们再看王阳明的四句教，就简单许多。其实，四句教可以按两种方式来理解。第一句（无善无恶心之体）和第三句（知善知恶是良知）可以跟那些上等智慧的人说。这其实是告诉上等人，你本来就有良知，它能知是非善恶，你所要做的只是好好维护它就是了。第二句（有善有恶意之动)和第四句(为善去恶是格物)是讲给那些中下等智慧的人说的。因为这些人的良知都被遮蔽了,他们随意发出的一个“意”都有善恶;良知不工作,他们也不知道到底什么是善恶,所以必须要让良知工作,工作的方法就是格物(去事情上正心)。

第二种方式,可以用王阳明的亲身经历来理解。

王阳明在老家浙江时,曾有位老人卖给王阳明一块土地,王阳明当时没有买。有一天,他和弟子们心情舒畅地去野外郊游。忽然一位弟子指着一块山清水秀的地方说,那里就是那位老人要卖的地。王阳明一见,非常懊悔,说,当初真应该买下来。可他这个念头才在脑海中升起,马上又起了个懊悔之心,他说,我怎么会有这样的坏念头,这就是贪欲啊。必须马上把它祛除,于是,一整天时间,王阳明都用在克制这个念头上了。晚上回家,他才舒出一口气说,我心情终于舒畅许多了。

这个故事就是四句教的现场说明:当王阳明和他弟子们走在风景如画之地时,他的心什么都不想,那就是无善无恶的状态,也就是心的本体(无善无恶心之体)。可当弟子们告诉他那件事后,他马上就起了个懊悔的“意”,这就是意之动(有善有恶意之动)。意动后,王阳明的良知立即启动,警告他,你怎么会有这样的懊悔意(知善知恶是良知)?这意必然是私意,因为你想占便宜,这就是贪欲。王阳明立即遵从良知的命令,正自己的心(为善去恶是格物)。

“四句教”28个字,可以解释我们生活中所有的事。普通人做事,都是“有善有恶意之动”在搞鬼。我们尤其要注意到那些特别容易冲动的人,他们本来没有任何想要做坏事的想法,可一遇刺激,错误的意念发动,又不肯受良知的命令改过,结果就铸下大错。

不过,世界上绝大多数人都停留在第三句(知善知恶是良知)上,而都不能走到第四步(为善去恶是格物),这就是为什么我们不能致良知的最根本的原因。

（三）

广西的叛乱是被政府官员逼出来的。广西西南是少数民族聚居的地方，自朱元璋时起，西部的田州，南边的思州，知府一职均由名将岑伯颜子孙世袭。朱厚照在位时，田州知府岑猛实力逐渐强大，有了傲视一方的心。当地政府官员又不失时机地对其进行敲诈。岑猛最后发现，在满足那些官员的贪欲和革他们的命之间，后者最省力。于是，他起兵造反，立即震动广西和北京。

嘉靖皇帝很快就点了一员猛将：姚镆。姚镆虽然是读书人，但没有读书人的悲天悯人，认为枪杆子能解决一切。到广西不久，他采用激烈的镇压手段，很快就镇压了岑猛，岑猛身死，他的叛乱部队一哄而散。

姚镆平定叛乱后，却不能善后，广西仍然是血雨腥风。岑猛的两位部将卢苏和王受重新拉起造反大旗，在姚镆离开广西后，二人的声势比岑猛还要浩大，田州、思州（今南宁以北及武鸣县西北，和百色市及田阳、田东一带地区）立即陷落。

军情传到中央时，姚镆被立案调查。嘉靖皇帝要首辅桂萼推荐合适人选，桂萼手上的确有人选，可全是半瓶子醋。有人就暗示他，当初有位名动天下的人物，剿匪功夫宇宙无二。桂首辅一拍脑门，说："哎哟，我怎么把他忘了。"

于是，王阳明就接到了圣旨，要他到广西剿匪。

王阳明当时肺病严重，其实已下定了老死浙江的决心。但君命难违，良知更不许他置之不理。广西百姓深受土匪侵害，他在推辞了一番后，顺理成章地启程了。

1528年阴历十一月二十日，他到达广西桂林，马上开府办公。他的部队也很快集结，许多人都有预感，一场惨烈的战争即将来临。

但王阳明用一个字就让别人的预感成为笑话，他说，对待卢苏和王受，用抚，不用剿。

众人大吃一惊，有将领就说，卢、王二人和江西的土匪不同，这二人是少数民族，有信仰，一个有信仰的人只能战死沙场，从来不会负荆请罪。

王阳明说，我也是迫不得已，剿和抚，其实最容易的当然是剿，因为直来直去，不需要和别人展开心灵之战。世界上最难的事其实就是心战，我虽然有良知学护体，但心战的次数多起来，老人家我的心也是受不了的。如果我们采取军事行动剿，正好符合了某些人的心意。

众人又是大吃一惊，王阳明就问他们："诸位觉得我们最大的敌人是谁？"

有弟子说，我们的内心。因为您说过，破山中贼易，破心中贼难。

王阳明说，这句话要变通地来理解。心中贼未必就真的在我们心中，也许在外面，但由于我们不得不重视它，所以我们必须要意动，于是也是我们的心中贼。在我们面前，卢、王二人是山中贼，他们和我们不共戴天。但就在我们背后，看起来是我们朋友的人，却正是我们的心中贼。心中贼为何难破，是因为它表面上是我们的朋友，其实是我们最大的敌人。

王阳明说的第一个心中贼正是首辅桂萼，有关这件事，需要补充一下。

王阳明来广西之前，曾接到桂萼的亲笔信。桂萼说："让你去广西剿匪不是终极目的。你的终极目的是搞定广西的土匪后，乘势攻击交趾国。"也就是说，桂萼要建下震天动地的奇功，成为那个时代最伟大的民族英雄。

不过，桂萼没有这样高尚的情操，他的欲望只是想获得名利。王阳明到广西，深思熟虑后，就给嘉靖皇帝写信说，卢、王土匪应该以抚为主，绝不能剿，而且还详细地列出了十条剿抚的利害关系。嘉靖皇帝同意，桂萼气得要爆炸。但由于他离广西太远，而且王阳明被允许有"便宜行事"的大权，所以他不能把王阳明怎样。

王阳明的第二个敌人，是一个群体，以元老杨一清为代表。桂萼推荐王阳明时，杨一清就大大不满意。因为王阳明太有才华，太无懈可击，一旦在广西立功，肯定会被嘉靖提到中央来做官。杨一清固然也是才华横溢，但和王阳明一比，他就和白痴毫无二致了。所以，他不希望王阳明去战场，当然，更不希望的是，王阳明有机会来北京和他以及他的那群同僚们争夺风光。

对付杨一清那些人，王阳明有办法。他给杨一清写信说，自己身体太差，来广西实在是逼不得已。等平叛后，他希望给自己安排个闲职，安享晚年。

这封信写的是那样诚恳，杨一清为之动容。所以，他马上命令他自己的嘴和那些嫉妒王阳明的人的嘴，先闭起来。

于是，王阳明看到了整个北京都在支持他，他安下心来，到达南宁，开始对卢苏和王受进行招抚。

王阳明才到南宁，卢苏和王受就已得知。他们两人恐惧于王阳明的大名，每天晚上做噩梦，梦见江西那群死得很惨的土匪。几天下来，二人已成惊弓之鸟。当他们听说王阳明要逼近田州时，更是惶惶不可终日。

可是，几天过去了，王阳明没有任何动静。探子回报说，王阳明的大军并没有到，只有几千人的民兵。当一个人被吓破胆后，对方越是安静，他自己却越是焦虑万分。他们希望王阳明能有所行动，大家一起踏上战场，来个你死我活的战斗，即使是死亡，也总比这种心灵煎熬要快活十倍。

他们等待着，等待着，王阳明终于来了——派了位使者。

双方一见面，使者大谈特谈广西的局势和官场的肮脏，最后落到二人身上："你二人其实也是受不了压迫，才走上这条路的，王大人对此深表同情。"

卢苏和王受为之动容，说，如果有好日子过，谁会过这种把脑袋挂在裤腰上的心惊胆战的日子？

使者于是开门见山："王大人想招抚你们，不知二位的打算是什么？"

王受和卢苏面面相觑，谁也看不出谁脸上有主意，于是说："这个事情我们再考虑一下。"

使者说："那咱们就随时沟通。"

第二天，王阳明的使者又来了，问："考虑的如何？"

王、卢二人考虑了一夜，眼睛布满血丝，最终让王阳明答应两个条件：

“一，我们要带一万精兵前去投降；二，你们的哨兵都要换成我们田州的人。”

使者说：“这件事我就能做主。王大人说了，你们都是有良知的人，对待有良知的人，绝不欺骗，绝不使用武力。”

一天后，使者再次来到，说：“王大人也有个条件：你们把造反当儿戏，如果不给你们一点儿惩罚，朝廷威严何在，所以，你们可以穿着盔甲，让我揍你们一百棍。”

二人一听，说：“这个条件根本就不是事，我们同意。”

很快，双方达成协议。协议达成的当天，二人领着一万精兵来到南宁，二人独自见王阳明。王阳明一见二人，严厉地数落他们冒犯朝廷之罪，然后揍了每人一百棍子。这一百棍子因为有王阳明提前对行刑人打过招呼，所以很轻，像是抚摸。

二人领刑完毕，王阳明对二人说：“两位需要帮我稳定广西局势。”

二人拍着胸脯说：“义不容辞。”

王阳明说：“把你们的武装部队解散。”

二人说：“没有问题，还有呢？”

王阳明说：“没有了。”

这场折腾了近两年的民族纠纷，就这样被王阳明在不动声色间解决了。未动一兵，未发一箭，使数万人活了下来。

但是，广西还有百姓生活在水深火热之中，他们的痛苦源泉来自大藤峡。大藤峡位于广西黔江中下游，长约50公里，是夹浔江及其南端的府江两岸连山最高、最险恶的地方，登上大藤峡顶，数百里移动的物体都历历在目，简直就是明朝版的埃菲尔铁塔一样。埃菲尔铁塔是很容易攀登的，但大藤峡是夹江峻岭，上山路径仅一线，又须历千盘。所以，盗贼们都喜欢在这里扎根。

大藤峡的传奇故事早在1386年就已正式上演，由于当地少数民族政策的失策，这里的瑶族造反，杀掉地方长官，在大藤峡一带建立据点，垄断了桂平至武宣的黔江水路数十年。1442年，广西史上很有名气的乱民侯大苟将大藤峡瑶民的造反事业推向高潮。1463年，侯大苟夜袭两广总督衙门，攻破武装部，把大量武器搬上了大藤峡。在之后的两年时间内，侯大苟控制了梧、浔、柳三府十多个州县。侯大苟并不是农民起义，而纯粹是杀人越货的土匪，这里的百姓倒悬水火。广西后来不能容纳他们，他们又跑到广东、湖南、江西等省的一些州县杀富济己。

中央政府忍无可忍，派遣鹰派人物韩雍统帅16万兵马，杀向大藤峡。

韩雍一路过关斩将，扫荡了大藤峡的外围，然后围困大藤峡。攻击不下后放火烧山，借着烟雾，他的中央正规军拿着盾牌、扒山虎、压二笆等登山工具鱼贯而进。双方短兵相接，战役进行了一天。大藤峡土匪们最后弹尽粮绝，韩大将军活捉了侯大苟等780多人，杀死男女老少3200多人。

为了解除后患，韩雍放火烧断了跨江而过的大藤，并把峡名改为断藤峡。但野火烧不尽，春风吹又生，错误的民族政策使得1526年的大藤峡死灰复燃，许多少数民族再次和政府抗衡，爬上大藤峡，并与八寨（思吉、周安、剥丁、古卯、罗墨、古钵、古蓬、都者等八个寨堡）、苍梧等地的土匪们遥相呼应，连成一片，重新控制了黔江上下数百里的广大地区。

王阳明解决了思、田二州后，到下面探访民意，有人就控诉大藤峡的土匪们无恶不作，希望王战神能把他们解决，把百姓从地狱中拯救出来。

王阳明的良知告诉他，这是一群丧失良知的人，对付这样的人，只能采取暴力手段。

王阳明以带病之躯，开始做调查。很快，敌人的优点出来了：大藤峡山上出产的植物可以供应他们最低水准的生活。所以，想要在山下围死他们的计划可操作性不大。但敌人也有弱点：他们把大藤峡看成是铜墙铁壁，所以警惕性并不高。一个人总是躺在优势薄上，总会犯错。

王阳明拿出了他的剿匪法宝——虚虚实实。

他先是声称，断藤峡和八寨这地方不是好地方，政府必然要给予坚决地打击。两地的贼匪们一听，立即躲了起来。但躲了很多天，没见动静。他们又出来了。派人去打听，王阳明这老头在办学校。军队早就遣散了。

贼匪们还是不肯放心，因为他们也听说过王阳明是个狡诈的老头，善于指东打西，不靠谱。又过了些时日，他们放心了，因为听说王阳明身体很差，已经写了请假条，准备回老家去了。

王阳明身体的确很差，也的确写了请假条。这一切都是实的，他同时还做了一件实事，就是让部队分两路偃旗息鼓地悄悄进山。当贼匪们已经放松警惕时，一路大张旗鼓地攻击贼匪的正前方，而另外一路则由卢苏和王受率领，在夜间向石门发起偷袭。石门是八寨通往上林、宾州的门户，有“一夫当关万夫莫开”之称，多年以来，官军总在这里吃亏，每次来到都会扔下些尸体而逃跑。王阳明所以让卢苏和王受来啃这块难啃的骨头，就是因为这二人刚被招降，想要立功得到好感。所以，他们极为卖力，奇迹般把石门攻破了。石门一破，贼匪们已是胆战心惊，正面部队也很快攻破他们的营寨。双方死力拼杀，官军越来越多，贼匪们暂时撤退，但很快，他们就组织起了一次反击。可惜，官军比他们人数多，他们的反击计划失败了。他们又败奔断藤峡。官军乘胜追击，贼匪们被官兵追得无路可逃，只好跳进水里横渡，结果被大水冲走无数。

王阳明命令，务必斩草除根。所以，官军们就开始在山上大搜捕，把大小山洞搜了个遍。八寨很快宣告被剿平，史称：“断藤之贼略尽”。时人对“八寨”之贼有着清醒的认识，说：这个地方和断藤峡的贼是百六十年所不能诛之剧贼，是粤南诸贼的渊薮，八寨不平，两广不能入眠。

王阳明的这次战果并不丰厚，一共才杀掉了三千多人。但是，他也才动用了不到一万五千人。他创立了政府在这一带作战成本最低、成效最大的纪录。

在平定大藤峡后，他向中央政府上了一道《处置八寨断藤峡以图永安疏》。他认为，善后工作应该这样做：第一、移筑南丹卫于八寨；第二、改筑思恩府城于轩豁秀丽、便于贸易的荒田；第三、增筑守镇城堡于五屯。他的方略是：“谋成而敌自败，城完而寇自解，险设而敌自摧，威震而奸自伏。”这和当初秦始皇把各国的城墙推倒异曲同工。

在这封奏折的后面还有一封信，仍然是请假条。他根本没有等中央是否批准，就上路，目标是浙江余姚，他的老家。他病得太严重，几乎东倒西歪，他的心学无法拯救他的肉体，他心知肚明。可能就在离开广西的那一刻，他已经知道命不久存，但他希望自己能叶落归根。所以，当中央政府那群羡慕嫉妒恨的官员在商量该对他赏还是罚时，他只是冷笑几声，乘船而去。

对于王阳明在广西建下的不世之功，桂萼说："没有让他剿灭大藤峡的土匪，他既然擅自剿杀，这是违抗君命，所以要罚。"有良知的官员说："王阳明抚招田、思二州，不动官军一兵一卒；平定断藤峡，不费官库一文钱。有功如此，反而严惩，就不怕天下人耻笑？"

桂萼自知理亏，但却面不改色地说："即使不罚，也不该赏。"

这才是他的真实目的。不赏王阳明就等于王阳明还是从前的王阳明，他没有资格来中央。王阳明根本就没有想过来中央，他曾对一位步入官场的弟子说，在官场中行走要比在江湖行走险恶十倍，如果不能用功致良知，下场将是非常惨痛的。

可能从他提出"致良知"时，甚至是他提出"心即理"时，就对官场和政治没有了兴趣。因为在他看来，政治场中能有良知的人少之又少，能致良知的人凤毛麟角。身在那口大染缸中，好人也会变坏，坏人则会更坏。因为世界上良知功夫精深的人实在是太少了。

王阳明一路北上，由于身体的原因，在船上几乎很少坐着。等到王阳明到达乌蛮滩时，船家指着岸说，上面有一座伏波庙，王阳明咬着牙到上面去拜谒了。到达梅岭时，他对自己的学生——广东省的二把手王大用说："你知道孔明托付姜维的故事吗？"

王大用几乎要哭出来，含泪点头。他立即找木匠来做棺材。到了南安，王阳明硬撑着离船，上轿。他的弟子周积和张思聪闻讯赶来迎候王老师。他们进船来给王老师请安。王阳明勉强坐起，但已经咳嗽成一团。脸色发青，一句话都说不出。

好不容易可以说话了，王阳明第一句话就是："近来进学如何？"两位门生做了简略回答，立即问老师身体。王阳明苦笑："所以还没有离开你们，只是一口元气在。"

学生们几乎要失声痛哭。

忽然一日，王阳明问："到哪里了？"

侍者回答："青龙铺。"

王阳明沉默不语，然后是剧烈的咳嗽，恨不得把肺咳出来一样。

嘉靖七年(1529年)十一月二十九日辰时，王阳明让人叫周积进船舱来。周积躬身侍立，许久，王阳明睁开眼睛，微微一笑，说了三个字："我走了。"周积泣不成声，"老师，有何遗言？"

王阳明微微一笑，八个字："此心光明，亦复何言？"

说完，闭上眼睛，离开了人间。

王阳明去世后，他的很多学生都大肆渲染老师的伟大。不过，这可能不是王阳明希望的事。他在世的时候，有一次他的学生溢美他，老师您就如泰山，如果世界上还有人看不到你，那真是有眼无珠。王阳明说："泰山有平地大吗？有多少人能看到平地？"

这就是王阳明，他是平地，我们看不到他，那是因为他太大了，用他光明的心照亮了世界上所有的平地。那些自诩为泰山级别的人物和王阳明比起来，不过一粒尘埃。可悲的是，我们却总拿尘埃当回事，视而不见王阳明这样渊博浩瀚的平地。

第二部分　伏首拜阳明

第四章 王阳明何以让日本崛起

人所共知，日本崛起于明治维新。中国资产阶级革命派的思想大家章炳麟说：『日本维新，亦由王学为其先导。王学岂有他长？亦曰自尊无畏而已。』这种认识虽然以偏概全，但的确说中了一点：日本幕府统治末年前仆后继涌现出来的人物，抛头颅洒热血在所不惜，与漂洋过海到日本的阳明心学中所包含的自尊无畏、立志改革的狂狷胸襟和思想有着不可分割的关系。

第一节：日本，心学漂洋过海来看你

（一）

心学在日本生根发芽，光芒四射，先要提到两个人。一个是叫了俺桂梧的和尚，一个就是阳明学日本分支的创建者中江藤树。

1503年，当王阳明在杭州思索圣人文学的时候，了俺桂梧以日本使者的身份来到中国，潜心研习中国儒学(其实就是朱子学)。没有资料证明他和王阳明是何时相识的，不过两人的关系肯定不一般。就在10年后的1513年了俺桂梧回国时，王阳明特意为他做了篇动人的送行文章，搞得这位道行高深的和尚甚为感动，流下了泪水。1513年，王阳明创建心学已6年，了俺和尚对这门几乎近于神迹的学说必然有所了解，当他回到日本后，在给政府提供朱子学说的同时，也就顺带把心学也记录下来。从此，心学在日本开始生根，但发芽，却很艰难。

众所周知，任何一种思想欲破茧而出，化蛹成蝶，必须有独立性。但15、16世纪的日本，任何一种学术思想都要依附于佛教和神社。中国儒学虽然早就传入日本，却只是被统治阶层当成教养的工具，儒学被统治阶层垄断，下层人无缘见到儒学的神秘面目。

转机来自江户幕府的创建者德川家康(1542—1616),这位明智之士发现中国朱子学的纲常名教很利于培养忠实的奴仆和恪尽职守的官僚,所以大力提倡朱子学,并以政府的名义在全国大力推行。如你所知,一种思想一旦被官方确定为意识形态,这种思想很快就会僵化,失去活力,成为人人都想扳倒的不倒翁。这在中国尤其明显,王阳明创建心学的一个主要目的就是跟已成为僵尸的朱熹学说对抗。在幕府统治日本的二百多年里,朱子学作为显学,也走上了这条不归路。不过,日本通过朱子学得到了一个难以置信的附带品:武士道。在中国,朱子学连这点附带品都没有贡献。

武士道精神的提倡者正是日本阳明学的开创者中江藤树(1608—1648)。和王阳明一样,中江藤树从小接受的就是朱子学教育,他天赋异禀,自学《四书大全》,20多岁时在日本就已跻身朱子学顶级专家行列。

有一天,中江藤树在翻看中国儒家学说时忽然觉得,中国的“儒道”与日本的“武士道”也有近似之处。中国的“儒道”讲究“臣为君死,毫不保留”。也就是“忠”、“勇”精神。那么,日本的“武士道”又是什么呢?

日本“武士”阶层起源于646年中大兄领导的大化革新。

——注意这个人,就是他后来在位的公元663年,中日之间爆发了白江口海战,中国彻底打残了日本,使得日本马上掉头来学习唐朝的一切。

所谓“大化革新”,就是仿照当时中国政制模式,建立以天皇为中心的中央集权制国家。既然是中央集权,那百姓的土地就必须收归国有,但多年后,日本中央权力式微,各地的贵族地主通过各种手段聚集了大量土地,建立起了“庄园”。“庄园”需要维护和保护,防止被贫民抢劫。所以,贵族们就请了很多保镖,这些保镖就是武士。随着武士的不断增多,武士家族开始出现,并力量茁壮。1192年,源赖朝在镰仓建立了镰仓幕府,这是日本第一个武家执政的政权,武士阶层开始正式登上日本的历史舞台。

由于武士出现的原始目的就是保护主人的财产,所以主人必须要他死心塌地地为自己卖命。这就形成了一种武士之道。所谓“武士道”指的是武士在日常生活以及在执行任务时所需要遵守的道德行为准则，其中包括忠、孝、勇、礼、诚、知耻、名誉、勤俭等等。

（二）

不过，武士道发展到中江藤树时代时，虽已几百年，可那些行为准则没有理论依据。没有理论的“道”就不能称为“道”，只能是一种外在的准则和行为规范。中江藤树有一天突然发现，中国的儒道恰好可以为武士道提供理论源泉。也就是说，他把儒家的理论（其实就是朱子学）嵌进武士道精神中，使之相和。这是一次对武士道精神高度的理论贡献，在他的整合下，武士道是以为主君不怕死、不要命的觉悟为根本，强调“毫不留念的死，毫不顾忌的死，毫不犹豫的死”，为主君毫无保留地舍命献身的精神。

所以，中江藤树忽然旱地拔葱，成了日本的大圣人。

中国儒家系统中的“圣人”是活宝，千百年来，可怜兮兮的不超过十个人。中国人口比日本要多出几十倍，才出了十个不到。而人口稀少的日本忽然间就出了一个，这让人有些难以置信。后来日本兵把武士道精神用在了战场上。

如果你对中国儒家稍有了解，就完全可以肯定，中江藤树创建的武士道精神理论，并非全部来自中国儒家。中国儒家思想中有杀身成仁之说，出自《论语·卫灵公》，原文是这样说的：“志士仁人，无求生以害仁，有杀身以成仁。”意思是：“有志之士和仁慈之人，决不为了自己活命而做出损害仁义的事情，而是宁可牺牲自己也要恪守仁义的原则。”“杀身成仁”中的“仁”是仁义、仁爱，儒家道德的最高标准。原指为正义而牺牲生命，后来泛指为了维护正义事业、成就崇高理想而舍弃自己的生命。而后来《孟子》中提出的“君子不立危墙之下”的说法是指人应顺从天命，接受的是正常的命运，因此懂得天命的人不会站在危墙下面。尽力行道而死的，是正常的命运。讲的是做人的道理。《孝经》中提出：“身体发肤，受之父母。不敢毁伤，孝之始也。”是说身体发肤是父母所赋予的，不敢毁伤，这是孝的开始。因此，中国儒家思想中的杀身成仁是为了正义而牺牲生命，而在平时还是要爱惜自己的生命，顺从天命，尽孝道。但武士道精神却是不怕死，为了效忠主子和自己的尊严，视死亡如儿戏。这与中国儒家思想相去甚远，是背道而驰的。

我们无法搞明白，中江藤树为什么会把儒家口头上的表演当成事实。或许只有一种可能，他没有来过中国，没有见识过儒家贪生怕死的烂污精神。

日本武士道精神在世界上发挥了令人震撼的爆破力，原因只有一个：武士们从小就接受了没有人性的思想教育。比如日本最出色的武士世家山本常朝家族就规定，家族成员5岁时就要斩杀狗，15岁时就要斩杀死罪者。前提是，必须“义勇奉公”，只有为了公义，人命才无关紧要。如何保证武士不滥杀，当然需要平常训练保驾护航，克己、理性的勇武和知道羞耻是武士的三门必修课。

（三）

王阳明说，人唯有能克己，才能成己。只有理性的勇武才是真正的勇武，否则只能是屠夫。只有知道羞耻，才有奋发向上的动力，才能做出惊天动地的事业来。

不过，就在中江藤树用朱子学为武士道提供理论后，忽然转向朱子学的死对头阳明学。这缘于他三十七岁那年所读的《王阳明全书》，彻悟之下，发现只有王阳明才真正继承了儒家大亨孔子的精髓，朱熹只是形似而已。

其实任何努力钻研朱熹学说的人只要拿起王阳明的心学，都会有豁然开朗、重见天日的感觉。因为王阳明的学说飘逸轻灵，与朱熹那一本正经的学说相比，使人耳目一新。而且，王阳明心学的一大特点是，显而易见，也就是说，入门特别容易。中江藤树不过用一年的时间，就切中王阳明心学的动脉。他说，阳明心学告诉我们，道德秩序的最高范畴存在于每个人的心中。

只要“明德”、“慎独”、“格物”，每个人都能成为圣贤。而真正的学问（圣人之学）就是“以心读心”的“心学”。

“炼心”一时成为日本阳明学的最高指示，中江藤树之后，日本阳明学派最有名气的一派就是具有强烈内省性格的德教派，中江藤树的弟子渊冈山滴水不漏地继承了中江藤树的“炼心”思想。而另一派虽然承认中江藤树是日本阳明学的开创者，但却走上了王阳明心学最重要的一条路，这就是以改造世界为己任的事功派，著名人物有熊泽蕃山、大盐平八郎和后来的维新元勋们。

不过，在当时的日本，虽然有这些精英苦心孤诣地传播阳明学，可在朱子学当家做主的时代，阳明学没有大显光辉的机会。

中江藤树和他最得意的弟子熊泽蕃山死后（公元1691年），阳明学进入死寂般的墓道期。至于另外以事功为主要思想的知行合一派，更是因为没有平台而销声匿迹。直到18世纪末19世纪初，也就是江户时代（1603—1867年）后期，阳明学派才重新绽放光彩。

第一个把王阳明心学用到实践上的就是大盐平八郎。

第二节：揭竿而起的心学门徒——大盐平八郎

（一）

王阳明心学的力量在日本首先被大盐平八郎展示。大盐平八郎是日本史上比较有名的起义者之一。他用心学武装自己，从而发动了武装革命，证明了心学无孔不入的渗透力。

大盐平八郎出生于1793年，正好是德川幕府统治日本的江户时代后期。大盐平八郎的少年时代比较不幸。7岁时老爹呜呼，8岁时老娘离世，他跟着爷爷一起生活。14岁是他人生的拐点，他继承了爷爷在大阪东町奉行所的“与力”职务，而当上了“见习与力”(实习警察局局长)。这是一个有分量的职位，地位仅次于奉行(地方行政兼军事执行官)。

14岁，不过是初中生毕业的年纪。忽然平步青云到他从未想过的高位，这自然使他神魂飘荡，忘乎所以。他可能在那个显赫位置上得罪了很多人，有一天，一名武士向他言辞挑战：你这样的人不配领导别人。

大盐平八郎又羞又恼，因为在当时的日本，武士是最让人崇敬的一个职业，遗憾的是，他不是武士。当他在自己的家谱上看到先祖曾经是一名武士时，激发了他“出人头地”的念想，他开始以青年人的热情学习文武之道，精读朱子学，学习骑射和枪炮技术。经过五年时间的刻苦修行，他终于成了一名合格的武士。

这一时期，他的梦想和几百年前的王阳明一样，都是成为“圣人”。所谓“圣人”，无非是建立下震动天地奇功的人。然而，他也和王阳明一样，在左冲右突的现实学习和践履中，总是碰壁，没有平台去施展抱负；况且，他的抱负只是好胜心驱使下的冲动的产物。同时他也深刻地感觉到，自己那点学问修养简直不值一提。人人都有自命不凡的时候，王阳明有过，大盐平八郎这一点更加强烈。自命不凡是人人都必须要经历的一个关卡，能过关的人，会继续激情向前；止步不前的人，会活在由自己编织的梦幻里，一事无成。

大盐平八郎很幸运，他过了关。他认为，建立震动天地的功业是可遇不可求的。他感到人生的迷茫，于是，毫不犹豫地辞职，一头扎进朱子学中，埋头苦读。然而几年后，他发现朱子学并不能让他心灵得到多少益处。这是因为当时日本学术界的风气是训诂，只在字里行间打转。大盐平八郎苦不堪言，就在他心灵前景黯淡时，王阳明心学照亮了他眼前的黑暗。

（二）

大盐平八郎是从中国明朝人吕坤的著作《呻吟语》上发现阳明心学的。吕坤是王阳明心学的忠实门徒，专心致志地传播和实践王阳明心学，他的著作《呻吟语》中的人生哲理虽然取材广泛，但都以王阳明的“良知”作为主导思想。大盐平八郎粗读王阳明心学后，恍然大悟，如脱胎换骨。他后来就有了对心学的感悟：人之初，本有一颗明辨善恶的正直的心，不必向任何人请教。但是，这正直的心却被私欲给遮蔽了。所以，人应经常反思自己的言行，克服私心，以保持住一颗有良知的正直的心。如果能做到这一点，就是个堂堂正正的人，就能够团结广大民众，很好地从政施政。

这就是王阳明说的“圣人之道，吾性自足，不假外求”。一个人如果能恢复被私欲遮蔽的良知，那他就是一个纯粹的人，一个堂堂正正的人。这样的人因为本身具备人类最高尚的道德情操——“良知”，就像一块磁石，能吸引广大民众来到自己身边，为美好的政治贡献心力。

不过，大盐平八郎只是把王阳明的“心即理”当做心学入门的一把钥匙，他在这座海洋般的宝库中找到了无价之宝——知行合一。其实所谓“知行合一”，无非是，你心中的想法必须要到实践中去检验。他开始身体力行，说到做到，无时无刻不在反省自己的行动是否带有私欲，努力做到和那些淳朴善良的民众一致。当他再回到他的工作岗位上时，一个秉公执法的清廉“与力”(警察局长)出炉了。他的声望如日中天。

1830年，大盐平八郎深感幕府统治的腐败和百姓所受的苦难，他决定拯救众人的心灵，于是彻底辞职，开办“洗心洞”学堂，传播王阳明心学。“洗心洞”学院的传授课程排除了空洞理论，严格实行王阳明的心学宗旨——务实(知行合一)。

大盐平八郎的“知行合一”除了说到做到外，最重要的就是和贫苦农民打成一片，身体力行。与王阳明不同的是，他的大多数弟子都是农民。大盐平八郎对农民有着炙热如火的感情。因为在官场多年，他看透了那些知行不一的狡狯人士，朴实的农民才是有良知、能知行合一的人。

心学的“知行合一”被大盐平八郎演绎成了另外一种意思：对百姓无限深情的怜悯和对那些特权阶级深入骨髓的痛恨。在他的心学学习笔记中，“一切人都应受到宽宏大度的待遇”、“贫农也是自天而降生的人”等思想和王阳明的“人人都是圣人”何其相似，简直就是在依葫芦画瓢。他在让贫民肯定自己自尊的同时，还对他们灌输这样一种思想：不恨身死恨心死。心若不死，乃与天地作无穷之斗。这是心学中顽强不屈的进取精神，王阳明就曾对他的弟子说，你那颗心要时刻跳动，不然，它就是一块死肉。只要心不死，去真心实意地追寻良知，那就是心学意义上真正的人。大盐平八郎“与天地作无穷之斗”的进取思想，注定了他站在弱者的立场说话做事。王阳明曾说："真知即所以为行，不行不足谓之知。"终于，在1836年，大盐平八郎用实际行动验证了他是个真正"知行合一"的人。

1836年这年，日本岛国气候怪诞，稻子收成不到往年的一半，所以米价翻了两三番，贫苦之人无钱购买，遍地饿殍。日本幕府对百姓的尸体无动于衷，大盐平八郎坐不住了。他向政府多次请命，要求政府拯救灾民，但政府已经冷血，投进的请命书如同投进了坟墓。

大盐平八郎气冲斗牛，因为他知道，政府的粮仓里有米，但这些米却被一些和官员有关系的商人拿出来高价出卖。大盐平八郎深知，如果你没有正当渠道讨取自己的权益，那就只能自己开辟渠道。他开始和弟子们秘密赶制火药、筹集枪炮，准备干掉政府官员和奸商，开仓放粮，拯救灾民。

（三）

第二年（1837年）2月19日，大盐平八郎率领100多人拿着自制的火药和枪炮，冲上大街，直奔政府粮仓。这次起义的过程没有任何可以渲染的地方，100多拿着山寨武器的人，很快就被政府军镇压。大盐平八郎逃到一个村庄躲避一个月后被发现，政府军包围他的住所后，他自杀身亡。有一种说法是，大盐平八郎自焚而死。

大盐平八郎的反抗虽然被轻易镇压，但它的火花却开启了民众那幽暗的心智。日本幕府时期的暴动革命虽然多如牛毛，但没有一次能和大盐平八郎这次相比。因为当时的日本民众都认为，大盐平八郎是位卓越的学者，学者造反，这还是第一次。很多百姓都把大盐平八郎当成神仙，认为他根本就没有死，因为学习了心学，而驾鹤西去了。

据说，起义开始前，大盐平八郎的弟子见成员如此稀少，就问："这会有什么用？"大盐平八郎平静地回答："感觉到了长久以来都很排斥的寂寞空虚（因什么也没做过而感到的空虚）"。

这是一次典型的"知行合一"的现实表演。

王阳明曾对他的弟子说，他所以提倡知行合一，是因为世界上有一种人，脑中经常闪现太多的想法，可没有一样落实。比如有人想成就万世基业，可只是在头脑里奔腾驰骋，在现实中，你永远见不到他动一下手指头。还有的人每天都在想着阴谋诡计，可因为没有付诸实践，就认为无所谓。王阳明说，你心中一动（知），其实就是行了。你也只有通过“行”才能验证你的“知”是不是真知。那些想着阴谋诡计的人，无论是否实行了他的阴谋诡计，都不是真知。只有心存高尚，勇敢地把高尚的道德变成高尚的行为时，那才是真的知行合一。

第三节：维新前三杰的心学造诣

（一）

明治维新是人类历史上仅次于中国商鞅变法的改革。明治维新前，世界很多国家不知有日本；明治维新之后，世界没有一个国家不知道日本。明治维新始于1868年，日本明治天皇正式登位，改元明治，改革也随即展开。改革的内容涉及政治、经济、军事、文化等诸多方面，是那种翻天覆地的改变。日本自此后，彻底摆脱了西方殖民者的占领和侵略，比未改革前要强大一百倍。

众所周知，中国秦王朝时商鞅变法的主导思想是法家，而日本明治维新的主导思想却是王阳明的心学。王阳明心学像是一阵暴风，席卷了日本人头脑中最荒芜的角落，如醍醐灌顶般震醒了一大批有志之士。也正是这批有志之士，在明治维新之前奠定了坚实的改革思想基础，才有了明治维新光辉夺目的一页。

在这些志士中，有三个人被称为维新前三杰，他们是吉田松阴、高杉晋作、坂本龙马。表面上看，他们与后来的明治维新没有任何关系，但如果不是他们大力提倡和传播阳明心学，就不可能有后来的明治维新。

那么，这三人到底从王阳明的心学中看到了什么，王阳明心学的威力真的可以把一个侏儒国家变成巨人吗？

（二）

先来看吉田松阴。

吉田松阴（1830—1859年）从小就学习军事知识，在叔叔的影响下，特别关心西方形势，尤其关注海防事业。1851年，22岁的吉田松阴违反幕府的规定，私自出境考察日本地形。回来后被当局判处亡命罪，刑罚是取消他的工作和他本应世袭的世禄，吉田松阴由此成为一个浪人。1854年，美国一支舰队到达日本沿海，用大炮轰开了闭关锁国的日本大门，日本人如世界末日一样，望风而走。吉田松阴又违反禁令，跑到日本沿海，观察日本的防御，失望透顶。回来后，幕府大发雷霆，将其投入监狱。自此，吉田松阴的阳明学课程正式进入轨道。

就是在狱中，吉田松阴读到了王阳明的《传习录》，觉得很有味道。后来一次偶然的机会，他又读了中国明代李贽的《焚书》，高兴地跳了起来，认为这是自有人类以来最好的思想。再后来，他又读到了大盐平八郎的心学笔记，于是，死心塌地地皈依了王阳明。

其实，吉田松阴所读《焚书》的作者李贽是王阳明心学的左派人物。王阳明左派心学是王阳明的嫡传弟子王艮所创建，主要观点是，“道”没有那么高深莫测，百姓日用就是道。李贽甚至提出，吃饭穿衣就是道。总之，他们把王阳明心学卸了妆。王阳明虽然也说过，人人都有做圣人的潜质，但“道”还需要一些专业人士和有心人士去立志用功才能见。心学左派的精英们却认为，根本不用这么费事，因为道就在我们的吃喝拉撒睡中。人人都是平等的，谁也没有任何权利把自己的意志强加到别人身上。

如果每个人的行为举止都体现了“道”，都有“道”在手，那么，一些承担解释“道”和传播“道”的权威人士就没有了存在的意义。权威人士（高级知识分子和一些政治、官场大家伙）对这种论调暴跳如雷。所以，后来的心学左派精英何心隐被杀，李贽也被投入监狱，后来也自杀了。

王阳明的心学中的确有禅宗的味道，禅宗的核心思想就是：不立文字，教外别传；直指人心，见性成佛。王阳明典型的论点“心即理”就有这种味道，你心中的好恶就是理的公私，所有的道理都在你心中，不需要外人的规矩和外人的教导。不过，王阳明同时也说过，想要心中所想是天理，必须要使被遮蔽的良知完全展现。比如，一个没有良知的凶恶暴徒，他心中所想的杀人放火就是他喜欢的，但这种喜欢却不是天理。

心学左派的人丝毫没有考虑王阳明这个转折，一往无前地把王阳明的“心即理”当成是普世观念。

心学左派由王艮创建，一点都不意外。他本人就是个个性极强、清高孤傲的人。据说，他原名叫王银，第一次来见王阳明时，穿着远古的衣服，光着脚丫子跑进王阳明的房间，也不行礼，一屁股就坐到了客厅的首位上。王阳明问他：“你戴的是什么帽子？”王银回答：“舜帝的帽子。”王阳明追问：“你穿的什么衣服？”王银回答：“老莱子（道家创始人之一）的衣服。”王阳明又追问：“你是想学老莱子吗？”王银回答：“是。”王阳明正色道：“我听说老莱子跑到人家屋里就是脱鞋上床然后大哭，我看你只是学他穿衣而已，还没有学他这一点吧。”

王银听了这话，脸色微变，急忙从首位上走下来，坐在了侧位。王阳明见他要了脸，就对他进行了一番“致知”。王银深为叹服，说：“我们的水平都还在表面，而您的水平已经深入骨髓了。”

王阳明为了让他今后能谦虚谨慎、注意克己，就把他的名字“银”改成了一个带有静止意思的“艮”字，从此就叫王艮。

王艮后来的弟子都继承了老师“自得”的心学精髓，追求个性解放，轻视权威。到李贽时，更是变本加厉。追求个性解放，轻视权威，必须要有一种能力来支撑：这就是“决心”和“无惧死亡”的能力。

（三）

“决心”就是如王阳明所说的立志。王阳明曾对他的弟子说，立下志向后，“时时刻刻须是一棒一条痕，一掴一拳血，方能听吾说话，句句得力。若茫茫荡荡度日，譬如一块死肉，打也不知得痛痒，恐终不济事，回家只寻得旧时伎俩而已。岂不惜哉？”

“无惧死亡”，王阳明说：“因为世上人都把生身命子看得太重，不问当死不当死，定要宛转委曲保全，以此却把天理丢了，忍心害理，同者不为。若违了天理，便与禽兽无异，便偷生在世上百千年，也不过做了千百年的禽兽。学者要于此等处看得明白。比干、龙逢，就是因为看得分明，所以能成仁。”

孔老夫子说：“志士仁人，无求生以害仁，有杀身以成仁。”意思是，那些有志向有仁德的人“不能为求生而损害仁德，应以牺牲自己来成全仁德”。为了成全仁德，哪怕是刀山火海，哪怕不可能成功，也是要做的。这是为你的道、你的信仰、你的责任而付出的牺牲，此即为“有杀身以成仁”。对损害仁德的事，哪怕刀架在脖子上也不能去做。这也是为你的道、你的信仰、你的责任而付出的牺牲，此即为“无求生以害仁”。

我们经常会对那些饱食终日、无所事事的人和那些做出伤天害理的事的坏人极不理解，他们为什么不去死？其实生命对任何人都只有一次，珍爱我们的生命，是对自己最大的负责。不过，王阳明却说，世上有那么多坏人和坏事，就是因为我们把身家性命看得太重，以至于为了生存，而做出了种种违反道德和天理的事。这样的人，无论如何都应该听从孔子的教诲，去改过自新，这样他们活着才更有意义。

王阳明举的例子是商纣王的大臣比干。商纣王残暴昏庸，对美女的喜欢远大于对政治的喜爱，国家一团糟。其他大臣为了活命，都选择失语。只有比干勇于劝谏，最后被商纣王挖了心。王阳明说，像这样的人，才是志士仁人，才是真的人，虽死犹生。

不过，王阳明也深知，人类与生俱来对死亡的恐惧，使很多人都不敢为了正义勇敢选择死亡。面对不义之事时，人们最先被触动的其实就是恐惧，恐惧的根源就是对死的厌恶和对生的眷恋。所以，一个良知泯灭的人，根本不可能做出见义勇为的事。也正是因此，我们才看到这个世界上太多荒唐的事。我们不是无法改变它，而只是因为对生的眷恋和死的恐惧，不敢去改变。

客观地说，为了一件其实和自己关系不大的事情而去选择死亡，这并不符合道理。王阳明说，人在修行中最大的难关也是唯一的难关就是看破生死。倘若一个人看破生死，那人间的任何事，他都敢去做。连别人无法想到的事，他也敢去做。满清末年，一批热血青年为了拯救祖国，不惜炸弹绑身，冲向罪恶的官府，与之同归于尽。他们当时都是知识分子，而且家境殷实，活下去的生活质量肯定不错。但他们却选择了死亡。今天的我们很难理解，为什么他们不好好活下去，而却选择在人生中最美好的青年时代离开。也许，这就是信仰的力量，巨大的责任心（拯救祖国）使他们义无反顾地奔向死亡的深渊。

（四）

吉田松阴在监狱中回忆日本被西方列强撞开国门的事情时痛心疾首，他就是那时，立下志向，发誓要以生命的代价推翻幕府的腐败统治，建立一个生龙活虎的大日本。这正是后来维新志士们奋不顾身、无惧死亡的思想源泉。

“立志”是王阳明心学的基石。没有这块基石，一切心学思想都只是招摇的幌子。如何立志，前提是心要明。也就是，你最应该知道立下什么样的志向，唯有如此，才能“心明志坚”。王阳明立下的成圣之志是：做一个伟大的圣人，用盖世功勋和无懈可击的道德生存于世。他对弟子们反复强调：

“吾人为学，紧要，只是立志”。还特意书写《立志说》教诲弟弟王守文，指出：“学莫先于立志，志之不立，犹不种其根，而徒事培壅灌溉，劳苦无成矣。”

王阳明的精神导师、古典心学的创始人陆九渊对立志尤其注重：“有有志，有无志，有同志，有异志。观鸡与薅，可以辨志，絜猿槛虎，可以论志。谨微不务小，志大坚强有力，沉重善思。”

千万不要小看了立志，它决定了我们人生是光芒万丈还是晦涩无光。吉田松阴立下的志向虽然他本人没有实现，但却滴水不漏地传播给了维新明治的其他豪杰成员。这就是吉田松阴对明治维新做出的最大的贡献。

王阳明认为，只要立下大志，就能实现。无限强调心的超级力量是心学的一大特色，王艮就特别推崇“不怨天尤人而求诸已”，他说，“故君子反求诸其身，上不怨天，下不尤人”。也就是说，只要我有志向，我自己就掌握了自己的命运，任何外在力量，即使是玉皇大帝下凡也不能主宰我。

这一思想被吉田松阴完全吸收，他在《幽室文库》说：“凡英雄豪杰之立事于天下，贻谋于万世，必先大其志。”

于是，“万事皆在人为”的心学思想被维新代表人物们当做是人生座右铭，既然万事都是人可以为的，那么“士当恃在已者，动天惊地极大事业，亦都自己缔造”。

一旦确立志向，就必须有所行动。因为王阳明说，意未有悬空，必着事物。不着事物的志向，只是空想。世界上牵引力最大的火车头停运时，为了防滑，只需在它8个驱动轮前面塞一块25毫米见方的木块，这个庞然大物就老老实实地一动不动。当它开始启动时，小小的木块根本无法挡住它。令人震惊的是，当它的时速达到160公里时，能轻松地撞穿一堵1.5米厚的钢筋混凝土墙！

当庞然大物的火车飞速行驶能撞穿一堵钢筋水泥墙时，你无论如何都想不到，它有时能被一块小木块阻挡。这只是因为，当它撞穿钢筋水泥墙时，他在行动；当它被小木块阻挡住时，它没有行动。

人如果行动起来，也会和那火车一样，撞穿难以想象的诸多障碍。前提是：你必须行动起来。不然，只知道空想，就如停在铁轨上的火车头，一块小木块也能让你动弹不得。

为了实现心中的伟大志向，必须要视死亡为儿戏。

李贽的《焚书》对直面死亡有很多石破天惊的观点，比如他在入狱后，好赖活着不如"荣死诏狱"，并称那是"天下第一等好死"。他不无欣慰地说："到那时名满天下，快活，快活！"又说："将头临白刃，一似斩春风。"当他用剃刀割破自己的喉咙，而残喘了一天后临死前，对监狱看守说："七十老翁何所求？"

一个浪漫的英雄主义者跃然纸上。

吉田松阴也有这样的浪漫情怀，他在给弟子高杉晋作的信中说："贵问丈夫所可死如何？仆去冬以来，死之一字，大有发明。《李氏焚书》之功为多，其说甚长，约言之，死非可好，亦非可恶，道尽心安，便是死所。世有身死而心死者，有身亡而魂存者，心死、生无益也；魂存、亡无损也。"为了心中的真理，无惧死亡。

他还对弟子说，"生死离合，人事倏忽，但不可夺者志，不灭者业，天地之间，可恃者独此而已。"这是志向。吉田松阴的志向就是尊天皇攘夷狄（西方列强），为了这个志向，生死无惧。

1859年，吉田松阴如愿以偿，因为宣传王阳明心学的"无畏"思想而被幕府斩首，临死前，留下动人心魄的遗言："肉躯纵曝武藏野，白骨犹唱大和魂。"

（五）

吉田松阴从王阳明心学那里学到了"大无畏"的抗争精神，而他的得意弟子高杉晋作则从王阳明那里学到了人人平等和创建民兵的理念。

高杉晋作(1839—1867)生于武士家庭,24岁时曾到中国的上海了解贸易情况。当时恰好赶上洪秀全领导的太平军占领南京,中国大地,遍地血泊。这让高杉晋作看到了清朝腐败统治下的一个大国的危机。在他看来,当时清朝统治的中国落后愚昧,受到西方列强的残忍剥削。太平军虽然打着拯救祖国的旗号,但所做的事全是烧杀掠夺。高杉晋作认为,如果日本继续让腐败的幕府统治下去,日本百姓和日本也会和中国一样,惨不忍睹。

回国后,他开始为倒幕和攘夷而东奔西走。正是在这一时期,高杉晋作从导师吉田松阴那里接触到了阳明学。在读了王阳明的《传习录》后,他作诗云:“王学振兴圣学新,古今杂说遂沉湮。唯能信得良知字,即是义皇以上人。”

王阳明心学中的“满街都是圣人”的平等思想,促使他提出了“四民平等”的口号。所谓“四民平等”就是士农工商人人都平等,王阳明是从良知的角度来说明满街都是圣人、人人平等的。高杉晋作同样认为,人人都有一颗纯粹的心,生而平等,所以人人都有资格为他们的国家贡献力量。

高杉晋作初期的“攘夷”只是和一些志同道合的人歃血为盟,以武士道的精神身绑炸药冲向停泊在日本沿海的西方列强的船只,这样的效果微乎其微。高杉晋作折腾了几年后,发现这并非是好的出路,于是去西方国家学习先进的枪炮船舰知识。

1863年,日本全国要求幕府攘夷(赶走西方列强),包括没有一点权力的日本天皇也站出来,支持全国人民的希望,但幕府没有这样的本事。日本各地的藩主开始担起攘夷的重责。高杉晋作及时回到日本。

很快,高杉晋作被长州藩主重用,开始组织民团“奇兵队”,正如王阳明当初在江西剿匪时组织的民团一样。高杉晋作认为,上层藩士没有用处,只知锦衣玉食,既无体力又无智力。所以他在组织“奇兵队”时,把“四民平等”思想融入进来:无论你是农民、商人还是武士、小工业者,只要你有保卫祖国的愿望,我就让你参加我的部队。所谓“奇兵队”只是与藩里的正兵(正规军)相对而言的非正规军。

这支民团组织，成为后来日本军队的雏形，而高杉晋作本人也被称为“日军之父”。正是这支民团式的军队，在后来攘夷和与幕府的军事斗争中，屡次取胜。当它强大如虎时，也就成了维新志士们手中倒幕的锋利兵器。现在，我们可以这样说，没有王阳明的民兵思路，也就没有高杉晋作的奇兵队，没有奇兵队，也就没有后来倒幕的成功和明治维新的出现。这个一目了然的事实告诉我们，王阳明本人和他的心学对日本是多么重要！

高杉晋作是那个时代日本人心中可以震动天地的英雄人物，当时日本人溢美他“无人能企及”，他的“显彰碑”上刻着“发若风雨，动如雷电，众目骇然，无有敢正视者。此非吾东行高杉晋作君乎？”据说此语是后来伊藤博文对他的评价。

不过，高杉晋作并非是王阳明忠实的信徒，从他效仿王阳明建立民团武装，就能证明他只是利用了王阳明。他无法做到知行合一。据说，高杉晋作放荡不羁，嫖妓成瘾，上马指挥杀贼，下马嚷着要去艺妓馆，他亲手创建的奇兵队虽然不讲出身地位，唯才是举，但高杉晋作本人却经常保持着日本武士那种昂首独步的派头，侍从前呼后拥，携艺妓张羽伞，悠然醉步徜徉在街头。他曾对自己的老婆说：“武士之妻与町人百姓之妻身份有别。”因此，他死后雅子一直拒不接受伊藤、山县等的接济，说是：“武士之妻，再穷也不能靠足轻辈的接济过活（高杉晋作出身于俸禄150石的中级武士家，而伊藤、山县均出身于最下级武士‘足轻’家，这表明高杉夫妇到头来也没瞧得起出身贫贱的伊藤、山县）。”

虽然没有做到知行合一，但高杉晋作仍然从王阳明的心学中学到了很多，因为正是王阳明给了他灵感，让他成了日军之父。

（六）

维新前三杰的最后一位就是坂本龙马。他是那个时代最受欢迎的历史人物，倘若今天你在日本做个民调，龙马先生不排第一就是第二。

坂本龙马在后人心中的印象是这样的：小时候是个会尿床的爱哭鬼；被私塾退学的笨蛋；一个卷发的高大武士，背上长着如马鬃般的毛；吹牛大王；建立现代日本海军的人；现代航海、贸易和股份公司的先驱者；自由、平等、民权和宪政体制的倡导者。

他提出的“船中八条”（大政奉还——让幕府把政权奉还天皇，政令出于朝廷；设立议会；招揽天下才俊，去除从前有名无实的官员；通过广泛的公议订立和外国的交际；折中过去的法律，制定新的大典；扩张海军——坂本龙马因此被称为大日本帝国海军之父；建立亲兵拱卫京师；与外国订立平衡金银物价的法律）是明治维新的理论基础，他的恩师胜海舟是王阳明的信徒，曾以幕府高级官员的身份在日本传播心学，我们现在无从得知坂本龙马汲取的心学营养到底有哪些？但看他把一生都贡献给了“倒幕运动”，足以证明王阳明的“事功”主义对他的影响是巨大的。

还有一件事可以证明坂本龙马的心学造诣，在他所创办的龟山商社中有两个人：岩崎弥太郎和大隈重信，前者是日本四大财阀之一的三菱公司的创始人，而后者是明治时代的财政部长。这二人的心学修为可都不是一般的高。

有人曾对坂本龙马说过这样一段话：“你前天所说的和今天所说的不一样，这样你怎么能取信于我呢。你作为天下名士必须有坚定的信念！”

坂本龙马的回答是：“不是这样的。中国孔子说过，君子从时。时间在推移，社会形势在天天变化。因此，顺应时代潮流才是君子之道！一旦决定一件事之后，就想贯彻始终。但这么做，将来你会落后于时代的。”

他的掉书袋虽然是孔子的，但可能是从王阳明“心即理”的理论延伸出来的。“心即理”，就是不要坚信什么外在的规范原则，用你的心去看这个世界，顺应潮流，与时俱进。

而维新志士们正是拥有这种“与时俱进”的思想，才为后来明治维新这场人类历史上的变革搭起了坚实的舞台。

第四节：维新豪杰们的不执一

（一）

完全把王阳明“知行合一”思想落到实处的是维新后三杰（大久保利通、木户孝允和西乡隆盛）。特别是西乡隆盛，对阳明心学的体悟很明快。他说，学习应“自得于心”，以利用“较量格斗”。王阳明说，“君子之论学，要在得之于心。众皆以为是，苟求之于心而未会焉，未敢以为是也；众皆以为非，苟求之于心而有契焉，未敢以为非也。”一切都在“心”的法庭面前裁判，是与非，只取决于与自己的心是否合拍。

如果不这样，正如西乡隆盛说的：“空读圣贤之书，如同观人剑术，无丝毫自得于心。若不自得于心，一旦较量格斗，则唯败逃而已。”这种思想对当时日本人倒幕、废藩置县、教育改革、富国强兵、促进明治维新，其重大影响和积极作用毋庸置疑。

所谓“自得于心”，无非是全凭一个高尚的信念来做事为人。西乡隆盛曾为了坚定信念，两次和上级发生冲突，被流放荒岛。每次流放，他总会带上阳明学的书籍。用他自己的话说：“即使在贫瘠的荒岛上遭受牢狱之灾时，我也没有荒废提高完善自我。"他经常说的一句话是：位于人上施政的人，必须是那些不谈钱财，不求回报，甚至能够舍却生命、忘却自我的人。这正是心学所标榜的圣人，一个完全恢复了良知本体的人。

当然，评价一个人，你绝对不能看他说了什么，而是要看他做了什么。在维新志士中，西乡隆盛的清正廉洁、清心寡欲无人可及。这就是知行合一。

王阳明说，世上有些人，明知道那是好的，却不去喜欢，明知道那是恶的，却不去厌恶。他虽然有良知，能分清是非对错，却不去实践是非对错，这就不是致良知，也就不是真的知行合一。王阳明心中理想的知行合一的人是那种可以致良知的人，也就是按照自己良知的指引去实践中做事为人的人。

西乡隆盛在倒幕运动中曾作感怀诗一首，其中有"几经辛酸志始坚，丈夫玉碎愧瓦全，我家遗事人知否？不为儿孙买美田"之句。无疑，这首诗完全反映了他凭着做人的一点良知，"宁为玉碎，不为瓦全"的独立个性，敢于以身许国的自尊无畏精神。

包括明治维新的总设计师大久保利通，也有这种大无畏的精神。大久保利通的心学启蒙来自父亲，这个从小就读王阳明心学的人，对王阳明心学的感悟入骨三分。所以，在明治维新的改革中，他能凭借自己的良知，真心实意地为日本的崛起做出力所能及的贡献。

诚然，日本实现民族独立、进行资产的社会改革这两次历史任务是同时并举的，没采取公开对抗的形式，而是采取自上而下的渐进方式。但是，要改革，就必然有矛盾，解决矛盾的过程中，难免伴有强烈的对抗，以至搏斗。其精神支柱，确实不能否认是汲取了阳明学说中某种养份的结果。

最后一杰木户孝允在一次战役中战败，坦然地面对死亡——他亲手结束了自己的生命。从他的史料中看不出他和心学的情缘，但他身边都是王阳明的门徒，他本人被心学熏陶，恐怕也不能幸免。

王阳明心学固然使人的思想脱胎换骨，但问题是，如果在实践中不能掌握良好的技巧，也无法做到知行合一。而幸运的是，明治维新的斗士们恰好掌握了知行合一中“行”的技巧。这就是王阳明提倡的“不执一”，忠实的代表人物正是伊藤博文。

（二）

直到今天，很多中国人提到伊藤博文，鼻子还要被气得歪上几歪。因为就是这老家伙在首相位时，中日甲午海战爆发，中国惨败，被迫签订了丧权辱国的《马关条约》。后来在中国哈尔滨，伊藤博文被朝鲜刺客刺杀，据说，清政府官员偷偷放假一天，以示庆祝。

而在日本人心中，伊藤博文是个伟大的民族英雄。伊藤博文出身高贵（藩主），青年时接受了朱子学、阳明学和佛学。阳明学中的“自尊无畏”思想让他印象深刻，后来参加“尊王攘夷”，和高杉晋作关系密切。明治维新开始后，伊藤博文以功勋元老的身份进入明治政府担任要职，对明治维新的大获成功起到了决定性的作用。

伊藤博文的主张很简单，全力学习西方的一切。这在当时的日本，包括维新志士那里都引起过不小的波澜。众所周知，日本被西方列强用大炮轰开国门，西方列强应该是日本不共戴天的仇敌。向敌人学习，对于追求“自尊”的心学门徒们而言，确是奇耻大辱。伊藤博文对王阳明心学精髓体悟极深。在他看来，阳明学的“知行合一”是重“体究践履，实地用功”，王阳明亲口说过：“尽天下之学，无有不行而知者。”所以，王阳明心学的为学之道“无非实学。若离了事物为学，却是著空。”也就是说，别只喊口号，也别先给自己立下规矩，什么该学什么不该学，你只需要学习一种学说：实学。只要是能为自己带来精神满足和物质满足的学说，就是好学说。

当时，西方的强大让很多清醒的人士认定，西方学说是巨大动力。所以，伊藤博文只重实功实用，不管是猫还是狗，能捉耗子就是好的动物。这就是王阳明经常教育弟子们提到的主张之一：不执一。

王阳明的一位弟子曾问他："'无适，无莫也，义之与比'，事事要如此否？"

王阳明回答："固是事事要如此，须是识得个头脑乃可。义即是良知，晓得良知是个头脑，方无执著。且如受人馈送，也有今日当受的，他日不当受的；也有今日不当受的，他日当受的。你若执著了今日当受的，便一切受去，执著了今日不当受的，便一切不受去，便是适莫，便不是良知的本体，如何唤得做义？"

孔子曾说过这样一句话：君子之于天下也，无适也，无莫也，义之与比。适：音dí，意为亲近、厚待。莫：疏远、冷淡。义：适宜、妥当。

这句话的意思是说，一个聪明的人在生存中，应对任何事都没有厚薄，按"义"的指引去做。

（三）

当然，孔子的话，不能完全凭字面意思去理解。其实我们还可以做如下的理解：人世间所有的事情，都有一个不变的哲理在里面。所以遇到了事情，应该随顺事情本身，而不应该事先料想或者是计划该如何。比如遇到一件事情，心中料想一定是可行的，这就是"适"，这样即使遇到了不可行的事情，都会认为可行，必然导致轻率而妄为；如果遇到一件事情，心中料想一定是不可行的，这就是"莫"，这样即使遇到了可行的事情，都会认为不可行，必然导致故步自封，走投无路。如王阳明所说，这两种形态其实都是出于私心，所谓私心，并非是专门利己的心，而只是刻意去为之的心。一旦有了这样的私心，必然会影响做事。

真正的聪明人，对于天下任何事，都不会事先认为可行而妄为，也不会事先认为不可行而不去做。他们做事的唯一标准就是看是否合乎天理，合理的就做，不合理的不做。从不轻易改变是非标准，一切都以天理道义为准，丝毫没有自己的私心在其间，所以能够从容面对。

说得直白一点，其实就是让我们在做事时不要为一些外在的规则而羁绊，要摆脱世俗的束缚。心中只要秉承着一点：义——公正的道理，正直的行为。而其实王阳明所谓的“义”，就是良知，良知就是是非之心，是非之心就是好恶，归根结底，你喜欢做的就是“义”。当然，这种“喜欢”必须没有丝毫私欲。

孟子也说过，真正的君子，言不必信，行不必果，惟义所在。

王阳明说得更浅显：只要心中有义在，不必有表面的原则。他举例子说，比如你是个清廉正直的人，对别人的贿赂向来深恶痛绝。可有些时候，你就必须要收，那就要看收了别人的东西是否符合道义了。千万不要给自己提前定下规则，然后自以为是个有原则的人，其实这种人是画地为牢，作茧自缚。

在这一点上，中国明王朝万历朝的首辅、心学门徒、著名改革家张居正可谓知行合一。张居正从一个普通官僚跃升为一人之下万人之上的位置，全凭阴狠的政治手段，排除政敌才达到的。为了能坐到首辅的位置，他不惜和宦官勾结。他有高尚的道德，也想做个道德楷模，但他知道，想要拯救大明王朝和百姓，绝不能固守儒家制定的那些道德的条条框框。在通往权力顶峰的路上，他无所不用其极，但他有着伟大的志向：拯救祖国。这就是王阳明所说的，欲建立伟大事功，必不能受外在规则羁绊。

心学左派的王艮，更是把王阳明的这一思想凌空飞渡：“虚明之至，无物不复，反求诸身，把柄在握。合观此数语，便是宇宙在我，万化生身矣。”这为当时的日本主“开国”、“求维新”和“独立主权”者用以反对“锁国”、维持封建的传统观念提供了一种有力的思想武器。所以，伊藤博文曾把吉田松阴所坚持的“因时因势而生义”、懂得应变之术，作为终生信条。

这种思想和思维的解放、开拓精神和力行、实用的思想，为西方所有学说的普及发展从理论上做了准备，也在舆论上开辟了一条光明大道，日本的现代化正式进入跑道。

王阳明心学中“心外无理”、“知行合一”的基本思想强调的是人人需要自尊无畏、力行实功，倡导有用之学，并且包含了尊重个人、强调个性、不惧外物和不畏权势的思想。而这些沸腾的思想恰好被日本的维新志士们寻到，并且与时俱进地和当时的现实接轨。王阳明心学为明治维新造就了一大批人才，这些人才运用心学创建了光彩夺目的明治维新。

日本心学大师井上哲次郎说："阳明学派中人物，多有建树者，而固陋迂腐之人几乎没有。可见，阳明学果有陶冶人物之功无疑。"正是这些不具"固陋迂腐"观念、勇于进取的人才，先是在倒幕维新运动中，无所畏惧地建立盖世奇功，然后又在明治维新时不执一地博采众家之长，积极吸收并推进西学在日本的传播，从而使日本脱离了古老腐朽的亚洲，和欧洲平起平坐。

牟宗三先生曾有这样一段话："一种学术，流于他国，常有新面目，新作用，亦可为新表现。或'桔逾淮而为枳'，此其坏者也。或'天地变化草木蕃'，此其善者也。在日人，得善果而不得恶果，则益足增加吾人之反省矣。"

《日本之阳明学》的作者高濑武次郎说："大凡阳明学含有二元素，一曰事业的，二曰枯禅的。得枯禅之元素者可以亡国，得事业之元素者可以兴国。中日两国各得其一。"显然，他说，中国得了阳明学的枯禅元素，而日本得了阳明学的事业元素。

蒋介石也曾对阳明学在日本的贡献说过既恨又羞的话："要知道日本所以致强的原因，不是得力于欧美的科学，而是得力于中国的哲学。他们日本自立国以来，举国上下，普遍学我们中国的是什么？就是中国的儒道，而儒道中最得力的，就是王阳明知行合一'致良知'的哲学。他们窃取'致良知'哲学的唾余，便改造了衰弱萎靡的日本，统一了支离破碎的封建国家，竟成功了一个今日称霸的民族……"

可能许多人都夸大了王阳明心学对日本的贡献，但有一点毋庸置疑：阳明学在日本最兴旺时，明治维新开始出现；而阳明学在中国明王朝后期销声匿迹后，中国开始衰落。

王阳明是如何让日本崛起的，其实已一目了然：他的心学本身就是答案。

第五章 经营之神稻盛和夫的心学圣经

心学最大的奥妙就是无所不能。任何人、任何组织只要对其知行合一，效果立竿见影。它在管理界的代言人和实践者，号称『经营之圣』的稻盛和夫，用他的功业完美地验证了这一点。

第一节：敬天爱人

（一）

稻盛和夫并非天纵智慧，相反，还是个笨小孩。初中、高中和大学考试常常不及格。青少年时的梦想是医生，但由于成绩太差，所以只能到一个陶瓷厂当工人。老天爷也不帮他，他工作的工厂很快就发不出工资，濒临破产，工人们索性把罢工当成日常工作。后来，很多人都辞职离开，只有稻盛和夫留了下来。有一段时期，他把实验室当成卧室和工作间，拼命地开发大脑不为人知的幽暗之地，希望找到拯救工厂的灵丹妙药。

当一个人心无旁骛地专注一件事时，奇迹就会发生。不知什么时候，命运之神降临到正在勤于思考、吃苦耐劳的稻盛和夫身上。既无专业知识和技巧，又缺乏经验，甚至没有摆得上台面的设备的稻盛和夫，却搞出了世界领先的发明，那所工厂在他手中得到重生。

1959 年，27岁的稻盛和夫召集了8位员工成立了“京都陶瓷”公司（“京瓷”）。10年后，“京瓷”在日本的股票市场上市交易。公司依靠着在新型陶瓷材料领域的先进技术，逐渐成长为全球大公司，轻松位列世界

500强企业之内。1984年，稻盛和夫又设立电信公司“第二电讯”(DDI，日本大电信公司KDDI的前身之一)。几年后，DDI也昂首阔步进入世界500强。1984年，他成立了专门培养经营人才的学校(盛和熟)，其“阿米巴式经营法”哲学名扬天下。

“阿米巴”(Amoeba)就是变形虫，在拉丁语中是单个原生体的意思，属原生动物变形虫科，虫体赤裸而柔软，可以向各个方向伸出伪足，使形体变化不定，故而得名“变形虫”。变形虫最大的特性是能够随外界环境的变化而变化，不断地进行自我调整来适应所面临的生存环境。两千多年前，周文王创《易》经，我们不得而知，他是否见过变形虫，或者知道变形虫。但他易经的核心就是变，随物感应，随物而变。

稻盛和夫从变形虫中得到启发，以特有的方式将其诠释到经营中去。他组织了一套以“阿米巴小组”为单位的独立核算体制。在这里，“阿米巴”指的是工厂、车间中最小的工作单位，一个部门、一条生产线、一个班组甚至是每个员工。

通常情况下，每个阿米巴小组由12人组成，不过有时候由于内容分配的不同，小组成员会多达50人，少到2人。每个“阿米巴”都是一个独立的利润中心，其实就像一个中小企业那样活动，虽然需要经过上司的同意，但是经营计划、实绩管理和劳务管理等所有经营上的事情都由他们自行运作。

正如民谚说的，船小好调头。由于每个阿米巴都集生产、会计和经营于一体，再加上各个阿米巴小组之间能够随意分拆与组合，所以，整个公司对市场的变化都会做出迅捷反应。

“变形虫”经营法虽然其效如神，但也不过是种模式，属于技术层面。我们知道，任何一种模式背后都有思想支撑，否则，模式只能是形式，如烈日下的冰块，总会融化。

稻盛和夫使用这种经营法创造了两家500强企业，足以证明变形虫经营法不仅是形式，还是背后有强大思想支撑的屡试不爽的模式。

这种思想是什么？

（二）

如果我们刨根问底，对稻盛和夫的经营历程而追根溯源，必会大吃一惊，因为当我们到达稻盛和夫的思想城堡下时，会赫然看到城墙上有五个字：王阳明心学。不错，稻盛和夫经营成果的思想源泉，正是中国心学大师王阳明的心学。

不过，从各种关于稻盛和夫的资料来看，这位经营家可能并未和王阳明心学短兵相接，而是隔山打牛。稻盛和夫的心学思想来源于那位知行合一的维新一杰西乡隆盛。稻盛和夫对这位维新兄勋的品格和思想至为推崇，稻盛和夫曾把西乡隆盛的心学笔记著作《南洲翁遗训》放在床头，“时时翻阅。每每能从中汲取生活道路上的珍贵启示。年纪愈长，经历愈多，从此书获取的教诲愈加铭刻于心。”

西乡隆盛除了践履王阳明“知行合一”的倡导外，还自我发挥心学，创造了“敬天爱人”这四个字：“道乃天地自然之道，故讲学之道，在于敬天爱人，以克己修身为始终也。克己之真义在‘毋意’、‘毋必’、‘毋固’、‘毋我’，凡人皆以克己成，以纵已败。”据稻盛和夫说，这四个字最能体现西乡隆盛的心学思想。

稻盛和夫解释说：“敬天爱人：敬畏上天，关爱众人。所谓‘敬天’，就是依循自然之理、人间之正道亦即天道，与人为善，换言之，就是坚持正确的做人之道；所谓爱人，就是摈弃一己私欲，体恤他人，持利他之心。”现在，我们就可以推开稻盛和夫思想城堡的大门，他的心学思想就是：“坚持正确的做人之道，摈弃一己私欲，体恤他人。”

“敬天爱人”的源泉自然是王阳明心学，王阳明曾多次教导他弟子说，要学做圣人。什么是圣人？内有无懈可击的道德品质，外能替别人排忧解难。要减少私欲，私欲减少一分，天理就恢复一分；天理恢复一分，就距离天道近一分，这就是圣人。圣人其实就是时刻体恤他人，持利他之心的人。

王阳明在江西剿匪时，不到万不得已，从不动用军事打击，而是试图用良知的力量感化匪徒。这就是敬天爱人。敬天，是因为天道认为人人都有生存的渴望，不能轻易取人性命。爱人，就是要爱护人家的性命。

但王阳明同时也说，绝不能毫不利己，专门利人。人只有能存己，才能成己，只有能成己，才能成人。“毫不利己，专门利人”是狡猾的诈术，纵使尧舜，也不过是先管好自己，照顾好自己，才能去照管他人。

王阳明、西乡隆盛和稻盛和夫这种“敬天爱人”思想的动力，其实就是良知的力量。中国儒家系统的圣人们说，一个人如果有良知(注意，良知是良心+智慧)，那他肯定会明白顺应天道之道，然后去爱人。而王阳明说，人人都有良知，所以人人都喜欢好的厌恶坏的。真善美是好的，人人都喜欢，假恶丑是坏的，人人都厌恶。只要真心诚意地去好善厌恶，你就是拥有良知的圣人。

（三）

稻盛和夫把这种思想演绎得可谓有声有色。

当初，日本开放电讯业，稻盛和夫敏锐地意识到这是块肥沃的处女地，他热情似火地想要进入这个行业。不过据他后来说，他克制住了自己，每当夜深人静时，他就仔细审视自己的动机。他为什么要进入这个行业，是为了赚钱还是为了祖国崛起，是为了解决当时大多数人的失业，还是想扬名立万？

这就是王阳明所说的，要去做一件事时，意要诚。只有意诚，投射出去的意念(开电信公司)才具有价值，才有发展前途。一个意不诚的人，哪里有利益就冲向哪里，可能你会有收获，但收获之后却是无尽的空虚。因为没有正大光明目标的人，想来做的都是一锤子买卖。只有不报任何私心，纯粹是在良知的驱使下去敬天爱人，才能真正获得巨大收获。这不仅仅是物质上的收获，还有精神上的满足。

稻盛和夫后来说，经过半年的反躬自省，他才断定自己没有私心邪念，于是，创建了DDI公司。

创业初期是艰难的，稻盛和夫没有任何行业经验和技术，没有得力的伙伴为其两肋插刀，全凭他自己的一腔热诚。奇迹发生了：不到一年的时间，DDI 公司业绩开始遥遥领先于同期参与的其他企业。几年后，稻盛和夫功德圆满，DDI跻身世界500强。

我们固然能在事后找到DDI成功的无数理由，但在它面世的短时间内，没有人看好这家既无行业经验，也没有先进技术的杂牌公司。"事后预言"模式告诉我们：做任何事，其实都是追寻良知的过程。良知因为物欲的遮蔽，很多人并不能百分之百地发挥出来。这就需要在做事前，静心思考，大的方面要想到天理，这件事是否是正义的，是否有前景；小的方面要想到人心，我能为别人带来什么好处，而不是坏处。

如果想明白了"天理人心"，最后一步，就是按良知的指引去踏实地做事。王阳明说，良知能知是非，能分黑白。要做事时，你的意念一发动，良知如果说是，你就还它是；良知如果说非，你就还它非，就这么简单。比如你看到一位乞丐，在想是否给他东西时，良知马上就会运行：它认为这个乞丐是个骗子，你就不能给乞丐东西；如果它认为这个乞丐是个生活无依的可怜人，那你就应该毫不犹豫地拿出东西给人家。

在关于稻盛和夫哲学的一本书中，作者这样理解稻盛和夫的哲学：你做的什么是正确的，你的良知是知道的，因为人有本能，有欲望，妨碍着你不能正确判断。用私心来判断，你肯定不能得出正确的判断，即使成功也是一时的成功。你要有宽阔的视野，摆脱束缚。你办企业，不仅要考虑自己的利益，也要考虑员工的利益、客户的利益、社会的利益，那么员工就会认同你，你对员工严格要求他也能接受。

多年以后，有人问DDI成功的奥秘，稻盛和夫回答："是希望有益于国民的、无私的动机才带来这样的成功。"注意稻盛和夫的回答，人类历史上有太多名动世界的人物，但拥有“有益于国家、无私动机”的人少之又少。太多的人“为人民服务”的口号喊得响，而且你也看到他在做善事，其实大都是为名为利。“善事”只是他获取私欲报酬的一种手段。

正如王阳明所说，春秋五霸每个霸主都慷慨激昂地说要“尊王”，其实只是打着这幌子用武力使别的诸侯国屈服，给他进贡，称他为主人，满足他的物质需求和虚荣罢了。真正的“敬天爱人”恰好和王阳明说的春秋五霸相反，那是圣人的事业：真的是顺应天道，为别人打算。比如儒家系统制造出来的神一般的人物尧、舜、孔子和周公。

稻盛和夫不是儒家系统制造出来的，是他自己成就了自己。王阳明说，良知是你自己知道而别人不知道，所以致良知，只能靠你自己，天下一切伟大人物，都是自己成全的自己，别人无法成全。

第二节：关注看不见的

（一）

2010年初，全球第三大航空公司——日本航空公司就因为经营问题而陷入困境，申请破产。为了拯救这家航空公司，日本政府向稻盛和夫送去了邀请函。稻盛和夫并毫不客气地接过了这家航空公司董事长的权杖。2012年7月，日航公司起死回生，重新上市。

在执掌日航时，稻盛和夫说了这样一段话："也许我并不称职，但我将以我的方式尽最大努力来拯救日航的员工。虽说日航是日本国家的象征，但更重要的，我是为了日航员工的幸福。"这正是他敬天爱人哲学的真情流露。

当传奇在两年后诞生，稻盛和夫向媒体道出了他的经营秘诀：企业经营最重要的不是确立经营的战略，而是首先要经营那些看不见的公司风气和员工意识。

我们先不说稻盛和夫，先看王阳明的《传习录》中一个有趣的故事：王阳明的一位学生以佛家的方式给众人演示，举一手指问："你们看见了吗？"

大家齐声说："看见啦！"

再把手缩进袖子中举手问大家："你们还能看见吗？"

大家都说："看不见！"

这人就说："按佛家的说法，你们还没有认识到一切众生普具的佛性。"然后他问王阳明，"我不明白这是什么意思。"

王阳明回答："手指有时能看见，有时看不见。你所谓的认识到一切众生普具的佛性主要在于人的心神，只是在可以看见可以听见的地方说事，而不在听不到见不着的方面用功。其实呢，听不见看不着之处，才是良知的本体，'戒慎乎其所不睹，恐惧乎其所不闻'才是致良知的功夫。儒家学者能够时时刻刻看见其眼睛看不见的，听到其耳朵所听不着的，功夫才真正有了落实。时间久了，功夫圆熟，习惯成了自然，则无须刻意也无须防范，真人性自然生生不息，哪会以外在的所闻所见为累呀！"

"听不见看不着之处"才是良知的本体，如果和稻盛和夫拯救日航的秘诀放在一起看，那就可以说，公司风气和员工意识，是良知的本体。而"经营的战略"则是看得见摸得着的非良知的本体。当然，这种非良知的本体自然也包括公司纪律和规章等等其他有形的东西。

（二）

也许你可能不知道，自有人类以来，真正做出动摇山河事业的人，靠的不是什么有形的外在的规范。李世民缔造的贞观之治，不是当时法律有多先进，也不是战略有多宏大；而是李世民本人和他团队成员如烈火般的热情和唯恐人后的责任感起了关键作用。

几十年前，西方管理思想传入中国，毋庸置疑，西方先进的管理经验、经营规范以及战略思维都使人耳目一新，但在今天，西方管理思想在中国、亚洲几乎全军覆没。原因只有一个：水土不服。东方人的经营理念中，人情大于法。一个小作坊不需要任何大战略，不需要任何制度约束，只需凭着每个人的一腔热血就可能创造出令人目眩的成就（中国浙江温州小作坊企业的崛起就是明证)。

阳明学,尤其是后来的左派阳明学,第一步就是让人摆脱外在的束缚,用内心的良知来做事。真有良知,不必外在约束,没有良知,外在的约束又岂能对内心产生作用?

稻盛和夫不关注经营战略,只关注看不到的公司风气和员工意识,其实只是良知学中“心即理”最直接的阐述而已。

因为一切事情,一切问题,都是心的事情,心的问题。无心就无事,事是人做的,人需要用心去做,所以,你如果能让员工发挥他们意识深处的良知,也就拥有了一切。

如何让公司员工致良知,你必须要让他们看到你的良知。

稻盛和夫用五个心法马到功成。

(三)

第一,稻盛和夫到日航上班,薪水为零。一个80岁的老人,愉快地自动自发地跑到一个濒临破产的公司里不要分文,这种精神让许多员工极为震撼。有良知的员工会将心比心,不再计较自己的物质回报。

第二,尽量保住别人的饭碗。稻盛和夫到日航上班时,按照政府再生支援机构的重建要求,日本航空要裁一部分员工。稻盛和夫在力所能及的范围内,保住了很多人的饭碗。人在掉进悬崖时突然被一只手抓住,心中的感激之情必然是激烈澎湃的。很多员工正是出于这种报恩心态,开始努力工作,脱胎换骨。

第三,稻盛和夫用知行合一的方式要员工们知道一点:日航存在的价值是为了全体员工的幸福,如果员工在这里无法得到幸福,那日航就失去了存在的理由。而如果真的失去了日航,也反过来证明,员工并不想追求幸福。一个不追求幸福的人是可悲的,事实是,任何有良知的人都是追求幸福的人。王阳明说,每个人的存在只是提醒你们,每个人都是有良知的人,但如何致良知，还是要靠你们自己，我帮不了你们。因为凡是有良知的人，都知道如何去致良知。一个不想致良知的人，就不配被人看成是有良知的人。

第四，稻盛和夫对日航进行了翻天覆地的改革，即使是外行人都清楚地知道，日航公司所以破产，是因为盲目扩张和严重的官僚主义。盲目的扩张最要不得，它是私欲的表现，不符合天理，自然也就无法得到人心。在今天的经济领域，我们时刻都能耳闻目睹许多企业张着血盆大口蚕食鲸吞。攻城拔寨固然是事功，问题是，自身力量是否支撑。正如王阳明说的，一个有桀纣心地的人，非要去做尧舜的事业，只能自讨无趣。你可能只是一斤重的金子，却不认真完善自身的纯度，非要把自己变成一座金山，期间自然会融入各种铜铁等杂质，结果，外面看上去是座金山，其实纯度不够，徒留笑柄。稻盛和夫拒绝去外面掺杂质，只专心致志地完善日航内部。对于上下沟通不畅的官僚主义，稻盛和夫提拔了一批优秀的员工担任管理者，告诉他们，每个人都是公司的主人，你们尤其是。

第五，非常关注统计工作。统计工作如同一个企业天气的晴雨表，统计时间过长，经常三个月才能搞全所有数据，显然对公司有百害而无一利。正如王阳明提倡致良知一样，今日遇到一事，就用良知去做，晚上总结；第二天遇到一事，再用良知去做，晚上总结。如果把许多天做的事集中起来做总结，那就会一团糟。因为良知是个循序渐进的过程，每一件事情上所体现的良知程度都不同，必须要时刻总结，才能有进展。

正是这五种心法，让日航起死回生。稻盛和夫说，去特别关注和经营那些看不见的公司风气和员工意识，其实只是主动地提醒员工们扫除遮蔽在良知上的灰尘。当他们被提醒后，就会以自己的公司而自豪，就能够发自内心地为公司服务。

外界评价稻盛和夫有旋乾转坤的本事，他回复说："其实我要感谢我们的员工，是他们辛勤的努力，才拯救了自己的公司。"

这就是日本航空公司获得重生的最大秘密，也是王阳明心学的奥秘之一：你的良知只有你自己知道，没有人能替你致良知。只有你自己能拯救自己。

第三节：作为人，何谓正确？

（一）

伟大事业的开创初期，必然艰难险阻。稻盛和夫也不例外。他后来回忆说："创立'京瓷'公司时，我是技术员，理工科出身，对会计、企业经营等可以说一窍不通。在我的亲戚朋友中又没有一个经营者，没有一个人可以请教。但既然自己开公司当了经营者，必须对公司各种事情做决断。部下来请示'这笔生意做不做？''那个问题怎么办？'因为缺乏经验，不知道该如何回答，常感苦恼。苦恼归苦恼，对下级的疑问，却必须答复，不能沉默，不能回避，不能推诿。决断归根到底得由自己来下。"

如何决断？必须要有作出判断的基准。稻盛和夫想到了原理原则，所谓原理原则，就是"作为人，何谓正确？"说得通俗点，就是如何做人。你懂得了如何做人，也就懂得了如何做事。

每个人的父母如果不是恶魔，总会在教育孩子的过程中表扬和责备并存，而这个标准就是千百年来人类总结的最基本的"是非对错、好坏善恶"。

这其实也正是王阳明所说的"良知"：良知即是非之心，是非只是个好恶，尽(参透明白)了好恶，也就尽了是非之心，尽了是非之心，也就尽了良知。

如果把这句话看做是一个公式，我们就能得出这样的推论：良知=是非=好恶。我们只需要把重点放在"好恶"上即可。

王阳明是这样解释"好恶"的：好好色，恶恶臭。只要是人，天生就喜欢美好的东西，而厌恶丑恶的东西。人人都喜欢看美色，而人人都不喜欢闻臭狗屎。这是本能，也就是良知。只要你有良知，你就不可能喜欢臭狗屎而厌恶美色。

比如人人都喜欢生，那么，我们就把珍惜别人生命的人看成"是"，把随意剥夺别人生命的人看成"非"。

比如人人都喜欢物美价廉，那么，我们就把一个真心实意为我们的钱袋子着想的企业称为"是"，把不择手段赚我们钱的企业称为"非"。

也就是说，作为人，根据人们心里的"好恶"而引出的"是非"观念，就是正确的。稻盛和夫认为，企业绝不能拿"赚还是亏"和"赚多或少"做基准，必须要用"作为人，何谓正确"的标准答案作判断基准。消费者不喜欢的事，绝不去做；消费者喜欢的事，竭尽全力去做。这就是稻盛和夫成功的奥秘。

我们无从得知，稻盛和夫是否看过王阳明这段论述良知的话，或许他只是觉得仅仅依靠出自"本能"的损益算计，或仅凭"感觉"、"感情"乃至"理性"来判断事物，做出决定，仍是不够的。最终必须以藏在"灵魂"深处的"是非对错、好坏善恶"作判断基准，这就是原理原则。"京瓷" 和"DDI"有今天的局面，说到底，就是凭这一点，并不复杂，也不是高深莫测的东西。

(二)

稻盛和夫曾说过这样一段话："很多人评论京瓷之所以成功，是因为京瓷有先进的技术，是因为赶上了潮流。但我认为绝非如此。我认为京瓷之所以成功，是因为京瓷经营判断的基准，不是‘作为京瓷，何谓正确’，更不是‘作为经营者的我个人，何谓正确’，而是‘作为人，何谓正确’。因为它具有了普遍性，就可以与全体员工所共有。我认为京瓷成功的原因就在这里，除此之外，没有别的原因。”

注意，“因为它具有了普遍性，就可以与全体员工所共有”，这句话戳破了一个长时期以来，许多企业存在的致命问题：因为领导者不能把自己拉到“人”的层面，而总是喜欢把自己放到高高在上的“领导者”的层面上。在很多企业中，领导人在员工中和公众场合，都端着架子说话，他们特别恐惧和厌恶别人把他混同于普通人。所以，他根本不明白“作为人，何谓正确”其乐无穷的奥妙。

作为人，只是一个普通的人，而不是作为领导者的人，更不是作为一个企业救世主的人。稻盛和夫就把自己当成一个普通人，他毫不犹豫地与普通人的生命感与价值感相连接。

他明白一个浅显的道理：一个企业能屹立，不是靠一个神一般的人物，而是靠所有员工众志成城的努力。站在员工之上的人，永远都不明白何谓正确。

王阳明的几个弟子出山传播心学思想，乘兴而去，沮丧而回。王阳明对他们说，你们去民间传播心学，总以圣人的口吻，一副高高在上的样子。别人一看到圣人来，都吓跑了，哪里还敢接近你们？你们要想让别人听你们的，就必须放下姿态，和他们平起平坐，用你自己的良知和他们的良知切合。用稻盛和夫的话说就是，管理者想要唤醒员工内心的良知，就必须要与他们处在一个频率上，才能引起共鸣。

王阳明说，“良知两字，人人所自有，故虽至愚下品，一提便省觉”。也就是说，一个出色领导者不要把别人看成是傻子和白痴，放下身段，引导员工发挥他们的良知，这就是“作为人，何谓正确”的心学诠释。

再说透彻一点：每个人都是拥有良知的圣人，你所做的不是领导别人，而只是把他们的良知激发出来，和他们一起创造未来。

（三）

稻盛和夫的语录里有这样一段话，让人如醍醐灌顶：“无论你读过、听过多么好的道理，不亲身实践就毫无意义。为提高心性，到圣贤们的著作中寻求真理，乍一看，尽是理所当然的简单的道理，很多人往往用头脑理解后，就自以为已经掌握了，已成了自己的东西了。其实不然，他们并没有真懂，因为他们不想将这些真理付诸实践。”

有人曾问王阳明，读书不能记得，该如何？王阳明回答，晓得就是了，为什么要记得。你把书上的道理倒背如流，可不能去实践，有什么用？另外，书上记载的就一定是对的吗？比如书上记载孔子说的许多道理，看上去很对，理所当然，可你没有去实行，你怎么知道他一定是对的？为什么不能相信书上的道理，首先是很多人自己没有去实际验证，因为每个人的气质、思想和情感都不同，所以用同一个道理去做事时，效果都会不同。孔子的道理是孔子的，你只有把孔子的道理实践了，那才是你的道理，才是真的道理。世界上只有自己亲自验证了的道理，才是真的道理。

但前面我们提到，王阳明说过，不以孔子之是非为是非，必须要有自己的是非。而这个是非就是跟自己的心是否切合有关。在现实中有很多人，看到名人的语录就马上去实行，表面上看是在知行合一，实际上，仍然在靠外部的规则，而不是内心在知行。

一个企业的领导者必须明白这样的道理：心外无道理，心外没有任何管理制度。世界上最好的管理制度，就在你心中。发挥你的良知（良心+智慧），就能找到最自得于心的管理制度。

稻盛和夫那段话的标题是：“看脚下！不要看嘴巴！”说的其实就是知行合一的问题。真正的“知”是自得于心的“知”，不是被外界的束缚牵着鼻子走。当一个人活在各种各样外在的理念和真理中时，用王阳明的话来说就是，你在逐物，而不是在炼心。

无论是在日常生活中还是在工作中，都是修炼心性的道场。别人的话只能做参考，如果它和你的心不符合，那就一文不值。

心学对领导者最基本的要求很简单：目标清晰，情绪稳定，不受任何干扰地直奔目标行进，是最简单的管理方式和工作方式。纵使你得到神仙写的管理天书，也没有脚踏实地地干活、做事来的踏实有效。

为什么别人总结出来的智慧，我们无法使用，或者是使用起来效果不明显，除了上述原因外，还有个原因，那就是别人的成功无法复制。

王阳明在《传习录》中说：周公制作礼乐，是个圣人就能做到，那在他之前的尧舜为什么不做？孔子删述六经这种事，周公也能做，那周公为什么不做，非要留给孔子？

他解释说，其实周公也想做尧舜的伟业，孔子也想做周公的伟业。但因为周公所处的环境不允许他做那样的伟业，他遇到的情况就是要制礼作乐。孔子所处的环境也不允许他去做周公那样的伟业，他遇到的情况就是礼崩乐坏，他必须要删述六经，以正人心。

这说明一个什么道理呢？那就是，别人的成功是无法复制的。每个人要做的不是去复制别人的成功，而是要自己用功，那就能创造一种属于自己的成功。

人类社会总有一种奇怪的现象：一旦你脱颖而出，达到成功的境界，就会有人给你总结成功经验。比如林书豪，在他家喻户晓后，就有人为他总结了成功的经验：无人理睬时要相信自己，找到一个适合你风格的系统，机会来的时候就要抓住……

这种大而化之、模棱两可的话听上去头头是道，可是把这些放到其他人身上同样适用吗？也就是说，林书豪的成功可以复制吗？再继续问下去，李嘉诚的成功可以复制吗？比尔·盖茨、马云这些新经济时代的人物可以复制吗？

都不能，李嘉诚最开始做生意时平平无奇，只是赶上了香港经济转型，他才旱地拔葱而起。比尔·盖茨的成功虽然有他个人的努力，但你可知道，他的母亲是IBM董事，是她帮儿子促成了第一单大生意；巴菲特八岁就知道去参观纽交所，是由做国会议员的父亲带他去的，高盛董事亲自接待。

实际上，每一个人的成功都有其特殊性，如果你去复制就是照葫芦画瓢。正如王阳明说的那样，孔子如果去搞周公的制礼作乐，那非被气死不可。周公在和平环境下还去做尧舜那样的事业，君王也不干啊，非得以擅权之罪把他拿下。天时、地利及人和，古今中外的成功者都离不开这三点因素。而这些因素都是动态的，是视不同环境、情况而定的，时过境迁之后，你想去复制别人的模式，就好比刻舟求剑。

其实，很多成功者所以成功，偶然的因素占了一大半。股神巴菲特有个理论，叫"排卵彩票"，意思是说人的命运跟投胎有很大的关系，投胎好，简直就是买了牛气冲天的股票；投胎不好，那就是熊市。出身在很大程度上决定了你的命运和别人截然不同的轨迹。

中国西汉王朝的卫青并不到二十岁，就任西汉帝国陆军总司令。战国末期秦国的甘罗十二岁就当了宰相。你可能不知道，卫青是汉武帝的亲戚，甘罗的老爹是秦国元老。这样的成功，你如何复制？

但让人疑惑的是，人人都想复制别人的成功。可能一个很大的原因就是，成功者个个都不承认自己是命运的幸运儿，而总是刻意夸大自己吃苦耐劳的革命家史。回忆那些并不存在或者夸大那些吃苦耐劳的历史，大概是想让别人认同他是真的通过自己的努力获得成功的。其实，讲到吃苦耐劳，谁能比得上中国的八亿农民？

记住一点，别人的成功无法复制。人家有人家的命，你有你自己的路。这不是宿命论，而是客观存在的。你所能做的就是跟自己比，不管你在命运的哪个台阶上，每天不断地挑战自己，超越自己，就够了。如王阳明所说，只要你锻炼了一颗澄明的心，当机遇来时，你就能马上抓住它。

作为人，何谓正确？

答案是：做你自己，就是正确。

第四节：人生和工作的结果＝思考方式×热情×能力

（一）

王阳明说，世界上有三种人。一种是生知安行的人，这种人一生下来就具备了超绝的能力。其实这种超绝的能力人人都有，就是良知。这种人只是完好地爱护良知，终其一生，良知都一尘不染，所以很容易就取得成就。第二种人是学知利行的人，这种人占大多数，他们靠后天的努力，埋头苦干于良知的建设，最终也取得了不错的成就。第三种人比较糟糕，是困知勉行的人。他们只是迫于生计才去硬着头皮做事，像是一头拉磨的驴，不打就不动弹，但也能做出成就来。这三种人虽然层次不一，但都殊途同归。

想要清晰地了解这种道理，我们必须要回到王阳明的《传习录》中。下面这段话就是为你解疑辩惑的：王阳明的一位弟子问王老师："圣人可学而至。然伯夷伊尹于孔子，才力终不同。其同谓之圣者安在？"

王阳明回答："圣人之所以为圣，只是其心纯乎天理，而无人欲之杂。犹精金之所以为精，但以其成色足而无铜铅之杂也。人到纯乎天理方是圣。金到足色方是精。然圣人之才力，亦有大小不同。犹金之分两有轻重。尧舜犹万镒，文王孔子犹九千镒，禹汤武王犹七八千镒，伯夷伊尹犹四五千镒。才力不同，而纯乎天理则同，皆可谓之圣人。犹分两虽不同，而足色则同，皆可谓之精金。以五千镒者而入于万镒之中，其足色同也。以夷尹而厕之尧舜之间，其纯乎天理同也。盖所以为精金者，在足角，而不在分两。所以为圣者，在纯乎天理，而不在才力也。故虽凡人，而肯为学，使此心纯乎天理，则亦可为圣人。犹一两之金，此之万镒。分两虽悬绝，而其到足色处，可以无愧。故曰'人皆可以为尧舜'者以此。学者学圣人，不过是去人欲而存天理耳。犹炼金而求其足色。金之成色，所争不多，则锻炼之工省，而功易成。成色愈下，则锻炼愈难。人之气质，清浊粹驳。有中人以上，中人以下。其于道，有生知安行，学知利行，其下者，必须人一己百，人十己千。及其成功则一。后世不知作圣之本是纯乎天理，却专去知识才能上求圣人。以为圣人无所不知，无所不能。我须是将圣人许多知识才能，逐一理会始得。故不务去天理上看工夫，徒弊精竭力。从册子上钻研，名物上考索，形逃上此拟。知识愈广而人欲愈滋，才力愈多而天理愈蔽。正如见人有万镒精金，不务锻炼成色，求无愧于彼之精纯。而乃妄希分两，务同彼之万镒。锡铅铜铁，杂然而投。分两愈增，而成色愈下。既其梢末，无复有金矣"。

（二）

王阳明这段话中有很多信息，我们只拿出跟我们论点有关的信息。那就是，三种人能做成事，都必须要有良知。但第一种人不需要任何人去指点，第二种人需要别人指点，自动自发地去致良知。糟糕的第三种人如果不是生存出问题，不可能去致良知。但无论是第二种还是第三种人，都必须要付出非常艰苦的努力才能和第一种人一样。

让我们惊异的是，稻盛和夫在他的经营哲学中也把人分成了三种：自燃性的人；可燃性的人；无燃性的人（所谓"燃性"，是指对事物的热情）。

自燃性的人指的是：最先对事物开始采取行动，将其活力和能量分给周围人的人。无疑，这就是王阳明所谓的“生知安行”的那种人。

可燃性的人指的是：受到自燃性的人或其他已活跃起来的人的影响，能够活跃起来的人。不必解释，这种人就是“学知利行”的那种人。

无燃性的人，就是王阳明所说的困知勉行的人，他们的特点是：即使但受到影响，也不为所动，反而打击周围人的热情或意愿。只有一个方法能让他们苏醒，那就是他们的生存受到挑战。

也就是说，如果一个经营者霉运当头，手下全是第三种人，他就必须要付出巨大的努力来唤醒被滚滚尘埃遮蔽许久的第三种人的良知。如何唤醒，可能要把自己的意志强加给他，让他意识到，如果不去积极面对，那只有绝路一条。

其实，一定要相信，世界上真有一种人，油盐不进，冥顽不灵。王阳明的心学对这种人而言，也不是灵丹妙药。因为人人都有良知，良知是自己的，只能通过自己来唤醒。不过，你只要对这种人施加必要而沉重的压力，他也能走上致良知的正途。这就需要唤醒者拥有一流的思考方式，如火焰山般的热情和卓越的能力。

这三种素质恰好是稻盛和夫总结出的一个公式，表示如下：人生和工作的结果=思考方式×热情×能力

所谓能力，就是王阳明所谓的每个人与生俱来的良知，人人都有，看你是否爱惜它，发挥它。稻盛和夫的解释是：才能或智能等先天性的资质；

所谓热情，就是王阳明所谓的对圣人的渴望之情，必须要有高涨的热情做圣人。稻盛和夫解释为：努力的意愿或热心等后天的努力；

所谓思考方式，稻盛和夫的解释是：哲学、思想和伦理观等人格因素。也就是王阳明心学理论的精华——天理在我心，万事万物必须要随我心意才是真正的万事万物。

稻盛和夫说，“对我而言，最重要的是思考方式，因为能力和热情的范围只有0分到100分，但是思考方式可以从负100分到正100分。回顾自己70余年的人生，我可以向大家断言，以积极的‘思维方式’，满怀‘热情’，付出

不亚于任何人的努力，把自己的‘能力’发挥到最大，做到这些，你的人生和工作一定会硕果累累，马到功成。”

这段话如果用王阳明的心学术语来表达，就是：以“心外无理”的思维方式，满怀成圣做贤的“热情”，付出不亚于任何人的努力，把自己的良知力量发挥到最大，做到这些，即使你是第三种人，最终也会成为第一种人。

这就是稻盛和夫的心学圣经。其实它只有一句话：用其效如神的良知来经营企业，天下无敌。

第六章　日本战神东乡平八郎为何伏首拜阳明

19世纪末20世纪初，日本海军大将东乡平八郎在中日甲午海战和日俄战争中取得胜利，被日本人称为『军神』。当他在战胜俄国海军回国参加庆功会时，有人问他有什么秘诀，他拿出一块腰牌，上面写着：『一生伏首拜阳明』，这就是他的秘诀。

第一节：卓越的洞察力就是良知

（一）

卓越的洞察力是成功的原动力，没有卓越的洞察力，你永远只是个睁着眼睛的盲人。而洞察力向来都来自平时正确的思考和知识的积累。王阳明的教导就是，必须要立志，必须要勤学，必须要恢复良知本体。良知本体明了，洞察力才能不请自来。

王阳明后来之所以能把战争当成游戏，把战场当成小孩子过家家的布景，轻松谈笑间立下震动天地的奇功，是因为他对军事知识多年的积累，打通了本身固有的军事方面的良知，从而拥有了无可匹敌的洞察力的缘故。东乡平八郎与王阳明的经历有相似之处。

1848 年，东乡平八郎出生在日本鹿儿岛城的一个武士家庭，父亲文武全才，熟悉海外各国风情，热心于海军。东乡平八郎出生在这样的家庭，自幼开始学文习武。父亲要他牢记“励精忠诚”，后来，东乡平八郎又自学西方炮战。1866年，日本仿照西方国家成立海军局，东乡平八郎实现了自己的愿望，参加海军，进入军界。

1871 年，东乡平八郎以日本海军军官的身份到英国学习，在此期间，为了笃实地了解海洋，他乘帆船从英国泰晤士河口出发，历时七个月，航行三万里，绕世界一周。这个性格顽强的日本人在英国学习了八年，真正用心地了解了海洋和海军技术。1884年，中法战争爆发，东乡平八郎率领他的战舰入侵中国上海港，并沿长江逆流而上到达汉口，以“观察”中法战争为名，行刺探中国沿海以及内地军事防务之实，为侵略中国做准备。

1892 年，中日甲午海战爆发的前二年，东乡平八郎成为日本主力战舰“浪速号”舰长。1894年年初，朝鲜爆发叛乱，朝鲜国王向清政府请求派兵，日本陆军紧跟清军后在朝鲜仁川登陆。两国剑拔弩张，空气中全是火药味。

清政府希望避免此战，因为多年来被西方各国打得晕头转向，所有人都把战争看成是不祥的妄动。但清政府也知道，日本对朝鲜虎视眈眈了多年，避免这场战争的可能性不大。清政府在此时做出了一个看似聪明，实则愚蠢的举动：派遣当时号称世界一流的巡洋舰“平远”号到日本访问，希望能威慑日本，让它回心转意，放弃发动战争。

用军事力量以非军事手段震慑对手，诸如军事演习、军事访问，可能是中国人的创造。中国古代战争中，每个士兵都扛一面大旗，一遇大风，士兵浑身力量都用在了防止大旗倒掉上，根本没有多余的精力去和敌人厮杀。春秋战国时，双方开战前，都有这种表演，所有士兵扛着大旗在战场上走一圈。对手那里专门有人数大旗，如果旗帜比自己的多，马上撤退。这就是威慑。问题是，有实力的展现才叫威慑，没有实力的展现叫丢人现眼。

清政府当时的腐败宇宙无二，浑浊的政治永不能产生优秀的军队。“平远”号到达日本后，日本海军将领们的确被这艘巡洋舰的外表震住了，当时北洋舰队号称世界第七，“平远”号让日本人瞠目结舌，并不意外。可东乡平八郎冷眼旁观，看清了“平远”号是只纸老虎。

他在给上级的报告中说，“平远”号是艘强大的巡洋舰，但它的主人却是饭桶。舰艇上的士兵像是出土的僵尸，毫无生气。主炮炮塔的炮管上居然晾着衣服，我在舰艇上散步时还踩到了一堆狗屎，说明舰艇上有人养宠物狗。北洋舰队是“金玉其外，败絮其中”，如果我们不对中国宣战，肯定死不瞑目。

1894 年7月，甲午海战爆发，中国清政府的北洋舰队在哭声中沉入海底。

甲午海战后，日本开始对中国东北虎视眈眈。但当时中国东北在俄国人的控制下，日本要夺取东北，必须要和俄国一决生死。沙皇俄国当时是老牌帝国主义强国，而日本茁壮才几十年，一个初出茅庐的小伙子和一个饱经风霜的老人斗，获胜的机会等于零。日本海军军官们认为，俄国海军不同于中国海军，是表里如一的强大。真要跟俄国开战，那就是拿国运作赌注。时任海军司令的东乡平八郎不相信俄国海军表面的繁荣，因为一个人如果不用心去看，那他所看到的事物多半都是假的。

1900 年，中国爆发义和团动乱，在中国的洋人受到生命威胁，清政府助纣为虐，八国联军的军舰集结在天津大沽口，准备登陆。东乡平八郎趁此良机仔细观察了俄国军队的情况。在后来递交给天皇的报告中，东乡平八郎指出，表面上看他们军纪严明、训练有素，但他们却用军舰运送步兵和军需品。这个细节透露了他们轻视军舰的本来职能。东乡平八郎推测说，他们用军舰代替运输船使用，必然消耗他们的本职精力，使训练荒疏，一旦有战争，他们的军舰不可能充分发挥战斗力。另外，用军舰当运输船，暴露了俄国海军运输能力不足，如果日俄发生海战，一定要在日本周围海域进行，他们长途跋涉，运输跟不上，必败无疑。

这是一份庸人连做梦都想不出的报告，因为它有事实作为依据，而很多事情的真实情况，是很多智商低一级的人不能觉察的。

正如东乡平八郎所预料的那样，在后来的日俄海战中，俄国海军和中国海军一样，不堪一击。

（二）

前面我们谈到过，王阳明说要在“不睹不闻上用功”。不睹不闻是总结性语言，出自《中庸》，全文是：戒慎乎其所不睹，恐惧乎其所不闻。意思是，在他人看不到的地方要常警惕谨慎，在他人听不到的地方也常唯恐有失。这是教人慎独的。但在王阳明这里，还有另外一个意思，那就是，应该在别人看不到的地方小心地观看，别人听不到的地方小心倾听，这就是致良知的功夫。具体而言，什么是致良知，就是用心去看别人容易忽视的地方，去听别人听而不闻的声音。

我们无从得知东乡平八郎的长远见识是否从王阳明这里得到，也许只是出于他本人的智商和特有的敏感，所以他能做到“以小见大”，见一叶落而知秋来。不过，有一点却不得不承认，东乡平八郎是王阳明的忠实拥趸，在“不睹不闻”上用功并不意外。

如何培养这种远见卓识，其实也就是培养观察力。如何培养观察力，今天的科学为我们贡献了很多训练方法。今日科学声称，观察力是可以通过外在的练习训练出来的。至于训练的方法并不是我们要讨论的问题，我们所要讨论的是，王阳明是如何提升观察力的。

王阳明在江西剿匪时，曾用独到的观察力确定招抚和围剿的战略。他能通过诸如信件、问话俘虏，甚至是观察匪徒老巢的地形来判断此人是否还可以挽救，如果不能，就杀无赦；如果能，就动用良知的力量争取他弃暗投明。这些方法看起来神乎其神，其实如果了解了王阳明心学，这些方法人人都可以学会。

王阳明说，眼睛视、耳朵听、嘴巴说和四肢动，其实都是心在主宰。眼睛、耳朵、嘴巴和四肢本身是不能动的。如果你的心思缜密，去视、听、言、动时，就会得到别人无法得到的东西。我们的良知就是一面镜子。当它光洁时，映入镜面的是猪，你就能看得到它是猪，映入镜面的是驴，你就能看得到它是驴。可当我们的良知被遮蔽时，镜子就幽暗不明，是猪还是驴，都看不清楚，只能隐约看到一个类似猪或驴的动物。镜子光明洁人则会看到猪的嘴巴、耳朵和大鼻子。这就是在别人“不睹不闻”上有睹有闻。

王阳明的弟子曾溢美老师，您简直就是座泰山，人人都能望到你，崇拜你。王阳明说，泰山大还是平地大？弟子回答，可能是平地大。王阳明说，人人都能见到泰山却见不到平地，这就是良知丧失的表现。真正能看到别人所不能看到的，才是真用了功，才是真的致良知。

一个在“不睹不闻”上用功的人，必然是个有心人，东乡平八郎把整个身心都献给了海军事业，所以对关于海军的一切都真心诚意地去关注，去致良知。格言说，世上无难事，只怕有心人。你如果一门心思专注于一件事，良知自然会发动，指引你去观察别人不用良知而观察不到的事物。

什么是致良知，用固有的良知(良心+智慧)去做事，就是致良知。

那么，又是什么促使很多伟大人物去致良知呢？王阳明说，人要有信念，坚持自己的信念，不管别人嘲笑你还是辱骂你，只管依着这个信念去致良知，生死无憾。东乡平八郎也说，不论是谁，如果有志于立身，冀求成功的话，就先得有个信念。什么信念呢？就是说，不管他人骂你迂腐也罢，笑你落伍也罢，只本着最后的胜利必归诚实的信念去应付世事就行。事实上也确是如此呀！

(三)

注意，信念不等于计划，王阳明从来没有要求过任何人制订人生计划，他只是告诉你要学做圣人，但从来不说该分几个步骤。在王阳明看来，所谓计划是人类作茧自缚的一个明证。良知完全的人，不会有任何计划。因为制订计划，必要用心，一旦用心，就绝对不是顺应天理，而是纯出于私欲了。太阳有什么计划？根本没有想过要照射大地，但却照了，春暖花开。大地有什么计划？只是默默沉睡，却承载、养活了万物。这就是天道，一切都是自然而然的，所以才能建立功勋。

所谓计划、目标是三流心灵成功励志大师经常提到的东西，并且面不改色地说，没有计划、目标的人将一事无成。问题是，翻阅人类历史，几乎所有伟大人物向上攀爬的开始、最低阶段都是没有计划和目标的。他们所以被人认为有计划和目标，全是因为后人事后进行的预言似的总结。刘邦开始造反时，难道计划过以后要当皇帝？他当时东躲西藏，能保住老命就不错了。朱元璋扔掉木鱼，拿起武器时，只是为了不被饿死。难道他计划将来要当皇帝？战场上，刀枪无眼，刘邦、朱元璋如果不是命出奇得好，早已马革裹尸。

一切成功的人，都是被时势推着向前走的。如王阳明所说，走到一个岔路口，就要问，问明白了继续向前走。从来没有听说过，确定一个永远都向前走而不转弯的。

王阳明的良知学要求的是，物来顺应，一切遵循天理，不刻意去计划，更不刻意去求索。

王阳明的弟子曾问老师："古代一些大圣人应变不穷，是不是提前就有计划呢？"

王阳明回答："哪里计划的了那么多，圣人的心就如明镜，则随感而应，无物不照。"

东乡平八郎窥探中国舰队的虚实之前，有计划吗？他是否写过一张纸，上面说，要先看炮管子，然后再在甲板上找狗屎？

当然没有。

他只是登上了中国的军舰后，"偶然"发现了这两件事。这就是王阳明所说的，心如果如明镜，则随感而应，无物不照。

人生固然需要规划，但只是规划你的良知，让你的良知大放光彩，遇到任何困难则势如破竹。人生不可能有可以执行的规划，因为人生变化无常，下一步谁都无法预料。既然无法预料，那你的规划岂不是无济于事而又浪费精力？

美国悬疑经典影片《蝴蝶效应》中，男主角能通过简单的方式回到过去。为了改变现在的不完美，他多次回到过去，在关键时刻进行改变。可惜，他总是徒劳无功，最终仍然不得不接受他和女主角是陌生人关系的现实。这个故事其实只告诉了我们一件事：人生如果是直线，你何必规划算计它；

如果它是曲线，无论如何规划、算计，都是徒劳无益。

在王阳明看来，人生就是曲线的、不确定的。他是用亲身经历验证的。所以当它的弟子问他，那些圣人的人生所以完美的原因是不是事先规划好时，他说，根本就没有这回事。只要你的良知在，那就是随感而应，根本不需要规划。人生其实就是一个过程，走到哪儿算哪儿。

心学其实并非今天意义上的科学，但它比科学更有用。科学告诉我们，任何事情都要有规划，但科学也无法否认变化比计划快。所以你处心积虑地规划好一切，结果第一步走出去后，就发生了变化，你的规划就宣告破产了。

每个人的命运都有不确定性。之所以成为现在这个样子，实际上都是一个个说不准的意外和偶然。人人心里都有一个美好的梦，都在为这个美梦而努力。可是你会发现，冥冥中似乎有一种力量在支配着我们，让我们总是离自己的梦远远的。“人定胜天”的思想想来都是呓语，我们在宇宙中只是一颗尘埃，自己根本无法做主。

你唯一能做的，只是规划自己的良知。实际上，只要规划了你的良知，也就对人生有了真正的规划。

第二节：战场上的知与行

(一)

现在，先让我们踏上中国春秋时代宋襄公的战场。他给我们的教训远胜于我们听说一万个大道理。

按中国传统道德标准，宋襄公是个好人，待人友善、宽宏大量、重信用、讲仁义，同时还胸有大志，而且在国内也做到了知行合一、内外兼修。这位仁兄是特别喜欢做计划的那种人。春秋首霸齐桓公死后，齐桓公的五个儿子争夺王位，齐国大乱。宋襄公认为千载难逢的时机已到，露出气吞山河的气势来：我要当霸主。

他马上召开了一次盂地之盟，当时南方的庞然大物楚国也一直想当中原的霸主，听说有人提前注册了霸主的商标，领导人楚成王急吼吼地赶来了。还有几个小国来看热闹。居然真有热闹看：楚人把宋襄公绑起来，扔进囚车。不久后，楚成王把宋襄公放回，很快忘了这件事，宋襄公当然记了下来。当然，他是个聪明人，明摆着自己不是楚成王的对手，于是决定拿弱小的郑国开刀。因为，盂地之盟时，郑国与楚成王是一个鼻孔出气的。

郑文公接到探子的报告，听说宋襄公要来找碴儿，大吃一惊，连忙派人向楚成王求救。楚成王一听，要打我哥们儿，那哪行啊，这忙必须得帮，君臣一商量，决定来个釜底抽薪，直接杀奔宋国去了。

这时候，宋襄公正与郑军相持不下，听到楚军要端自己的老巢，十分乖巧地撤退了，昼夜兼程，返回自己的地盘，在泓水南岸扎好营寨，一门心思地等着和楚军交手。

不久，楚国大将成得臣就率大军到了，二话不说，来下战书。老实说，宋国的大臣们心里没底，希望主公考虑求和。

宋襄公撇撇嘴，回答说："怕什么呀。南蛮虽然厉害，但仁义大大地没有；俺们虽然弱一点点，但有仁义，仁者无敌啊。仁义的力量是无穷的，知道不？"

于是大笔一挥，批定十一月初一，双方在泓阳交战。又命令士兵制作一面大旗插在大车上，旗上写着"仁义"两个大字。

看到这些，大将公孙固叫苦不迭，只好硬着头皮，准备舍命陪君子。到了交战那一天，鸡还没叫呢，公孙固一骨碌爬起来，敦促襄公，下令大军严阵以待，楚国不是闹着玩的呀。

楚将成得臣在泓水岸北驻扎，他哪里会将宋襄公放在眼里，参谋长建议他五更渡河，避免被偷袭，他也懒得听，天亮以后，部队才三心二意地开始渡河。

公孙固见此天赐良机，一辈子赶不上一次，急忙敦请襄公下令，来个半渡而击之。襄公撇撇嘴，指着大旗说："你识字不？仁义二字认识不？我堂堂仁义之师，岂有乘敌军半渡而击之的道理？"公孙固不敢说话了，暗暗叫苦，冷汗都出来了。

一会儿工夫，楚兵全都渡过河。只见成得臣戴着精美的帽子，上面扎着玉缨，身穿绣袍，外着软甲，腰挂雕弓，手执长鞭，指挥士兵，东西布阵，气宇轩昂，一副旁若无人的样子。

公孙固见到只有下辈子才能赶上一次的机会，再次敦请襄公下令出击。

宋襄公往他脸上吐口唾沫说:呸! 闭上你的臭嘴。你就会贪小便宜。我堂堂仁义之师,岂有乘敌人没列成阵就进攻的道理? 公孙固只好再次暗暗叫苦。

等楚兵终于摆好了阵势,只见人强马壮,漫山遍野,宋襄公这才倒吸一口凉气。这时候,宋兵人人都面带惧色,心想,看来这回得舍命陪君子了。

随后,襄公下令击鼓进军,他自己举着长矛,带着大部队催马冲向敌阵。成得臣见宋兵来势凶猛,暗自传下号令,开了阵门,只放宋襄公一队人马进阵。公孙固不好意思看见主公死得很惨,赶忙随襄公杀入阵中去了。

一时间,天昏地暗,日月无光。襄公的护兵一个个身负重伤,但永不言弃保护主人的精神让楚军大为感动。于是,成得臣下令,网开一面,稍息稍息。原来,生活中的宋大人,对待手下人极其宽厚,所以大家都愿意以死相护。

公孙固乘机冲上去,只见同事公子荡身负重伤,倒在车下,仁义大旗已被楚军夺走了。宋襄公身上多处受伤,右腿中箭,已站不起身了。

公孙固拼死救出襄公,宋军大败而逃。成得臣乘胜追击,宋军的车马器械,差不多都丢得一干二净。公孙固与襄公连夜逃回都城,反思去了。

这次大战,宋兵伤亡重大。全军烈属们都自发地凑在一起,一边抹眼泪,一边总结经验教训。他们暗地咒骂襄公,说他不听公孙固的以暴制暴的战略战术,以至于有此大败。

襄公听到这些话后,语重心长地说:“这都是楚人的野蛮所致! 我的军队就不是这样。你们没有看见我的规定吗:不许杀负伤的敌人,不擒拿年纪大的敌人。我就要用仁义带兵,岂能效仿这种斩尽杀绝的野蛮行为? ”

就这样,泓水之战结束了,第二年,宋襄公伤重去世。仁义王天下的结局如何,有眼睛的人都看到了。

我们从这个故事中得出这样一个结论, 世界上的确有游戏规则这回事。但这游戏规则必须要从自己心中建立,不能靠外部的力量来强制自己去遵守。

仁义，是千百年来世界上特别是中国固有的外在的行为规范，表面上看，仁义是发自肺腑，实际上，仁义必须要外化，才能被人知道你是否仁义。仁义固然可以做成很多事，比如治国需要仁义，人际关系中也应该有仁义。但在战场上，仁义却不应该是迂腐、憨直的代名词。这正如你端着饭碗去卫生间吃饭一样，不符合人性（良知）。仅靠仁义打败敌人，世界上没有这回事。仁义是正义之师应该怀抱的终极理想，以及通过战争来达成的目标，而非战争的具体指挥原则和运用手段。战争本身自有残酷的法则。战争的参与者必须遵循这个法则，利用一切可能的手段战胜对方，这才是“行”的具体展现。

这就是王阳明所说的，周武王还没把老爹埋葬，就对商纣王发动战争，没有错。因为那时商纣王的军队都去东方作战了，国都空虚，千载难逢灭掉敌人的机会，不可错过。如果周武王按照当时的规矩，好好为老爹守孝三年，三年后，鬼知道是否还能替天行道灭掉商纣。

也就是说，良知告诉你，灭掉对手，尽快结束战争是对的，那么，你就用最省力、最不浪费的方式去进行。

而这种方式其实只有一种：就是突袭，偷袭，闪电战。

（二）

1904年2月，日本正式和俄国断交，这是个危险的信号，预示着日本即将对俄国开战。几乎就在断交的同一天，东乡平八郎的日本海军悄无声息地从国内出发，取道朝鲜半岛，向中国东北部渤海出海口奔袭而来。

2月8日，日本舰队突然出现在旅顺口外，不宣而战，向停泊在旅顺港内的俄军太平洋分舰队发射鱼雷。9日上午，东乡平八郎命令重型军舰向旅顺港口发起猛攻。俄军惊慌失措下组织还击，凭着大口径舰炮和炮台上的重炮暂时击退了日军的进攻。

但日本收获丰厚，击沉了俄国军舰“瓦良格”号和“柯列茨”号，在完成这次成功的突袭后，日本才正式向俄国人宣战。俄国舰队最高指挥官马卡罗夫目力所及全是日本国旗的军舰，但马卡罗夫毫无惧色，因为他也是个有能力的人。马卡罗夫是那个时代海军领域最出色的战略家之一，他的著作《海战论》被译成多国文字，当时世界上有一种说法：谁想成为海军司令就必须读这部经典著作。东乡平八郎也曾购买过《海战论》，但和别人不同，他不是拜读，而是寻找毛病去了。精读后，东乡平八郎发现《海战论》也有不可忽视的缺陷。东乡平八郎又搜集各种资料分析马卡罗夫这个人，他的特长是什么，弱点是什么，分析的一清二楚。最后，他得出了马卡罗夫人性中致命的弱点：急躁，易冲动。每次作战时，马卡罗夫都像战神附体一样，让他的指挥舰冲在最前面。

明确了对手的弱点，正如医生确诊患者的病症一样，剩下的事情就是用药了。东乡平八郎用的药是这样的：趁着夜色在中国旅顺港外围布满了水雷。第二天拂晓，东乡平八郎让一艘战斗力弱小的舰艇接近旅顺港，向俄军发射炮弹。马卡罗夫很轻易就被小日本激怒了，他命令舰队所有军舰出港，把小日本的舰队炸到深海里去。

他的将军们说，日本人在港口外围布置了许多水雷，需要先派扫雷舰扫清水雷，才可出洞，以避免不必要的伤亡。

马卡罗夫说：“时不我待，给我冲锋，否则军法伺候。”

他的确是个知行合一的人，登上第一艘战舰，就最先冲了出去。

在外面放炮的日本军舰见马卡罗夫已上钩，调头就跑。马卡罗夫如猛虎下山一样，带着他的舰队勇往直前，一直冲进了雷区。

东乡平八郎正在雷区外围恭候多时，一见到马卡罗夫的战舰，立即下令，擒贼先擒王，所有战舰都给我瞄准对方的首舰，轰炸！

马卡罗夫被轰得晕头转向，慌忙命令各舰后撤，他自己也调转舰头，希望能在腥风血雨中回到老巢。手足无措中，他一头扎进了日本人的雷区，那是他来的地方，由于来时气定神闲，所以躲过了。但回去时，方寸已乱，神仙也无法挽救他。一声巨响，海面上升起一道冲天的水柱，马卡罗夫的军舰爆炸，他本人也被冲力震下大海。

马卡罗夫一死，俄国太平洋舰队的这支分队群龙无首，瞬间乱作一团，被冷静的日本舰队一一清除。日本人取得了胜利。残存的俄国军舰逃回旅顺港后，大门不出，迅速向祖国求救。

突袭，顾名思义，就是突然袭击。技术含量高的突袭正是远距离的奔袭。一些军事家都喜欢采用这种方式，突然出现在敌人面前，当敌人惊讶的嘴巴还没有合上时已被击溃。古迦太基名将汉尼拔越过阿尔卑斯山，千里突袭罗马就是最成功的案例。还有中国的西楚霸王项羽千里突袭被刘邦攻陷的王都彭城，这种战略方式大都能在敌人毫无准备的情况下一战而成。

东乡平八郎这次突袭，也是一个经典案例，王阳明在江西剿匪时虽然没有远距离奔袭，但对匪徒老巢的突然打击和千里奔袭这种作战方式异曲同工。

我们注意到突袭的一个很关键的特质：出人意料地突然袭击。这是一个战场上将领只可意会不能言传的战斗技法。它的思想源泉是，在别人"不能目睹不能听闻"的地方下手。

（三）

东乡平八郎研究马卡罗夫《海战论》的初衷是挑问题，因为他坚信战争没有什么规则。如果非要说有规则，那就是吃透对手，然后找出对付对手的方法，这就是最基本的规则。

王阳明说，天理这玩意，其实我也说不明白。弟子们把他逼急了，他就说，去得人欲，就是天理。就是你自己好好用功，把人欲都去掉了，就知道什么是天理了。

关于这段话，我们可以找到一个前人的解释，就是南宋大将岳飞的"运用之妙，存乎一心"。也就是说，战争规则和天理一样，只有你自己真正明白了，才知道是怎么回事，才会感觉到多么其乐无穷。这种东西是说不出来的。

据说，岳飞在南宋复国军司令宗泽手下当军官时，屡建奇功。宗泽表扬他的军功后，却指出了他的缺陷："你打架的风格我不太喜欢，不正经，总搞旁门左道，虽然胜了，可就你这样的打法，将来真当了统率千军的大将，可不好。"然后将一份阵图交给他，要他认真研究，以便战时参考。岳飞在翻阅了《阵图》之后，向上司汇报自己的"心得"："您所赐阵图，我认真看了，乃定局耳。古今异宜，夷险异地，岂可按一定之图？"

宗泽大吃一惊。岳飞解释说，战场形势，瞬息万变，而这些阵图，都是既定之规，已成之法，以一成不变的阵图去应对瞬息万变的战场想要取胜，天底下可没有这回事。我今天在读《阵图》，有人肯定也在读。一旦我二人相遇了，都在摆阵，等着对方来攻，那这场仗就打不起来了。如果有人特别聪明，把《阵图》上的阵形破解了，我遇到人家，列出个阵形，这不是自投罗网吗？

宗泽又是大吃一惊，心惊肉跳地问："如尔所言，阵法不足用耶？"

岳飞说："阵而后战，兵之常法，然势有不可拘者，且运用之妙，存于一心。"

一千多年后，中华人民共和国的缔造者毛泽东完美地阐释了"运用之妙"："基于客观情况，'审时度势'（这个势，包括敌势、我势和地势等）而采取及时和恰当的处置方法的一种才能，即是所谓的'运用之妙'"。

王阳明的弟子问王阳明："舜没有通知父母，私自跟美丽的女郎结婚入洞房，我们都知道舜是顶天立地的圣人，他肯定是有所依据才这样做的啊。您说是不是？"

王阳明说："你为什么非要让舜遵守从前的规则，舜之前哪有什么规则规定可以不通知父母而和女人结婚？即使有这种规则，舜不遵守也是因为'不孝有三，无后为大'的良知体认在指引他。如果没有，你为什么非要让人家有呢？"

戚继光在看中国兵法经典《孙子兵法》时，往往有较真的感悟。比如孙子说："锐卒勿攻"，就是敌人气势很盛的时候，你不要去攻击他，要避其锋芒。可戚继光却说："那要看谁盛，他盛我比他还要盛的时候，我就要揍他。"孙子又说："穷寇勿追"。戚继光却说："如果我比他的人多，我为什么不追，追上他狠狠地揍。"

西方有位军事家说，一个聪明人进军事院校的目的就是为了知道军事院校都教了什么，然后把它忘记。

无论是战场上还是生活中，没有任何既定的规则。运用之妙，存乎一心，这个"心"就是良知，运用这个良知去做事就是致良知。

东乡平八郎有规则吗？好像没有，看他研究马卡罗夫，然后再和对手交战，纯粹是在用心战，而马卡罗夫却在用外在的规则战。所以，他赢了，对手输了。一个不用心只用固定规则的人除了玩游戏能侥幸胜利之外，做任何事，都无法赢。

第三节：此心不动，随机而动

（一）

人际交往中，一个靠谱的人会受到尊重，但在战场上，一个靠谱的指挥官会遭到灭顶之灾。宋襄公在泓水一战就是一部血淋淋的教材。王阳明在战场上向来不靠谱，他的打架方略就是：虚虚实实、真真假假。总之，就是竭尽全力给对手一种感觉：太不靠谱了。

东乡平八郎正是用这种“不靠谱”的方法彻底击败了俄国舰队。

俄国舰队在旅顺口遭遇惨败后，俄国方面立即派遣舰队前往支援。东乡平八郎得到消息后，立即着手准备与俄国舰队作战。但是如何作战，他手下的将领们意见不一。有人说：“应该趁俄国援军来之前，迅速夺下旅顺口。兵书上说了，打仗就要一鼓作气。我们刚赢得胜利，敌人士气低落，正是我们进攻的最好时机。占领旅顺口，我们来守，那就是铜墙铁壁，敌人的援军再多，也于事无补。”还有人说：“就在旅顺口外摆开阵势，让国内派遣援兵，迎接俄国舰队的到来，发扬我们的武士道精神，一决生死。”这两种方法都被东乡平八郎否决，原因很简单，他不想有过多的伤亡。

他迅速放弃派遣援军的计划，放弃旅顺口，把舰队的主力集结在对马海峡北岸的朝鲜镇南湾，进行秘密、紧张的应急训练。他制定的作战计划是：在俄国援军抵达海参崴港之前，自己的战舰趁其长途航行、人困马乏而造成战斗力低下时，采取守株待兔、以逸待劳的策略，痛击之。只要击败了俄国的援军，旅顺口的俄国海军会因为没有救援而举手投降。

但是，俄国人可不傻，完全可以走台湾以北的海域，而不必经过对马海峡。想要让敌人主动来对马海峡，就必须如王阳明让朱宸濠返回南昌一样，故布疑阵。东乡平八郎先把主力藏在对马海峡，然后派出一些商船伪装成铁甲舰，在台湾以北海域敲锣打鼓地游弋。这就给俄国的支援部队一个印象：日本人正准备在这里劫击他们。由于俄国人的目的是支援旅顺口，所以不可能在途中跟日本决战，于是，他们必须转道对马海峡，直奔海参崴。

东乡平八郎等的就是这个。

1904年5月27日凌晨，俄国海军舰队驶进了风平浪静的对马海峡，俄国舰队指挥官罗热斯特文斯望着平静的海面正在庆幸这次远航，东乡平八郎的舰队已悄无声息地出现在了俄国舰队的前面。当俄国人发现这么一支壮观的舰队时，想要撤退已经来不及了。罗热斯特文斯几乎尖叫起来："我的天啊，他们是从哪里冒出来的，日本的主力舰队不是在台湾海峡吗？"

罗热斯特文斯的主观惊恐并不能改变现实，他必须要在最快的时间内把他的舰队摆成战斗队形，但东乡平八郎不可能让他如愿。

就在罗热斯特文斯声嘶力竭地下命令展开队形时，东乡平八郎突然采取了违反常规的"敌前大回头"战术：先用一些伤亡代价使日本舰队首先抢占了"T"字横头对舰攻击的有利阵位，然后逼近到一海里内，用舰炮的优势猛轰俄国舰队。"敌前大回头"的战术在任何军事教材中都被认为是自杀式战术，但东乡平八郎却正是用这种"置之死地而后生"的战术很快赢得了战场的主动。经过5小时的激战及鱼雷舰艇夜战，俄国的支援舰队全军覆灭。

东乡平八郎用他最不靠谱的打法赢得了胜利。正是在这次战役后的庆功会上，东乡平八郎把他的腰牌解下给众人看，上面写着"一生伏首拜阳明”。他为什么要伏首拜阳明，可能正是王阳明“此心不动，随机而动”的心学真理使他动容。

此心不动，是绝对的纯净状态，没有任何规则。不必遵守任何规则。随机而动，是物来顺应，有点“兵来将挡水来土掩”的意思。看似没有任何规则，其实是在用最实际的手法解决问题。而这种思想放到战场上，就是表面看上去的“不靠谱”。

（二）

王阳明在军事上最耀眼的成就是八个字：此心不动，随机而动。这八个字被称为“用兵神术”。然而，在王阳明之后，很少有军事家能把这种神术发挥到极致。

此心所以不动，是因为天下的道理就在我心上，只要我心一动，道理就来了。不必每时每刻乱动，去寻找道理。随机而动，只要是随心而动，良知不被遮蔽，它就能知是非，能指导你如何动。

让我们暂时离开战场，真心感受一下生活中王阳明“心即理”的心灵智慧。

在我们周围，经常会遇到这样一种人，他们说起事情来头头是道，做起事情来却是两眼摸黑。还有另外一种人，他们希望自己的人生更有意义，希望自己能学到更多的生存智慧，甚至希望能得到一本一劳永逸的生存哲学红宝书。

其实，在这个世界上，尤其是在提倡如何做人的中国，人人都在学习如何为人处世的道理，都在学习怎样才能游刃有余地生存在这个世界上的真理。无论是哪一方面的道理或真理，我们通过读书、实践都能学习得到，而且很多道理，人人都懂，也有人在真挚地践行，但为什么，我们往往还是感觉到很累，发出“为什么人生在世，需要明白那么多道理，遵守那么多规定和规则”的疑问？

王阳明说，其实世界上真有一种一劳永逸的道理大全集。只要你能读懂它，你就能随心所欲而不逾矩。这本道理大全集只有一个字：心；用六个字来说，就是：道理只在我心。

王阳明的弟子、妹夫徐爱和他曾有过一段对话，说的就是道理到底在我心外还是心内的问题。

王阳明有个论断：到心外的万事万物上去求万事万物的道理，是错误的。我们应该在心上求一切万事万物的道理。徐爱就问，道理如果只在心上求，那天下万事就有万理，恐怕有所纰漏吧。王阳明说，怎么会呢，心外没有道理，你仔细想想，天下真的有心外之事、心外之理吗？

徐爱用例子反驳说，比如孝顺父母和忠诚于领导的道理，如果不读相关的书籍和借鉴别人的经验，难道只在心上就能求得了吗？

王阳明反问，为什么求不了？你所说的那些道理，其实都是外在形式，比如怎样给父母请安，如何给领导端茶倒水，这固然有很多礼数，但如果你没有孝顺父母的心和忠诚领导的心，你纵然学会了这些礼数，也只是表演给外人看，那和戏子演戏有什么不同？

这就是王阳明对“心即理”这一概念的直白阐释。其实他的意思很简单：我们寻求万事万物的道理，都应该在心内寻求。如果到心外去寻求，学到手里的看上去是道理，其实只是形式。

很多人也正如徐爱那样，对王阳明“心即理”的概念有所怀疑，而且很容易就能找到反驳的例子。比如我们要知道汽车飞驰的道理，就必须去汽车本身上寻求，如果不去汽车上寻求，只坐在那里在心上求，我们根本就不可能知道汽车飞驰是因为有发动机，有轮子，还有方向盘。

表面上，这个例子很好地否定了王阳明的理论。实际上，是我们的理解有偏差。如果我们发现汽车有发动机，有轮子和方向盘，那根本不能得出汽车飞驰的道理来。汽车飞驰的道理是因为发动机给它提供了能量，而不是摆在你眼前的发动机。也就是说，我们从外界看到的一切，如果不经过心（大脑）的思索，就只是一个形式，只是一个永远跟道理泾渭分明的客观存在而已。

这正如我们普通人观察夜空中的点点繁星，我们看到的只是它们的存在和耀目，而专业人士观察后，却能认真求索天文规律。所以，天下万事万物的道理只能在心中求，而不能去外界求。

现在，回到徐爱的那个例子上来，当我们看到别人给他的父母请安时，如果你只注重形式（这就是外求），你会认为给父母请安就是孝顺。问题是，真正的孝顺背后有着很多情感的支撑，一个孝顺的人做出请安这一形式时，必然是心中早有了孝顺的道理。而这种道理并不是你在外界看到一些形式就能求到的，你必须要用心来体会孝顺的真正意义。一旦得到了这种道理，就会有很多形式自然而然地表露出来。

（三）

去外界寻求道理，王阳明试验过，这就是王阳明人生中的格竹子事件。

他曾看到儒家巅峰级人物朱熹的话语：今日去一件事物上寻找一个道理，明日再去一件事物上寻找一个道理，懂得的道理越多，我们离圣人就越近。

王阳明和他的朋友践行朱熹的话，到庭院中的竹林里去格竹子的道理。三日后，他的朋友思虑耗尽，仍然没有得出竹子何以葱绿、挺拔，何以中空的道理，却病倒了。王阳明依然坚持，四天后，他也无法得到这些道理，和朋友一样，歪倒在床上。多年以后，王阳明创建心学后对他的学生们说：可见去事物上寻求事物的道理，是徒劳无益的。如果我当时不死盯着竹子看，也不会病倒。我所以死盯着竹子看，是因为我认为道理都能从外界事物上寻求到。

今天的人们在生活和工作中，经常会遇到道理要去事物上寻求而不是在心上寻求的尴尬。仅以社交场合为例，每个人都能从书本上或是从别人的教诲中知道，什么样的场合该说什么样的话，穿什么样的衣服，有什么样的举止。为此，很多社交达人还长篇大论，把每一个社交细节都叙述成一门高深的学问。如果你有幸参加一些社交活动，你会发现，所有的人都风度翩翩，彬彬有礼，但却是一个模子刻出来的，像是一群僵尸，按照他们学习来的礼仪行走蹦跳。

这是王阳明最深恶痛绝的，他的"心即理"认为，"理"就是"礼"。外在的一些束缚我们心灵的礼节根本不需要我们去严格遵守，每个人只要心上有道理，外在表现出来时就是能符合礼节的。既然如此，为什么要筋疲力尽地去学习各种道理和规则？所有的道理和规则都在我心中，我心认为什么是正确的道理和规则，就听凭心去做就是了。

为什么我们经常感到疲惫，就是因为我们想学习和正在学习的规则和道理太多，学完这样还有那样，学完这种礼仪还有另外的礼仪，数不胜数。

据说，真正的舞蹈高手，其实只善一种舞蹈。但她却能跳出不同的舞步来，使人耳目一新。这里的原因很简单，舞蹈的规律和道理已在他心中，只要心认为是正确的，外在形式是千变万化的。

一个有着独立人格的人，肯定不是被外在道理牵着鼻子走的人。

很多中国古代哲学家都说，以不变应万变，其实说的就是"道理只在我心"。听凭自已心的召唤和驱使，而不是听凭外界规则的安排，你才能获得独立人格，才是王阳明赞许的那种圣人。

现在，你该知道东乡平八郎为何要伏首拜阳明了，其实，他拜的不是王阳明，而是王阳明心学中的"致良知"。我们每个人如果真把"心即理"当成是修行的不二法门，意识到良知无所不能，好好地去致良知，你在生活中就是幸福的人，在战场上，你就是战神。

附录一：王阳明年谱

1472年：王阳明出生于浙江余姚。

1476年：王阳明五岁，始能说话。

1478年：做《象棋诗》。

1479年：开始关注神仙之术，并大量阅读道教典籍。

1482年：因父亲考中状元到北京做官，所以跟爷爷从浙江到北京，在杭州金山寺，以两首诗震慑全场。

1483年：在北京读书，问老师：何谓第一等事？

1486年：独自出居庸关，学习骑射，深慕功绩和豪杰。

1488年：在江西结婚，洞房那天，走进一个道观，彻夜未归。

1489年：在回浙江的途中拜见大儒娄谅，得到"圣人可学而至"的妙语，从此苦心钻研儒家经典。

1492年：格竹子事件，从此开始怀疑朱熹。

1494年：国考失利，回到老家组织了龙泉山诗社。

1497年：转而研习军事，点评《武经七书》。

1498年：转回儒学，又转道家，想要隐居。

1499年：国考成功。

1500 年：在司法部(刑部)担任科员，冬天上了九华山。

1502 年：在三年的文章辞赋之学后，又转回道教，想要入山修行。

1503 年：放弃修行，转而研究儒术。

1504 年：在山东乡试担任主考官。

1505 年：倡导身心之学，开门授徒。

1506 年：下诏狱，贬谪贵州龙场驿站站长。

1508 年：春天到达龙场，大悟“格物致知”之要。心学诞生。

1509 年：在贵阳讲学，开始讲知行合一。

1510 年：从庐陵知县升为南京司法干部，讲“静坐”。

1512 年：在北京担任官职，根据《大学》古本立诚意为先之教。

1513 年：回老家，教众多弟子静坐。

1514 年：在南京教人“存天理，去人欲”。

1516 年：担任南赣巡抚。

1517 年：平定漳南、南赣横水和桶岗等地土匪，行十家牌法。

1518 年：平定大帽等地土匪，刻古本《大学》、《朱子晚年定论》，门人薛侃刻《传习录》，九月份修濂溪书院，四方学者云集于此。

1519 年：平定宁王朱宸濠叛乱。

1520 年：提出“致良知”。

1521 年：被封为“新建伯”。

1522 年：在绍兴讲学。

1523 年：在绍兴，从游者甚众。

1524 年：弟子南大吉续刻《传习录》。

1523 年：立阳明书院。

1524 年：唯一的儿子王正聪出生。

1527 年：天泉证道，确定四句教法。

1528 年：平定思平之乱，平定八寨、断藤峡之乱。

1529 年1月9日：王阳明去世，临走前留下八个字：此心光明，亦复何言！

附录二：心学入门课——《大学问》

问曰："《大学》者，昔儒以为大人之学矣。敢问大人之学何以在于明明德乎？"

阳明子曰："大人者，以天地万物为一体者也。其视天下犹一家，中国犹一人焉。若夫间形骸而分尔我者，小人矣。大人之能以天地万物为一体也，非意之也，其心之仁本若是，其与天地万物而为一也，岂惟大人，虽小人之心亦莫不然，彼顾自小之耳。是故见孺子之入井，而必有怵惕恻隐之心焉，是其仁之与孺子而为一体也。孺子犹同类者也，见鸟兽之哀鸣觳觫，而必有不忍之心，是其仁之与鸟兽而为一体也。鸟兽犹有知觉者也，见草木之摧折而必有悯恤之心焉，是其仁之与草木而为一体也。草木犹有生意者也，见瓦石之毁坏而必有顾惜之心焉，是其仁之与瓦石而为一体也；是其一体之仁也，虽小人之心亦必有之。是乃根于天命之性，而自然灵昭不昧者也，是故谓之'明德'。小人之心既已分隔隘陋矣，而其一体之仁犹能不昧若此者，是其未动于欲，而未蔽于私之时也。及其动于欲，蔽于私，而利害相攻，忿怒相激，则将戕物圮类，无所不为，其甚至有骨肉相残者，而一体之仁亡矣。是故苟无私欲之蔽，则虽小人之心，而其一体之仁犹大人也；一有私欲之蔽，则虽大人之心，而其分隔隘陋犹小人矣。故夫为大人之学者，亦惟去其私欲之蔽，以明其明德，复其天地万物一体之本然而已耳；非能于本体之外而有所增益之也。”

问曰：“然则何以在‘亲民’乎？”

答曰：“明明德者，立其天地万物一体之体也；亲民者，达其天地万物一体之用也。故明明德必在于亲民，而亲民乃所以明其明德也。是故亲吾之父，以及人之父，以及天下人之父，而后吾之仁实与吾之父、人之父与天下人之父而为一体矣。实与之为一体，而后孝之明德始明矣！亲吾之兄，以及人之兄，以及天下人之兄，而后吾之仁实与吾之兄、人之兄与天下人之兄而为一体矣。实与之为一体，而后悌之明德始明矣！君臣也，夫妇也，朋友也，以至于山川鬼神鸟兽草木也，莫不实有以亲之，以达吾一体之仁，然后吾之明德始无不明，而真能以天地万物为一体矣。夫是之谓明明德于天下，是之谓家齐国治而天下平，是之谓尽性。”

问曰：“然则又乌在其为‘止至善’乎？”

答曰：“至善者，明德、亲民之极则也。天命之性，粹然至善，其灵昭不昧者，此其至善之发见，是乃明德之本体，而即所谓良知也。至善之发见，是而是焉，非而非焉，轻重厚薄，随感随应，变动不居，而亦莫不自有天然之中，是乃民彝物则之极，而不容少有议拟增损于其间也。少有拟议增损于其间，则是私意小智，而非至善之谓矣。自非慎独之至，惟精惟一者，其孰能与于此乎？后之人惟其不知至善之在吾心，而用其私智以揣摸测度于其外，以为事事物物各有定理也，是以昧其是非之则，支离决裂，人欲肆而天理亡，明德亲民之学遂大乱于天下。盖昔之人固有欲明其明德者矣，然惟不知止于至善，而骛其私心于过高，是以失之虚罔空寂，而无有乎家国天下之施，则二氏之流是矣。固有欲亲其民者矣，然惟不知止于至善，而溺其私心于卑琐，是以失之权谋智术，而无有乎仁爱恻怛之诚，则五伯功利之徒是矣。是皆不知止于至善之过也。故止至善之于明德、亲民也，犹之规矩之于方圆也，尺度之于长短也，权衡之于轻重也。故方圆而不止于规矩，爽其则矣；长短而不止于尺度，乖其剂矣；轻重而不止于权衡，失其准矣；明明德、亲民而不止于至善，亡其本矣。故止于至善以亲民，而明其明德，是之谓大人之学。”

问曰：“‘知止而后有定，定而后能静，静而后能安，安而后能虑，虑而后能得’，其说何也？”

答曰：“人惟不知至善之在吾心，而求之于其外，以为事事物物皆有定理也，而求至善于事事物物之中，是以支离决裂，错杂纷纭，而莫知有一定之向。今焉既知至善之在吾心，而不假于外求，则志有定向，而无支离决裂、错杂纷纭之患矣。无支离决裂、错杂纷纭之患，则心不妄动而能静矣。心不妄动而能静，则其日用之间，从容闲暇而能安矣。能安，则凡一念之发，一事之感，其为至善乎？其非至善乎？吾心之良知自有以详审精察之，而能虑矣。能虑则择之无不精，处之无不当，而至善于是乎可得矣。”

问曰：“物有本末：先儒以明德为本，新民为末，两物而内外相对也。事有终始，先儒以知止为始，能得为终，一事而首尾相因也。如子之说，以新民为亲民，则本末之说亦有所未然欤？”

答曰：“终始之说，大略是矣。即以新民为亲民，而曰明德为本，亲民为末，其说亦未尝不可，但不当分本末为两物耳。夫木之干，谓之本，木之梢，谓之末。惟其一物也，是以谓之本末。若曰两物，则既为两物矣，又何可以言本末乎？新民之意，既与亲民不同，则明德之功，自与新民为二。若知明明德以亲其民，而亲民以明其明德，则明德亲民焉可析而为两乎？先儒之说，是盖不知明德亲民之本为一事，而认以为两事，是以虽知本末之当为一物，而亦不得不分为两物也。”

问曰："古之欲明明德于天下者，以至于先修其身，以吾子明德亲民之说通之，亦既可得而知矣。敢问欲修其身，以至于致知在格物，其工夫次第又何如其用力欤？"

答曰："此正详言明德、亲民、止至善之功也。盖身、心、意、知、物者，是其工夫所用之条理，虽亦各有其所，而其实只是一物。格、致、诚、正、修者，是其条理所用之工夫，虽亦皆有其名，而其实只是一事。何谓身心之形体？运用之谓也。何谓心身之灵明？主宰之谓也。何谓修身？为善而去恶之谓也。吾身自能为善而去恶乎？必其灵明主宰者欲为善而去恶，然后其形体运用者始能为善而去恶也。故欲修其身者，必在于先正其心也。然心之本体则性也，性无不善，则心之本体本无不正也。何从而用其正之之功乎？盖心之本体本无不正，自其意念发动，而后有不正。故欲正其心者，必就其意念之所发而正之，凡其发一念而善也，好之真如好好色，发一念而恶也，恶之真如恶恶臭，则意无不诚，而心可正矣。然意之所发，有善有恶，不有以明其善恶之分，亦将真妄错杂，虽欲诚之，不可得而诚矣。故欲诚其意者，必在于致知焉。

致者，至也，如云丧致乎哀之致。易言'知至至之'，'知至'者，知也，'至之'者，致也。'致知'云者，非若后儒所谓充扩其知识之谓也，致吾心之良知焉耳。良知者，孟子所谓'是非之心，人皆有之'者也。是非之心，不待虑而知，不待学而能，是故谓之良知。是乃天命之性，吾心之本体，自然灵昭明觉者也。凡意念之发，吾心之良知无有不自知者。其善欤，惟吾心之良知自知之，其不善欤，亦惟吾心之良知自知之。是皆无所与于他人者也。

故虽小人之为不善，既已无所不至，然其见君子，则必厌然掩其不善而著其善者，是亦可以见其良知之有不容于自昧者也。今欲别善恶以诚其意，惟在致其良知之所知焉尔。何则？意念之发，吾心之良知既知其为善矣，使其不能诚有以好之，而复背而去之，则是以善为恶，而自昧其知善之良知矣。意念之所发，吾之良知既知其为不善矣，使其不能诚有以恶之，而复蹈而为之，则是以恶为善，而自昧其知恶之良知矣。若是，则虽曰知之，犹不知也，意其可得而诚乎？

今于良知之善恶者，无不诚好而诚恶之，则不自欺其良知而意可诚也已。然欲致其良知，亦岂影响恍惚而悬空无实之谓乎？是必实有其事矣。故致知必在于格物。物者，事也，凡意之所发必有其事，意所在之事谓之物。格者，正也，正其不正以归于正之谓也。正其不正者，去恶之谓也。归于正者，为善之谓也。夫是之谓格。书言'格于上下'、'格于文祖'、'格其非心'，格物之格实兼其义也。

良知所知之善，虽诚欲好之矣，苟不即其意之所在之物而实有以为之，则是物有未格，而好之之意犹为未诚也。良知所知之恶，虽诚欲恶之矣，苟不即其意之所在之物而实有以去之，则是物有未格，而恶之之意犹为未诚也。今焉于其良知所知之善者，即其意之所在之物而实为之，无有乎不尽。于其良知所知之恶者，即其意之所在之物而实去之，无有乎不尽。然后物无不格，吾良知之所知者，无有亏缺障蔽，而得以极其至矣。

夫然后吾心快然无复余憾而自谦矣，夫然后意之所发者，始无自欺而可以谓之诚矣。故曰：'物格而后知至，知至而后意诚，意诚而后心正，心正而后身修。'盖其功夫条理虽有先后次序之可言，而其体之惟一，实无先后次序之可分。其条理功夫虽无先后次序之可分，而其用之惟精，固有纤毫不可得而缺焉者。此格致诚正之说，所以阐尧舜之正传而为孔氏之心印也。"

白话译文

《关于〈大学〉一文的问答》

有人向先生请教说:“《大学》一书,过去的儒家学者认为是有关‘大人’的学问。我不揣冒昧地向您请教,‘大人’学问的重点为什么在于‘明明德’呢?”

阳明先生回答说:“所谓‘大人’,指的是把天地万物看成一个整体的那类人。他们把普天之下的人看成是一家人,把全体中国人看做一个人。如果有人按照形体来区分你和我,这类人就是所谓的‘小人’。大人能够把天地万物当做一个整体,并不是他们有意去那么做,而是他们心中的仁德本来就是这样,这种仁德跟天地万物是一个整体。岂止是大人才会如此呢?就是小人的心也没有不是这样的,只是他们自己把自己看做小人罢了。所以当他看到一个小孩儿要掉进井里时,必会自然而然地升起害怕和同情之心,他的仁德跟孩子是一体的。孩子还是属于自己的同类,而当他看到飞禽和走兽发出悲哀地鸣叫或因恐惧而颤抖时,必会产生不忍心听闻或观看的心情,他的仁德跟飞禽和走兽是一体的。飞禽和走兽还是有灵性的动物,而当他看到花草和树木被践踏和折断时,必然会产生怜悯体恤的心情,也即他的仁德跟花草树木是一体的。花草树木还是有生机的植物，而当他看到砖瓦石板被摔坏或砸碎时，必然会产生惋惜的心情，他的仁德跟砖瓦石板也是一体的。这就是万物一体的那种德性，即使在小人的心中，这种性德也是必然存在的。这种德性源于生来就有的天命属性，它是自然光明而不暗昧的，所以被称做‘明德’。小人的心已经被分隔而变得狭隘卑陋了，然而他那万物一体的仁德还能像这样正常显露而不是黯然失色，这是因为他的心处于没有被欲望所驱使、没有被私利所蒙蔽的时候。待到他的心被欲望所驱使，被私利所蒙蔽、利害产生了冲突、愤怒溢于言表时，他就会损物害人，无所不用其极，甚至自己的亲人之间也互相残害，在这种时候，他内心那本具的万物一体的仁德就彻底消亡了。所以说在没有私欲障蔽的时候，虽然是小人的心，它那万物一体的仁德跟大人也是一样的；一旦有了私欲的障蔽，虽然是大人的心，也会像小人之心那样被分隔而变得狭隘卑陋。所以说致力于大人学养的人，也只是去除私欲的障蔽，彰显光明的德性，恢复天地万物一体的本然仁德功夫而已；并不能够在本体外面去增加或减少什么内容。”

接着又问：“明明德确实很重要，可是为什么又强调‘亲民’呢？”

先生回答说：“明明德（彰显与生俱来的光明德性），是要倡立天地万物一体的本体；亲民（关怀爱护民众），是天地万物一体原则的自然运用。所以明明德必然体现在亲爱民众上，而亲民才能彰显出光明的德性。所以爱我父亲的同时，也兼爱他人的父亲以及天下所有人的父亲，做到这一点后，我心中的仁德才能真实地同我父亲、他父亲以及天下所有人的父亲成为一体。真实地成为一体后，孝敬父母（孝）的光明德性才开始彰显出来。爱我的兄弟，也爱别人的兄弟以及天下所有人的兄弟，做到这一点后，我心中的仁德才能真实地同我兄弟、他兄弟以及天下所有人的兄弟成为一体。真实地成为一体后，尊兄爱弟（悌）的光明德性才开始彰显出来。对于君臣、夫妇、朋友以至于山川、鬼神和鸟兽草木也是一样，没有不去真实地爱他们的，以此来达到我的万物一体的仁德，然后我的光明德性就没有不显明的了，这样才真正与天地万物合为一体。这就是《大学》所说的使光明的德性在普天之下彰显出来，也就是《大学》进一步所说的家庭和睦、国家安定和天下太平，也就是《中庸》所说的充分发挥人类和万物的本性(尽性)。”

问:“既然如此，做到‘止于至善’怎么又那么重要呢？”

答:“所谓‘至善’，是明德、亲民的终极原则。天命的性质是精纯的至善，它那灵明而不暗昧的特质，就是至善的显现，就是明德的本体，也就是我们所说的‘良知’。至善的显现，表现在肯定对的、否定错的，轻的重的厚的薄的，都能根据当时的感觉而展现出来，它富于变化却没有固定的形式；然而也没有不自然地处于浑然天成状态的事物，所以它是人的规矩与物的法度的最高形式，其中不容许有些微的设计筹划、增益减损存在。其中若稍微有一点设计筹划、增益减损，那只是出于私心的意念和薄弱的智慧，而并不是所说的真正意义上的‘至善’。如果不是将慎独(自己独处时也非常谨慎，时刻检点自己的言行)做到精益求精、一以贯之程度的人，那什么人能达到如此地步呢？后来的人因为不知道达到至善的关键在于我们自己的心，而是用自己掺杂私欲的智慧从外面去揣摩测度，以为天下的事事物物各有它自己的定理；因此掩盖了评判是非的标准，使心为统帅的简单道理变得支离破碎、四分五裂，人们的私欲泛滥而公正的天理灭亡，明德亲民的学养由此在世界上变得无比混乱。在古代就有想使明德昭明于天下的人，因为他们不知道止于至善，使得自己夹杂私欲的心过于膨胀、拔高，所以最后流于虚妄空寂，而对齐家、治国、平天下的真实内容无所帮助，佛家和道家两种流派就是这样的。古来就有希望亲民的人，由于他们不知道止于至善，使自己的私心陷于卑微的琐事中，因此将精力消耗在玩弄权谋智术上，从而没有了真诚的仁爱恻隐之心，春秋五霸这些功利之徒就是这样的。这都是由于不知道止于至善的过失啊。止于至善对于明德和亲民来说，就像规矩画方圆一样，就像尺度量长短一样，就像权衡称轻重一样，方圆如果不止于规矩，就失去了准则；长短如果不止于尺度，丈量就会出错；轻重如果不止于权衡，重量就不准确。而明明德、亲民不止于至善，其基础就不复存在。因此用止于至善来亲民，并使其明德更加光明，这就是所说的大人的学养。”

问：“‘知道要止于至善的道理，然后自己的志向才得以确定；志向确定，然后身心才能安静；身心安静，然后才能安于目前的处境；安于目前的处境，然后才能虑事精详；虑事精详，然后才能得到至善的境界。’这种说法指的又是什么呢？”

答：“人们只是不知道至善就在‘我’的心中，因而从外面的事物上去寻求；以为事事物物都有自己的定理，从而在事事物物中去寻求至善，所以使得求取至善的方式、方法变得支离决裂、错杂纷纭，而不知道求取至善有一个确定的方向。如今既然知道至善就在‘我’的心中，而不用向外面去寻求，这样意志就有了确定的方向，从而就没有支离决裂、错杂纷纭的弊病了。没有支离决裂、错杂纷纭的困扰，那么心就不会妄动而能处于安静；心不妄动而能安静，那么在日常生活中，就能从容不迫、闲暇安适从而安于目前的处境；能够安于目前的处境，那么有一个念头产生了，只要有对某事的感受出现，它是属于至善的呢？还是非至善呢？‘我’心中的良知自然会以详细审视的本能对它进行精细的观察，因而能够达到虑事精详；能够虑事精详，那么他的分辨就没有不精确的，他的处事就没有不恰当的，从而至善就能够得到了。”

问：“物体有根本和末梢，以前的儒家学者把显明德性当做根本，把使人民涤除污垢永做新人当做末梢，这两者是体现内心修养和外部用功的相互对应的两个部分。事情有开始和结束，以前的儒家学者把知道止于至善作为开始，把行为达到至善作为结束，这也是一件事情的首尾相顾、因果相承。像您这种把新民作为亲民的说法，是否跟儒家学者有关本末终始的说法有些不一致呢？”

答：“有关事情开始与结束的说法，大致上是这样的，就是把新民作为亲民，而说显明德性为本，亲爱人民为末。这种说法也不是不可以，但是不应当将本末分成两种事物。树的根干称为本，树的枝梢称为末，它们只是一个物体，因此才称为本与末。如果说是两种物体，那么既然是截然分开的两种物体，又怎么能说是相互关联的本和末呢？使人民自新的意思既然与亲爱人民不同，那么显明德性的功夫自然与使人民自新是两回事了。如果明白彰显光明的德性是为了亲爱人民，而亲爱人民才能彰显光明的德性，那么彰显德性和亲爱人民怎么能截然分开为两件事呢？以前儒家学者的说法，是因为不明白明德与亲民本来是一件事，反而认为是两件事，因此虽然知道根本和末梢应当是一体的，却也不得不把它们区分为两种事物了。”

问：“从‘古代想使天下人都能发扬自己本身具有的光明德性的人’，到‘首先要修正本身的行为’，按照先生您‘明德亲民’的说法去贯通，也能得到正确、圆满的理解。现在我再斗胆请教您，从‘要想修正本身的行为’到‘增进自己的知识，在于能够析物穷理’，在这些修为的用功顺序上又该如何具体地下功夫呢？”

答：“此处正是在详细说明明德、亲民和止于至善的功夫。人们所说的身体、心灵、意念、知觉和事物，就是修身用功的条理之所在，虽然它们各有自己的内涵，而实际上说的只是一种东西；而格物、致知、诚意、正心和修身，就是在现实中运用条理的功夫，虽然它们各有自己的名称，而实际上说的只是一件事情。什么叫做身心的形体呢？是指身心起作用的功能而说的；什么叫做身心的灵明呢？是指身心能做主宰的作用而说的；什么叫做修身呢？这里指的是要为善去恶的行为。我们的身体能自动地去为善去恶吗？必然是起主宰作用的灵明想为善去恶，然后起具体作用的形体才能够为善去恶。所以希望修身的人，首先必须要摆正他的心。然而心的本体就是性，性生来都是善的，因此心的本体本来没有不正的。那怎么用得着去下正心的功夫呢？因为心的本体本来没有不正的，自从有意念产生之后，心中才有了不正的成分，所以凡是希望正心的人，必须在意念产生时去加以校正，若是产生一个善念，就像喜爱美色那样去真正喜欢它；若是产生一个恶念，就像厌恶极臭的东西那样去真正讨厌它，这样意念就没有不诚正的，而心也就可以正了。然而意念一经发动和产生，有的是善的，有的是恶的，若不及时明白区分它的善恶，就会将真假对错混淆起来。这样的话，虽然想使意念变得真实无妄，实际上也是不可能的。所以想使意念变得纯正的人，必须在致知上下功夫。

'致'就是达到的意思，就像常说的'丧致乎哀'的致字，《易经》中说到'知至至之'，'知至'就是知道了，'至之'就是要达到。所谓的'致知'，并不是后来的儒家学者所说的扩充知识的意思，而是指达到我心本具的良知。这种良知，就是孟子说的'是非之心，人皆有之'的那个意思。这种知是非的良知，不需要思考就知道，不需要学习就能做到，因此我们称它为良知。这是天命赋予的属性，这是我们心灵的本体，它就是自自然然灵昭明觉的那个主体。凡是有意念产生的时候，我们心中的良知就没有不知道的。它是善念呢，唯有我们心中的良知自然知道；它是不善念呢，也唯有我们心中的良知自然知道。这是谁也无法给予他人的。

所以说，虽然小人造作不善，甚至达到无恶不作的地步，但当他见到君子时，也会不自在地掩盖自己的恶行，并极力地表白自己做的善事，由此可以看到，就是小人的良知也具有不容许他埋没的特质。今日若想辨别善恶以使意念变得真诚无妄，其关键只在于按照良知的判断去行事而已。为什么呢？因为当一个善念产生时，人们心中的良知就知道它是善的，如果此时不能真心诚意地去喜欢它，甚至背道而驰地去远离它，那么这就是把善当做恶，从而故意隐藏自己知善的良知了。而当一个恶念产生时，人们心中的良知就知道它是不善的，如果此时不能真心诚意地去讨厌它，甚至把它落实到实际行动上，那么这就是把恶当做善，从而故意隐藏自己知恶的良知了。像这样的话，虽然说心里知道，但实际上跟不知道是一样的，那还怎么能够使意念变得真实无妄呢？

如果人们现在对于良知所知的善意，没有不真诚地去喜欢的，对于良知所知的恶意，没有不真诚地去讨厌的，这样不欺骗自己的良知，那么他的意念就可以变得真实无妄了。然而要想正确运用自己的良知,这怎能是影响恍惚、空洞无物的说辞呢？必然是有其实在内容的。所以说要想致知的话,必然要在格物上下功夫。‘物’就是事的意思,凡有意念产生时,必然有一件事情,意念所系缚的事情称作‘物’。‘格’就是正的意思,指的是把不正的校正过来,使它回归正的意思。校正不正的,就是去除恶的意念和言行;变成正的,就是发善意、讲善言、做善行。这才是‘格’字的内涵。《尚书》中有‘格于上下’、‘格于文祖’和‘格其非心’的说法,格物的‘格’字实际上兼有它们的意思。

良知所知道的善,虽然人们真诚地想去喜欢它,但若不在善的意念所在的事情上去实实在在地践履善的价值,那么具体的事情就有未被完全校正的地方,喜欢善的愿望还有不诚恳的成分。良知所知道的恶,虽然人们真诚地想去讨厌它,但若不在恶的意念所在的事情上实实在在地去铲除恶的表现,那么具体的事情就有未被完全校正的地方,讨厌恶的愿望还有不诚恳的成分。如今在良知所知道的善事上,也就是善意所在的事情上实实在在地去为善,使善的言行没有不尽善尽美的;在良知所知道的恶事上,也就是恶意所在的事情上实实在在地去除恶, 使恶的言行没有不被去除干净的。在这之后,具体的事情就没有不被校正的,我的良知所知道的内容就没有亏缺、遮蔽的地方,从而它就得以达到纯洁至善的极点了。

此后,我们的心才会愉快坦然,再也没有其他的遗憾,从而真正做到为人谦虚,然后心中产生的意念才没有自欺的成分,才可以说我们的意念真正诚实无妄了。所以《大学》中说道:‘系于事上的心念端正后,知识自然就能丰富;知识得以丰富,意念也就变得真诚;意念能够真诚,心情就会保持平正;心情能够平正,本身的行为就会合乎规范。’虽然修身的功夫和条理有先后次序之分,然而其心行的本体却是始终如一的,确实没有先后次序之别。虽然正心的功夫和条理没有先后次序之分,但在生活中保持心念的精诚纯一,在这一点上是不能有一丝一毫欠缺的。由此可见,格物、致知、诚意和正心这一学说,阐述了尧舜传承的真正精神,也是孔子学说的心印之所在。”